当瑞光学老庄

马瑞光 / 著

中华工商联合出版社

图书在版编目（CIP）数据

马瑞光学老庄 / 马瑞光著. -- 北京：中华工商联合出版社，2024.1
ISBN 978-7-5158-3813-7

Ⅰ.①三… Ⅱ.①三… Ⅲ.①《道德经》－应用－连锁经营－经营管理②《庄子》－应用－连锁经营－经营管理 Ⅳ.①F717.6

中国版本图书馆CIP数据核字（2023）第220000号

马瑞光学老庄

作　　者：	马瑞光
出 品 人：	刘　刚
责任编辑：	于建廷　臧赞杰
装帧设计：	周　源
责任审读：	傅德华
责任印制：	陈德松
出版发行：	中华工商联合出版社有限责任公司
印　　刷：	三河市宏盛印务有限公司
版　　次：	2024年1月第1版
印　　次：	2024年1月第1次印刷
开　　本：	710mm×1000mm　1/16
字　　数：	240千字
印　　张：	20.75
书　　号：	ISBN 978-7-5158-3813-7
定　　价：	88.00元

服务热线：010-58301130-0（前台）
销售热线：010-58301132（发行部）
　　　　　010-58302977（网店部）
　　　　　010-58302837（馆配部）
　　　　　010-58302813（团购部）
地址邮编：北京市西城区西环广场A座
　　　　　19-20层，100044
http://www.chgslcbs.cn
投稿热线：010-58302907（总编室）
投稿邮箱：1621239583@qq.com

工商联版图书
版权所有　盗版必究

凡本社图书出现印装质量问题，请与印务部联系。

联系电话：010-58302915

序 言
超越东西，不问东西

归纳与分析

古希腊三哲之前，西方哲学就百花齐放，各讲各的。有的讲世界由水组成，有的讲世界由数组成，但较为共同的一点是，人们在追求世界、宇宙的奥秘，而非探讨人类本身。

到了苏格拉底、柏拉图时代，西方哲学迎来了一个高峰。不管是理想国还是形而上学，都包罗万象，试图把世界、国家、正义等讲清楚。亚里士多德以后，更是门派迭出，让人眼花缭乱。

而在中国，从《易经》到《道德经》到庄子的"三玄"，少有人能看懂并精通的。高远的架构能力无人能敌，短短数语道破了天地，讲完了人生，宏大、高远，在归纳总结上登峰造极。好处是一直延续到今天都找不出太多毛病，不足是没有几个人能理解这种高度抽象的描述。好不容易出了个韩非，被称为最懂老子的两个人之一，描述得很具体，利益也谈清楚了，可惜的是没有成为主流。

所以也就有了一种讲法，西方的思维模式偏向于分析，追求可复制操作，并试图以此迈向科学主义。

就像今天的西医，越分越细，把人基本解构成了机器，哪里有问题处理哪里，有了精准之说。但从中医的角度来讲，人体是个系统，简单地分解会脱离本质，离真相越来越远。所以才有了"中医治人，西医治病"的说法。

也就有了，西方擅长分析、精准，东方长于归纳、系统。非要分出个所以然也没有必要，毕竟一个事物的正反两面，底部是相通的，或称为物极必反。

东西方的交融在历史上发生过多次，但最终还是选择了自己认为适合的。分析让世界越来越清晰，尤其是就一个局部来讲，我想这可能受了毕达哥拉斯的影响，但问题也出现了，"不识庐山真面目，只缘身在此山中"。如此看来，到底是找到了真相还是陷入了真相，也未可知。

东方的归纳一以贯之，能讲几句高度凝练的谚语也显得颇有文化。社会生活中的玄而又玄、悟而又悟成为人们的日常修行，好处是一直和真相在一起，坏处是一直没有明确真相是什么。知为不知，不知为知，也就成为少数人能够理解的，大部分人还是不太愿意去追求太多，似是而非罢了。

能悟到真谛的不是凡人，而是圣人或真正的智者，当然也难免会有鱼目混珠的"圣人"，最后成为笑话。一些常识性的错误大家反而容易犯，实际上大家知道而不点破，谁让我们归纳得这么好，可以有无数种理解，因此，哲学是把双刃剑，既有优点，也有缺点。

如此，我们也很难简单地去评价好坏与高低，可能更多的还是各有各的理，各溯各的源，这可能也是世界本来该有的面目吧。

个人和集体

自然而然地，我们会发现一件奇怪但又似乎合乎发展态势的事情。

西方的哲学体系走到今天，越来越关注个人权利、个人自由，颇有一种不顾一切的偏执。但出现了一个奇怪的现象：个人主义如此盛行的西方世界，竟然在国家大是大非上参与不少，似乎都可以讲两句，都可以做些"贡献"，似乎个人的力量可以影响国家的走向，甚是关心集体。

在东方的主流价值观里，集体一直排在个人前面。为了集体，为了组织，个人可以排在后面。历史上，当忠孝不能两全时，多数英雄选择了"忠"，为了大家舍弃了小家。在大是大非面前无比团结，即使自己有点委屈。但是如此遵守制度，顾全大局的我们，有时候因为红绿灯的小事，争吵半天，似乎严重侵犯到了他的个人自由与权利。

越来越发现，单纯地谈集体重要还是个人重要，容易失之偏颇。人类在文化的选择进化中似乎一直很主动，但回过头来看，似乎又是毫无知觉的。简单的好坏之分，集体和个人之分，显得太过简单。反之，道之动也，这可能可以给我们答案。

教化和规则

孔孟和老庄的思想都是高度凝炼的，即使是阳明心学也不是一般人所能悟到。

除了一些基本的礼法以外，我们选择了道理，当然也就选择了教化。通过更多的道理让人们接受一种观点，尤其是在历史上的封建王朝，把规范更多地提升到了道理，甚至道德的层面。好处是从思想上规范了人们的思想，不足是把本来简单的事情复杂化。

如果把道理、道德变成工具，人们必然会变得虚伪。在制度创新、机制创新上往往停滞不前。

也有人说，爱讲道理的人情感因素更多一些，讲规则的人更冷漠一些，但往往也会有另一个结果：情感带来纠缠，最终没有什么情感可言；规则带来无情，最后好像在情感上也有得谈。还是人性问题与选择问题，非要分个高低本身就是一件有争议的事情，需要我们进一步去实践。

超越东西，不问东西

东西方的超越并非毫无可能，无外乎是时空的产物而已，如果对宇宙的探索更加明晰，甚至外星人的文明与我们交汇，我想东西方也就不问东西，成为一家了。打破时空的阻碍，人类寿命不断延长，人类还会纠结于眼前的苟且吗？出省爱省，出国爱国，出地球才会爱地球，期待超越人类时空观事物的出现，我们也就可能有相同的地球观了。

能力有限的万物之灵，胸怀广大的宇宙万物是一种梦想，是可敬的，也是可怜的。问题是大家似乎也没有选择的能力。期待超越，期待新的时空。

既然各有各的讲法，各有各的依据，作为后辈的我们就都认真学习学习，把日常学习的笔记整理出版和大家分享。说实话，心中怯怯，实在谈不上高深的论辩，只是些浅薄心得，供大家参考。暂先走上学习哲学，修身养性的道路，同时能为大家耕耘一下思维的土壤，期望能有些价值，尤其是企业界的同仁，拥有更为广阔的心胸，更为全面的视角，更为强大的内心，若能如此，将不胜窃喜！

随机先从道家开始，一起体味一下道法自然、无欲则刚、三生万物、物极必反吧。很多内容都是理解得似是而非，不明就里，大胆下笔狂言。先看看《老子》与《庄子》，作为百家中的一脉，绵延数千年，定有无穷的智慧让我们品读。

当然，时过境迁，是否可以让我们增加一些新的视角，用现代人的探索与实践重新体会与链接老庄的哲学思想，尽管未必恰当，但总是可以尝试的。如果只是原样重复，必然是会显得我等懒惰。

既然"道可道，非常道"，如此道来，自然离题万里。"鹏之徙于南冥也，水击三千里，抟扶摇而上者九万里"，如此鲲鹏气象，非常人能及，遥望或近观也就很是好奇了。

让我们一起开始以先哲为师，迈向成功的彼岸，或许还可以找到心灵安放的地方，甚至或许能为企业的经营管理找到基业长青的元素，那就是意外之收获了。我们的探险之旅就从这里开始吧。

目录
CONTENTS

《道德经》

上篇　道经 ………… 2
　一章 ………… 2
　二章 ………… 3
　三章 ………… 4
　四章 ………… 6
　五章 ………… 7
　六章 ………… 8
　七章 ………… 9
　八章 ………… 11
　九章 ………… 12
　十章 ………… 13
　十一章 ………… 15
　十二章 ………… 16
　十三章 ………… 17
　十四章 ………… 19
　十五章 ………… 20
　十六章 ………… 22

　十七章 ………… 23
　十八章 ………… 25
　十九章 ………… 26
　二十章 ………… 27
　二十一章 ………… 29
　二十二章 ………… 30
　二十三章 ………… 32
　二十四章 ………… 33
　二十五章 ………… 34
　二十六章 ………… 36
　二十七章 ………… 37
　二十八章 ………… 39
　二十九章 ………… 40
　三十章 ………… 41
　三十一章 ………… 42
　三十二章 ………… 44
　三十三章 ………… 45
　三十四章 ………… 46
　三十五章 ………… 47
　三十六章 ………… 48
　三十七章 ………… 50

下篇　德经 ·············· 52

　　三十八章 ·············· 52

　　三十九章 ·············· 53

　　四十章 ·············· 55

　　四十一章 ·············· 56

　　四十二章 ·············· 57

　　四十三章 ·············· 59

　　四十四章 ·············· 60

　　四十五章 ·············· 61

　　四十六章 ·············· 62

　　四十七章 ·············· 63

　　四十八章 ·············· 64

　　四十九章 ·············· 65

　　五十章 ·············· 67

　　五十一章 ·············· 68

　　五十二章 ·············· 69

　　五十三章 ·············· 71

　　五十四章 ·············· 72

　　五十五章 ·············· 73

　　五十六章 ·············· 75

　　五十七章 ·············· 76

　　五十八章 ·············· 78

　　五十九章 ·············· 79

　　六十章 ·············· 80

　　六十一章 ·············· 81

　　六十二章 ·············· 83

　　六十三章 ·············· 84

　　六十四章 ·············· 85

　　六十五章 ·············· 87

　　六十六章 ·············· 88

　　六十七章 ·············· 90

　　六十八章 ·············· 91

　　六十九章 ·············· 92

　　七十章 ·············· 94

　　七十一章 ·············· 95

　　七十二章 ·············· 96

　　七十三章 ·············· 98

　　七十四章 ·············· 99

　　七十五章 ·············· 101

　　七十六章 ·············· 102

　　七十七章 ·············· 103

　　七十八章 ·············· 105

　　七十九章 ·············· 106

　　八十章 ·············· 107

　　八十一章 ·············· 109

《庄子》

内　篇 ·············· 112

　　逍遥游 ·············· 112

　　齐物论 ·············· 121

　　养生主 ·············· 142

　　人间世 ·············· 147

　　德充符 ·············· 163

　　大宗师 ·············· 173

　　应帝王 ·············· 194

外　篇 ·············· 202

　　骈拇 ·············· 202

　　马蹄 ·············· 209

胠箧 …………… 213	缮性 …………… 284
在宥 …………… 221	秋水 …………… 287
天地 …………… 234	至乐 …………… 302
天道 …………… 254	杂 篇 …………… 312
天运 …………… 266	寓言 …………… 312
刻意 …………… 279	说剑 …………… 319

《道德经》
DAO DE JING

上篇　道经

一章

原文

道①可道②，非常道；名③可名④，非常名。

无，名天地之始；有，名万物之母⑤。

故常无，欲以观其妙；常有，欲以观其徼⑥。

此两者，同出而异名，同谓⑦之玄。玄之又玄⑧，众妙之门⑨。

注释

①道：名词，这里指宇宙本原。引申义为万物的根本、真理、原理、规律等。

②道：动词，说明，讲清楚。

③名：名词，"道"的形态。

④名：动词，表明。

⑤母：母体，源头。

⑥徼（jiào）：边界，分界线。这里意为事物的表象。

⑦谓：称谓，这里意为"可以叫作""称呼……为"。

⑧玄：玄妙，深奥，无法探究。

⑨门：大门，门户，这里指产生宇宙玄奥的地方，或暗指认识宇宙玄奥的法门。

老马释途

开篇很多人就会一头雾水，可道者非道，可名者非名；当然，朴素的辩证法思想也就孕育其中了。

既是有，又是无，这可以理解为很简单的常识，但实际上确是大道。虽然讲的是不可知，实则万物也是可知的，看得出谈的都是大事，又是小细节。

玄之又玄，玄妙之门，"有"和"无"的二元撑起了世界，据说这是计算机语言最早的启发，同时也告诉我们，"有"和"无"本是一件事情，只是角度不同而已。谈的都是宇宙，自然会被认为是天书，天书也无怪乎细节，这本是不同方面而已。一种中国式的思维方式，就这样在历史长河中逐渐形成。既是豁达，又是混沌；既是纠结，又是明确，人不同，心不同，事不同而已，所谓的道家大幕就此拉开。

二章

原文

天下皆知美之为美，斯①恶②已；皆知善之为善，斯不善已。

有无相③生，难易相成，长短相形④，高下相盈，音声⑤相和，前后相随。

是以圣人⑥处无为⑦之事，行不言之教。万物作⑧而不为始，生而不有，为而不恃，功成而弗居。夫唯弗居，是以不去。

注释

①斯：表示转折，意为则、就、于是。
②恶：丑，与前言"美"相对而论。
③相：彼此，互相。
④形：现形，意为显现出来，这里指通过比较看出来。
⑤音声：古人把"音"与"声"分开解释，奏出的乐声称之为"音"，发出单一

的音响称之为"声"。

⑥圣人：能够做到居静、不争、顺从自然、张扬人的内在生命的人被道家称为"圣人"。这里和儒家思想中的"圣人"不同。

⑦无为：什么都不去做，让一切顺其自然。

⑧作：兴起，这里意为生长。

老马释途

"有无相生，难易相成，长短相形"，也就是相反之事往往相伴而生，类似于亚里士多德讲的，相反的事物底层是相通的。

也就得出了"无为而治"的思想，任凭万物自然生长，未进行规则设计下的演变，而是完全的自然演变，虽然好像有些保守，但也就因为此，才流传甚远。

当然，从更高角度、更长时间跨度去思考，确实也觉得我们的"为"不一定做有用功，未必能够带来什么新鲜的东西，只是人欲的体现而已。

就像当今的数字化，有很多新的逻辑、新的企业、新的商业模式出现，但如果追究本质，会发现似乎并无多大变化，都是为了服务客户，获得利润，甚至影响世界。

三章

原文

不尚贤①，使民不争；不贵②难得之货，使民不为盗；不见③可欲，使民心不乱。

是以圣人之治，虚其心④，实其腹，弱⑤其志，强其骨。常使民无知无欲，使夫智者不敢为也。为无为，则无不治⑥。

注释

①尚贤：推崇有才德的人。尚，崇尚，推崇。贤，品德高尚又有才华的人。
②贵：珍贵。这里是动词，视其珍贵，重视。
③见：通"现"，出现。这里意为炫耀，展露。
④虚其心：使其心灵空明，没有狡诈或非分的念头。虚，虚无，引申意为洁净。心，心灵、思想、精神。
⑤弱：削弱。
⑥治：治理，引申为治世，天下太平之意。

老马释途

"虚其心，实其腹，弱其志，强其骨"，让人民没有不良的欲望，实现无为而治；不尚贤，不贵难得之货，让人们没有贪心。

人的欲望确实会带来很多麻烦，但又带来很多价值。社会的进步，科技的进步，是欲望推动的结果。如果有一种规则，能发挥欲望的价值，又能驱动欲望向善，是否就完美了呢？

如此，老子的灭人欲未必是好的选择，一定程度上违背了人性。我们发现，凡是违背人性的机制和体制设计，往往很难持续。应该用适应人性的机制，把人性中恶的部分引导向善，似乎是恰当的选择。

当然，如果从更长的时间维度来讲，老子可谓高瞻远瞩，人们的行为从历史长河中看似乎意义不大，但作为万物之灵，总该有所作为吧。

四章

原文

道冲①而用之，或不盈②。渊③兮，似万物之宗。
挫④其锐，解⑤其纷，和⑥其光，同其尘⑦。湛⑧兮，似或存⑨。
吾不知谁之子，象⑩帝之先。

注释

①冲：通"盅"，空虚，虚无。
②盈：满，这里意为极致，极限。
③渊：渊源，深远。
④挫：消磨。
⑤解：解除，消解。
⑥和：调和，隐蔽。
⑦尘：尘垢，尘世。
⑧湛：深沉，静谧。这里形容确实存在但看不清真实形迹的"道"。
⑨似或存：似乎存在。
⑩象：同"像"，似乎。

老马释途

"道冲而用之，或不盈。"道看似摸不着，看不清，但是却在任何地方都有它的作用，并且认为"道"似乎在天帝出现之前就已经存在了。

这样高度凝练的道，成了庞大思想体系的支柱，问题是道可道，非常道，这也决定了这一思想体系的不可知性和多种歧义，也自然只能成为极少部分人的专利，大部分人难触及此根本核心。

从一个企业的角度来看，高层、中层、基层似乎有不同的要求，混沌和具体都是需要的。从这个角度来讲，"道"本身就是给部分人理解的，用历史的眼光，与具体的情景结合起来，可能认识会更加深刻。

五章

原文

天地不仁①，以万物为刍狗②；圣人不仁，以百姓为刍狗。

天地之间，其犹橐籥③乎？虚而不屈④，动而愈出。

多言数穷⑤，不如守中⑥。

注释

①仁：仁爱之心。这里意为没有意志和感情，只是自然地存在。

②刍狗：用喂牲畜的草扎成的狗，比喻低贱。刍狗主要在古代祭祀时使用，祭祀期间备受重视，但祭祀完毕后就变得毫无用处，被随意丢弃。

③橐（tuó）籥（yuè）：风箱，古代鼓风吹火用的器具。

④屈：此处念"jué"，与"绝"意思相近，意为匮乏。

⑤穷：穷困，穷尽，走投无路。

⑥中：与前文"冲"同意，通"盅"，此处意为极端平静的状态。

老马释途

"圣人不仁，以百姓为刍狗""多言数穷，不如守中"。讲了半天，还是"无为"的思想，要求圣人无偏爱，让百姓自生自灭，讲得少，把话放在心里，反而会获得更多的价值。

无为而为，是无为而治的进一步说明，但要求一个人无欲、无求、无为、无爱，这似乎也是最大的"为"了。因为人生来是有七情六欲、爱恨情仇的，当然，这是圣人的标准，问题是这本身就是一个矛盾。

　　当然言多语失，言少也未必就很有价值，如此来看，古人的智慧确有过人之处。

　　所有的发展都是进进退退，进退交替，没有只有进的发展。就像科技的进步、体制的进步，都是要不断迭代才能实现。

六章

原文

　　谷神①不死，是谓"玄牝"②。玄牝之门③，是谓天地根。绵绵④若存，用之不勤⑤。

注释

①谷神：即"道"。谷本身有虚空、开阔的特点，形容"道"如同山谷一样博大。神则形容"道"的神奇和变幻莫测。

②牝（pìn）：雌性的鸟或兽，这里指能孕育一切的"道"。

③门：雌性动物的生殖器，指制造天地、生育万物的根源。

④绵绵：形容如丝线般连绵不绝的样子。

⑤勤：尽。

老马释途

"谷神不死，是谓'玄牝'"，认为"道"包容一切，又千变万化，并且不会死亡。

根本的"道"是一个无所不包，又不断变化，不可道的东西，但又长生不死，如此，就是永恒了；到底是什么，就只能靠悟了。仁者见仁，智者见智，分歧与玄妙也就埋下了。

"玄牝之门，是谓天地根"，孕育万物，也就是讲，繁殖延续从此而来，并且取之不尽，用之不竭，能量之源泉，地载万物。

更多的是描绘与寓意，不像同时期的希腊哲学家，举例说明，逻辑分析，进而推导出结论，老子直接就得出了结论，并且不容讨论，也不知道依据为何，但却能让很多人膜拜与相信，这也是《道德经》的特点。

七章

原文

天长地久。天地所以能长且久者，以①其不自生，故能长生。

是以圣人后其身②而身先③，外④其身而身存。非以其无私耶？故能成其私。

注释

①以：因为。
②身：本身，自身，自己。
③先：居于先。这里意为站在众人之前。
④外：在……外。这里是说将一切置之度外，不过分考虑和在乎。

老马释途

"天长地久"，因为天地不自生，故能长生；圣人"非以其无私耶？故能成其私"，圣人因为没有私心，反而成就了自己的私心。这是朴素的辩证法思想。

同时把无私与圣人相联系，好像无私就成了一种高贵品质，天地不为自己而生也就成了天地，从规律上来讲，确是大道。

所以培育无私的品质开始被表扬了，大公无私成了榜样，这似乎有些太过肯定了。这里有个争论：是为了私才无私，还是本身就是无私？如果是为了私，无私只是一个正常选择，似乎和圣人、高贵、道德没有什么关系；如果本无私，此人生下来就高贵、讲道德、是圣人，似乎也难以相通。

我们一直对"私"嗤之以鼻，对"无私"赞赏有加，这本是好的教化，问题是私与无私是否本就为一物，不应有道德标签。不自生，能长生，大公无私，却也成就自己，应是公论。

八章

原文

上^①善若水。水善利万物而不争,处众人之所恶^②,故几^③于道。居善地,心善渊^④,与^⑤善仁,言善信,政善治^⑥,事善能,动善时^⑦。夫唯不争,故无尤^⑧。

注释

①上:至上,最。

②恶:厌恶,不喜欢。

③几:几乎,接近。

④渊:沉静,深藏不露。

⑤与:交往,相处。

⑥政善治:从政把国家治理好。

⑦时:准时,引申为抓住有利的时机。

⑧尤:埋怨,责怪。

老马释途

水是好物,上善若水,像水好,善利万物而不争,因为不争自然没有烦扰。这种说法既像是消极避世,又像是高屋建瓴,让人难以理解。

那么,人应该一直不争,还是争累了才不争呢?现实告诉我们,后者可能是常态,当然,心平气和、上善若水应该是每个人的修炼内容。

发现所有的体系都有明确的好恶,告诉你什么提倡,什么反对。顺其自然,自然而然的不争成为老子一直主张的思想。

很多人把"上善若水"挂到办公室，让自己平静，使自己不争，实际上恰恰是在争，恰恰是难以平静，是非界限的混沌也就产生了。

圣人的又一标准就这样诞生了，但明显是在给我们普通人定标准，辨是非。实际上这也是一种规则，只是这种规则标准不够明确，太过宏观，以至于理解起来千差万别。

上善之人，成为很多人一生追求的境界，成为很多人心中的神往。

九章

原文

持而盈^①之，不如其已^②。
揣而锐之，不可长保。
金玉满堂，莫之能守。
富贵而骄，自遗其咎^③。
功遂^④身退，天之道^⑤也。

注释

①盈：满，这里指自满、骄傲。
②已：止，这里意为不要继续了。
③咎：过失，祸患。
④遂：遂愿，这里指名声到达了自己想要的位置。
⑤道：自然规律，也指天地间的大道。

老马释途

又是五条标准，骄傲自满不知适可而止，则过犹不及，物极必反。

太过锐利，是不可以长久的，知足者常乐。问题是，先锐，后才应知足，很多人把重点放到了"太过"上。问题是没有"锐利"，何来太过锐利，这本身又是一个评价难题，是一件万人万样，千人千面的事情。

"金玉满堂"，不可久守，但见过太多的人家里贴了这四个字，是福是祸，很难说清，很难说堂内无玉是否更加安全。发现这又是与人性在搏斗，人为财死、鸟为食亡似乎又是"天道"，在这里变成了"无道"。

富贵而骄傲了，祸患就不远了，这又是个难题。几乎人人都想富贵，富而不骄本身又是一种修炼了，而祸患是否本身就是修炼的内容之一呢？

功成名就、激流勇进，高潮中落幕，落幕时即为高潮，否则只会一日不如一日。问题的关键在于何为功成名就，不同的人有不同标准。所以发现啥也没有的勇退了，什么都有的就是不勇退。不过好处是，这一描述竟然可以同时满足这两种极端情况，这也可能是老子的高明之处。

两个争得面红耳赤的人，依据的竟然是老子的同一句古训。只能讲，在追求真理的过程中，会有很多矛盾之处，就像一个人的学习成长，一个企业的变革创新，因时因地在变化吧。

十章

原文

载①营魄②抱一③，能无离乎？
专④气致柔，能如婴儿乎？
涤除玄鉴⑤，能无疵乎？

爱民治国，能无为乎？

天门⑥开阖⑦，能为雌⑧乎？

明白四达，能无知⑨乎？

（生之、畜⑩之，生而不有，为而不恃，长而不宰，是谓"玄德"⑪。）

注释

①载：语助词，相当于"夫"。

②营魄：魂魄。

③抱一：合而为一。

④专：聚集。

⑤涤除玄鉴：清除内心的杂念，以直觉对心智进行深入的观照。

⑥天门：自然之门。对人而言，指眼耳口鼻等生来就具有的感官，这些感官可以与外界接触，如同一扇门，故以"门"称。

⑦阖：通"合"，关闭。

⑧雌：宁静，柔弱，谦和。

⑨知：通"智"，这里指智巧、心机。

⑩畜：养育。

⑪玄德：奥妙深邃的德行。括号中的句子与上文不合，应移至五十一章。

老马释途

基本上谈的是个人的修炼，进行了一系列的反问："载营魄抱一，能无离乎？"身体与灵魂合而为一，就可以不偏离大道吗？"爱民治国，能无为乎？"热爱百姓，治理好国家，就可以做到真正的无为吗？

括号里的内容实际上与上文不符，应该是记录整理有误，应该移到后面的五十一章。发现每一章的内容并无上下章的逻辑关系，基本上可以独立成义，并且对人的修炼要求相当高，基本上是圣人的标准。

"涤除玄鉴，能无疵乎？"摒除内心的杂念，并观照灵魂深处，是否能做到心中无瑕疵？应该讲，如果能满足此等条件，答案应该是肯定的。但老子并没有给出结论，只是引起思考，更多的是启发，如此也算是指路明灯吧。

当然，人和天地万物的共生共处，似乎是关键之处，需要一生的修为。天人合一，心神合一，精神和肉体合一，看来是一直追求的所谓完美。

十一章

原文

三十辐①共一毂②，当其无，有车之用。

埏埴③以为器，当其无，有器之用。

凿户牖④以为室，当其无，有室之用。

故有之以为利，无之以为用。

注释

①辐：古代车轮中的木条。古时候的车轮由三十根辐条构成，这个数字取法于每月三十日的历次，寓意为轮转向前。

②毂（gǔ）：车轮中心的圆木，其中有圆孔，用来穿插车辐并连接车轴。

③埏（shān）埴（zhí）：搅拌泥土。

④户牖（yǒu）：门窗。

老马释途

"当其无，有车之用""当其无，有器之用""当其无，有室之用"，因为有了无形的元素，车才能用，器皿才能盛放东西，房间才能摆放家具。

"故有之以为利，无之以为用"，讲述的是有形与无形是相互依存的，往往用有形的物体来制造无形的元素，在真正用的时候，似乎无形的价值更大。

实际上告诉人们，无从有来，有无依存，有无互生，互相促进，并且好像暗示一个人只有空无，才更能容下其他内容，才是真正可能得道之人。有又从无来，虚无能到达有形。

问题是有无之间、黑白之间是否还有过渡，如此可能是三元，甚至多元的关系。这是一个交流，从这个角度讲，《道德经》讲得太过简单，当然，它也是基础之道。

十二章

原文

五色①令人目盲②，五音③令人耳聋，五味④令人口爽⑤，驰骋⑥畋猎⑦令人心发狂，难得之货令人行妨⑧。

是以圣人为腹，不为目。故去彼取此⑨。

注释

①五色：古人把红、黄、青、白、黑喻为五色。

②目盲：指令人眼花缭乱。

③五音：古代音律分宫、商、角、徵（zhǐ）、羽五音。之后才加入半徵、半商，合成七音。

④五味：酸、甘、辛、苦、咸，这里指各种口味的美食。

⑤口爽：失去味觉。

⑥驰骋：纵马疾行，这里指纵情游荡。

⑦畋猎：以伤害动物的方式打猎。

⑧行妨：妨害行为，这里指做出伤害道德的行为。妨，伤害。

⑨去彼取此：摒弃那些，应用这些。彼，代指前文不好的方式；此，代指前文好的方式。

老马释途

"五色令人目盲，五音令人耳聋，五味令人口爽。"

这些令人眼花缭乱的五色，好听的五音，口感丰富的五味，只会让人迷茫，脱离本质，进而远离理性。说明白了就是要"贵无不贵有"，要出世，要理性地节制、节欲，否则就会物质丰富了，心灵反而空虚了，会误入歧途，不会真正得到幸福，不会成为圣贤。

应该讲，老子讲的是大道，也是客观规律，最终的人生丰满幸福应该是精神富足，而不是物质丰富。这本身不应该是矛盾的，应当是统一的。

单纯的精神富足、物质平淡，应该也不是上选；当然，物质方面需要节制。最好的选项应该是精神富足，物质也极大丰富，这才是人性的上上选择。问题是，如果都是如此了，相互之间又是矛盾的，物质的诱惑，精神对物质的藐视，如何平衡共存？需要极大的修为，厚德的承载，这本身是个长期修炼的结果。沧桑中的正道亦是如此。完全出世，不追求物质享受，似乎又未必有真正的深刻体验。

爱过才会恨，恨过才懂爱，富过才知道贵的价值，穷的心灵之贵可能就是另一种狭隘。

十三章

原文

宠辱①若惊，贵②大患若身。

何谓宠辱若惊？宠为上，辱为下③。得之若惊，失之若惊，是谓宠辱若惊。

何谓贵大患若身？吾所以有大患者，为吾有身；及吾无身，吾有何患？

故贵以身为天下者，若可寄于天下；爱以身为天下者，若可托于天下。

注释

①宠辱：得宠和受辱。
②贵：以之为贵，看重，重视。
③下：低下，卑下的。

老马释途

"宠辱若惊，贵大患若身。"不管是得宠，还是受侮辱，都如同受到惊吓一般，重视身体好像重视大患一样。这一章老子强调"贵身"思想。

"故贵以身为天下者，若可寄于天下；爱以身为天下者，若可托于天下。"如果一个人对待天下，能像对待自己身体的态度一样，关心天下能够像关心自己的身体一样，那么就可以把天下托付给他了。

这就是我们常讲的，越是看重自己荣辱的人，越难成气候；越是不看重个人荣辱的人，越是容易取得成就。这一点上，精英和乞丐是异曲同工的，只是底层逻辑和发心不变，过度看重的显然是乌合之众了。

天人合一的思想已经很明确了，而这一点显然对人性是有挑战的，如此看来，修炼等于提升人性，进而上升到人性光辉。

十四章

原文

视之不见,名曰"夷"①;听之不闻,名曰"希"②;搏之不得,名曰"微"③。此三者不可致诘④,故混而为一。其上不皦⑤,其下不昧⑥,绳绳⑦不可名,复归于无物⑧。是谓无状之状,无物之象,是谓"惚恍"。

迎之不见其首,随之不见其后。执古之道,以御今之有。能知古始⑨,是谓道纪⑩。

注释

①夷:无色。

②希:无声。

③微:无形。

④致诘:推究。诘,诘问、追问、反问。

⑤皦(jiǎo):清晰,光明。

⑥昧:阴暗。

⑦绳绳:纷纭不绝。

⑧无物:事物没有固定的形状,这里指"道"。

⑨古始:宇宙的开始。

⑩纪:纲纪,引申为规律的意思。

老马释途

"是谓无状之状,无物之象,是谓'惚恍'。"也就是讲一种没有形状之形状,没有实实在在实物的形象,恍恍若有若无,而又确实存在。

"迎之不见其首，随之不见其后"，讲的是去迎接它，见不着它的开端；追随它，看不到他的末尾。这就是我们常讲的"道"。

高度抽象的"道"成为解释一切的根源，只要我们掌握了道，也就掌握根本了。

就像企业里的不同岗位，不同级别的团队，表现得林林总总，背后实际只有两个需求，名或利，抑或名和利。所有企业行为的道，就是利用大家的"名利"之心，为客户创造价值，进而使企业获得价值，员工、老板都获得价值。

很多分歧的本质无外乎是名为先，还是利为先，是短期、中期还是长期，不同阶段的人需求不同。"名利"之心不同而已，只是受"利为小人"的思想影响，包装覆盖了本质。大部分人看到了实实在在的表现，本质无形的道无外乎人性而已。

真正掌握并面对的时候是常识的开始，也是不惑的开始，也是遵道的开始，而这是可以计算的，只是计算后往往就不准确了。

十五章

原文

古之善为士者，微妙玄通，深不可识。夫唯不可识，故强为之容①：
豫兮②，若冬涉川；犹兮③，若畏四邻；俨兮④，其若客；涣兮，其若凌释；敦兮，其若朴；旷兮，其若谷；混兮⑤，其若浊；澹兮⑥，其若海；飂兮⑦，若无止。孰能浊以止静之徐清？孰能安以久动之徐生？
保此道者，不欲盈⑧。夫唯不盈，故能蔽而新成⑨。

《道德经》

注释

①容：形容，描述。

②豫兮：迟疑的样子。

③犹兮：犹，本义为猿猴类动物的警觉性。"犹兮"的意思即为警惕、戒备的样子。

④俨兮：俨然，庄重、恭敬的样子。

⑤混兮：浑厚、朴实的样子，混，通"浑"。

⑥澹兮：广阔，辽阔。

⑦飂（liáo）兮：形容风吹的样子，这里指动作轻疾如风。

⑧不欲盈：不求自满。盈，满。

⑨蔽而新成：去旧存新。

老马释途

这一章和上一章联系得较为紧密，开始描述掌握"道"的人的模样与表现。

"古之善为士者，微妙玄通，深不可识"，认为掌握了"道"的人，一般人很难理解，深不可测，勉强可以形容一下。

后面从九个方面进行了说明，既深远又简单，无怪乎相反之物本一物。

"孰能安以久动之徐生？"如何才能够长久保持安定，唯有变动，也就是不断去旧存新，创新突破才可。就像一家企业，一定要保持各个级别人员的流动率，企业才会不断进步，组织才会越来越强大。

如此必战战兢兢，如履薄冰，人性中的惰性天生与此抵触。修道之人无外乎和自己的天性斗争，进而融合，这本身是一种灭人欲，方可存天理。

芸芸众生的问题似乎在于不改变因，希望获得更好的果。所谓"善为士者"应是畏因，不善为士者应是畏果。远了实际是近了，近了反而是远了，这可能是玄妙之处，也是老子思想值得我们学习的非常重要的一个方面。

平静下来，做一个善为士的人，此乃无为，实为大为，实际上又在持续地吐故纳新。

十六章

原文

至虚极，守静笃①。

万物并作，吾以观其复②。

夫物芸芸③，各复归其根。归根曰"静"，静曰"复命"④。复命曰"常"⑤，知常曰"明"。不知"常"，妄作凶。

知"常"容，容乃公，公乃全，全乃天，天乃道，道乃久，没身不殆⑥。

注释

①笃：极端，极致，极点。
②复：轮回，循环往复。
③芸芸：茂盛，繁杂，繁多。
④复命：回归原本的状态。
⑤常：常态，规律。这里指万事万物运动变化的永恒规律。
⑥殆：危险。

老马释途

"至虚极，守静笃。万物并作，吾以观其复"，指一个人的心灵虚空到极点，内心平静到极致，才能接近和了解"道"。显然经历过痛苦和磨难，尝遍人间酸甜苦辣，才可能虚极、静笃，否则难舍世间万象。因为我们发现，痛苦、磨难、苦辣，往往是以开心、幸福、愉悦为表象的，这是一个极大的不可拒绝的诱惑，只有经历过才知晓。如此，修炼应该就是经历，个人如此，组织亦如此。

后面进一步来说明这个问题，最后的结论是："知'常'容，容乃公，公乃全，全乃天，天乃道，道乃久，没身不殆。"这样就可以和宇宙和谐共存，终身不遇危险了。顺"道"则生，逆"道"则亡。

问题往往在于，顺"道"短期内可能带来痛苦，逆"道"短期内常常欢愉，这真是个麻烦事。自律，方可得到幸福。如此看来，人生来就是带罪之身，有罪之躯。

问题是，得"道"是为避祸，实际上还是人欲而已，从这个角度讲，灭人欲也是为了人欲。如此看来，老子也是凡人，并非神仙，或者讲圣人也是人而已，大家说的都是要达成的希望，没有神话。不知道这是一种优点还是一种缺陷，无疑成为大众努力的方向，但又不过如此。缺乏一种心底的敬畏感，离信仰还有很远的距离，不知道是祸还是福。

十七章

原文

太上①，下知有之；其次，亲之誉之；其次，畏之；其次，侮之。信不足焉，有不信焉。

悠兮②其贵言③。功成事遂，百姓皆谓："我自然④。"

注释

① 太上：至高无上的，最理想的。这里指统治者治理国家达到最理想的状态。
② 悠兮：悠然自得的样子。
③ 贵言：珍惜、重视言语，引申为不随便发号施令。
④ 自然：自己本来的样子。

老马释途

这一段是谈国家统治的。"太上，下知有之；其次，亲之誉之；其次，畏之；其次，侮之"，一个君主统治一个国家最理想的状态是人民只知道他的存在，他本身只是一个代表，与人民无异。记得一年前去了一个欧洲国家，大家讲国家一年没有总理了，但国家仍然运行如常，似乎讲的是这个标准。

其次的另一种统治方式是，人民都喜欢、夸赞统治者，但这比起"不治而治"来讲，只能算是其次了，统治者还是受人民爱戴的，但没有"人民知道却不了解他"理想。

还有一种是人民害怕统治者，因为统治者独裁、暴力，控制老百姓。最差的就是人民轻侮统治者，准备推翻他的统治。

"功成事遂，百姓皆谓：'我自然'。"这是描述一种接近"道"的统治，即使办成了好事，百姓也不会感谢统治者，他们会认为这是自然发生的，谈的仍然是一种"无为而治"。

问题是，老子描述了一种"道"的状态，却没有提供具体的措施、方式。心中的理想国需要我们去构建，构建最好的方法是"无为"，而这种局面又很难被"有为"所打破，"无为"与"有为"的边界一直处在混沌中。

十八章

原文

大道①废,有仁义;智慧②出,有大伪;六亲③不和,有孝慈④;国家昏乱,有忠臣。

注释

①大道:万物真实的运作规律。
②智慧:这里是贬义词,指为了争夺胜利而做出的虚伪之举。
③六亲:父、母、兄(姐)、弟(妹)、夫(妻)、子女,泛指家人。
④孝慈:孝敬,慈爱。

老马释途

十八章描述了一种理想国家的景象,指出了貌似正面表现的负面底层逻辑。

"大道废,有仁义",有所谓的"仁和义"是因为大道被废了,才需要仁义。"智慧出,有大伪",是因为有了争权夺利的智巧,才有欺诈、伪善存在。

"六亲不和,有孝慈",因为六亲不和睦,大家才会谈父慈子孝,是缺什么补什么。"国家昏乱,有忠臣",因为国家混乱了,才产生了所谓忠臣。

所以最好是无仁义,无孝慈,无忠臣,无大伪,这个社会才是一种自然状态,也是最好的状态。同理我们会想到,乱世出英雄。

恰恰是人们一直刻意追求仁义、英雄、孝慈，反而让事情复杂化了，道法自然才是根本。

十九章

原文

绝圣弃智①，民利百倍；绝仁弃义，民复孝慈；绝巧弃利，盗贼无有。此三者，以为文②不足，故令有所属③。见素抱朴④，少私寡欲，绝学⑤无忧。

注释

①智：智巧。
②文：条文，法则。
③属：归属，从属，适从。
④见素抱朴：保持本色。素，指未经染色的棉丝。朴，指未经雕琢的木头。
⑤绝学：摒弃浮夸的学问。绝，杜绝，摒弃。

老马释途

这一章和上一章颇有关联，描述出了一个好的统治标准。"绝圣弃智""绝仁弃义""绝巧弃利"，把这三者抛弃了，应该是上上选择，这三者不足以治理天下。

正确的做法应该是，"见素抱朴，少私寡欲，绝学无忧"。说白了就是保持纯洁本性，摒弃杂念，杜绝所谓巧智的学问，回归本真，就无忧了，就是正确的治理模式了。

就像一家企业，最好的状态不是依靠一堆制度、规范，而是没有制度、没有规范，更接近大道，企业更加完美。这就有点共产主义思想在其中了，按需分配，不管是物质还是精神方面。

实际情况是，要想企业没有制度、规范也能良好运行，首先要用制度等去规范，达到一定程度后，使制度成为多余，也就什么都不需要了。要使没有，先要有，有是为了没有，没有才是大道。为是为了"无为"，"无为"才是最高境界，似乎有点儿道理。

二十章

原文

唯①之与阿②，相去几何？善之与恶，相去何若？人之所畏，不可不畏。

荒兮，其未央③哉！

众人熙熙，如享太牢④，如春登台。

我独泊兮其未兆⑤，如婴儿之未孩⑥。

儽儽兮⑦若无所归。

众人皆有余，而我独若遗⑧。我愚人之心也哉，沌沌兮！

俗人昭昭⑨，我独昏昏⑩。

俗人察察⑪，我独闷闷⑫。

众人皆有以⑬，而我独顽似鄙。

我独异于人，而贵食母⑭。

注释

①唯：恭敬地答应。

②阿：怠慢地答应。

③未央：未尽，没有结束。

④太牢：古代祭祖时，牛、羊、猪三种牲口全部奉出称之为太牢。这里意为丰盛的宴席。

⑤兆：征兆，迹象。

⑥孩：通"咳"，形容婴儿的笑声。

⑦儽（léi）儽：疲惫的样子。

⑧遗：匮乏，不足。

⑨昭昭：明白事理的样子。

⑩昏昏：愚钝、木讷的样子。

⑪察察：严厉、苛刻的样子。

⑫闷闷：淳朴、诚实的样子。

⑬有以：有用，有作为。

⑭贵食母：母，指"道"。这里意为以遵守天地大道为贵。

老马释途

这一章又开始谈个人修为了，"唯之与阿，相去几何？善之与恶，相去何若？"说的是对于发生在自己身上的事情采取顺从还是反对，对人于善于恶，到底有什么差别。

"众人皆有余，而我独若遗。"大家都有结余，唯我好像匮乏不足，那又怎么样呢？体现的是对世间的不屑与超脱，给人一副世外高人、不谙世事的样子。

"我独异于人，而贵食母。"我唯一与人不同的是，我回到了万物之母的怀抱，拥有了道，追求精神独立，超然于外，而不是人云亦云。

如此看得出老子的哲学是出世的哲学，认为自己逍遥就是对社会的最大贡献。自然而然，提倡回归大道。

对人的欲望的丑陋与破坏性，并没有制约，只是教育，似乎往往会事与愿违。当然，从个人修炼来讲，不失为良言金句，只是只有极少数人可以做到罢了，一定程度上成为玄学也就是必然了。

一个大众性的企业组织似乎难以如此洒脱，优秀人士的修行可能恰恰适宜。

二十一章

原文

孔①德之容②，惟道是从。

道之为物，惟恍惟惚。惚兮恍兮，其中有象③；恍兮惚兮，其中有物。窈④兮冥⑤兮，其中有精⑥；其精甚真，其中有信⑦。

自古及今，其名不去，以阅众甫⑧。吾何以知众甫之状哉？以此⑨。

注释

①孔：大。

②容：样子，形状，形态。

③象：形象，具象。

④窈：深远，微不可见。

⑤冥：幽暗，深不可测。

⑥精：精气，最微小的物质实体。

⑦信：可信，相信，真实。

⑧甫：开始，引申为事物的开端。

⑨此：代指"道"。

老马释途

"孔德之容,惟道是从。"也就是讲大德的样子,遵循"道"的意义与价值。

世界万物都遵循"道",而"道"这个东西又很难讲清楚,恍恍惚惚,摸不着看不见,无形无实,无状无象,但世界万物却都是"道"孕育的。

"吾何以知众甫之状哉?以此。"我是如何了解世间万物最开始的状态的呢?也就是我们常讲的道,"万物始生,从道受气"。

老子高度提炼了"道",找到了世界的本源,也就有了解释世界、告诫人们行为的依据。

"道"为何,不同的人有不同的认知,不同的理解。因为有不同的"道",所以所有人都能找到自己的大"道",可能这就是老子的思想一直流传至今的原因吧。

"窈兮冥兮,其中有精",看似深远不可测,但有一些气的存在,如此似乎是唯物的,但又不清晰,好像又唯心。非此即彼,既此又彼,不好言说。

二十二章

原文

曲则全,枉①则直,洼则盈,敝②则新,少则得,多则惑。

是以圣人抱一③为天下式④。不自见⑤,故明⑥;不自是,故彰;不自伐⑦,故有功;不自矜,故能长。

夫唯不争,故天下莫能与之争。古之所谓"曲则全"者,岂虚言哉?诚全而归之。

注释

①枉：弯曲，委屈。

②敝：破旧，坏。

③抱一：守道。抱，守。一，这里指"道"。

④式：模式，模范。

⑤见：通"现"，彰显，炫耀。

⑥明：表明，显明，彰显。

⑦伐：夸耀。

老马释途

"曲则全，枉则直"，委曲才能求全，弯曲才能保全自己，这是老子的保身之道。

"少则得，多则惑。"目标专一，才能实现，就是多；不专一，反而被迷惑，最终可能是一无所获；要知足，不贪。这充分体现了老子的朴素辩证法和物极必反的道理。基本上就是给人们定规则，所以也直言相告。只是这样的标准仍显得模糊，人们不知道如何操作，也就各有各的理了，并且都认为掌握了根本。

"夫唯不争，故天下莫能与之争。"自己不争，天下也就没有人能和你争了，似乎就高超成圣了。也会有另一个极端：消极避世，远离尘世，这好像并非老子本意，但好像又是本意。

二十三章

原文

希言①自然。故飘风②不终朝，骤雨③不终日。孰为此者？天地。天地尚不能久，而况于人乎？

故从事于道者，同于道；德者，同于德；失④者，同于失。同于道者，道亦乐得之；同于德者，德亦乐得之；同于失者，失亦乐得之。

（信不足焉，有不信焉。⑤）

注释

①希言：少说话。这里指统治者尽量少发号施令，尽量与民休息。
②飘风：大风，强风。
③骤雨：大雨，暴雨。
④失：失道或者失德。
⑤"信不足"句：这两句与前文不合，而且十七章已出现过，疑原资料有误。

老马释途

"希言自然"，少言寡语，这样才合乎大道，顺其自然。"故飘风不终朝，骤雨不终日"，也就是讲大风不会持久，暴雨也不会终日如此。也就是告诫我们，平平淡淡才是真，才可长久，才是大道。极端与极致往往是片刻，不可久留。

"故从事于道者，同于道；德者，同于德；失者，同于失。"讲的是积极修道的人，与道相得益彰，失道者也要承担这样带来的不良后果。

似乎冷静、理性、自然而然才是大道。在学习拉美地区的历史时，看到一种观点叫"热带较少出现强国"，难道也是因为当地太热了，人们平静不下来？当然，这是玩笑之言。

我逐渐明白了，我国国民性格中的低调，宁静而致远、不出风头的文化特色，应该受老子思想影响重大，当然，如果只是肤浅地理解老子的思想，在一定程度上对创新、竞争似乎是有些制约的。但老子讲的"无为"也是"无不为"，只是绝大部分人会极端理解，以致走进误区。

二十四章

原文

企①者不立，跨②者不行。自见者，不明；自是者，不彰；自伐者，无功；自矜者，不长。

其于道也，曰："余食赘行③。"物④或恶之，故有道者不处。

注释

①企：同"跂"，踮脚，提起脚跟，脚尖着地。

②跨：跨越，越过，大步而行。

③余食赘行：吃剩的食物成为身上的赘疣，比喻令人讨厌却难以轻易丢弃的东西。赘行，通"赘形"，多指赘瘤。

④物：鬼神。

老马释途

"企者不立，跨者不行。"把脚尖垫高的人，很难平稳地站好；大跨步前进的人，很难走远走快。宁静方能致远，平稳亦可远行。

"自见者，不明；自是者，不彰；自伐者，无功；自矜者，不长。"自以为是高明的人，往往显示不出他的高明；自以为是的人，往往大家看不到他的优点；自吹自擂的人，往往大家看不到他的功劳；自我膨胀、骄傲的人，很难成为成功的人。低调行事也就成了标准。

要低调，宁静，不可冒进；谦虚，不可高傲。和上一段有类似之处，提倡低调的内涵，无声的呐喊，悄悄地努力，但也让某些人用成了虚伪。虽然没有了张扬，似乎又违反了本性，性格张扬好像也是人性的一部分，也是本真。也不能太过绝对地看这个问题，逐步迭代吧。

二十五章

原文

有物混成①，先天地生。寂兮寥兮②，独立而不改③，周行而不殆④，可以为天下母。吾不知其名，强字⑤之曰"道"，强为之名曰"大"⑥。大曰"逝"⑦，逝曰"远"，远曰"反"⑧。

故道大，天大，地大，人亦大。域中⑨有四大，而人居其一焉。

人法⑩地，地法天，天法道，道法自然。

注释

①混成：自然生成，指最初时期的浑朴状态。
②寂兮寥兮：形容"道"无声无形。
③不改：不改变自己，有永恒性和绝对性。
④殆：停息。
⑤字：命名。
⑥大：形容"道"广阔无边，力量无穷。
⑦逝：形容"道"流转不息，永不停止。
⑧反：返回原点，回到原始状态。
⑨域中：天地间，宇宙中。
⑩法：效法，这里引申为遵从，任由。

老马释途

这一段，老子又对"道"进行了解释与描述。"有物混成，先天地生。寂兮寥兮，独立而不改，周行而不殆，可以为天下母"，讲的是"道"生于天地之前，是自然生成的，无声、无形、无味、无色而独立存在，并且周而复始地运行，从不停息。它是一切万物宇宙的母体，也就是"道"。

并且把人放在天、地、道一样的层面进行描述，故道大、天大、地大、人亦大，这也就是最早的天人合一，人为万物之灵了。同时人、天、地作为有机的统一组成体，也就成为一种必然。

"人法地，地法天，天法道，道法自然"，讲的是人向大地取法，取其厚德；地向天取法，取其高明；天向道取法，取其本源；道向自然取法，取其自然而然。

源于自然，一切自然而然。无为也就是大道了，这一直贯穿始终。从宇宙观谈到世界观，再到人生观、价值观，每一个毛孔都透着自然的力量。"道"的力量，是一种自然而然，运行不息，无色无形，又不可感触的高度抽象的规律。启迪人们要自然而然，顺应规律，顺势而为！

二十六章

原文

重为轻根①，静为躁君②。是以君子③终日行不离辎重④。虽有荣观⑤，燕处⑥超然。奈何万乘之主⑦，而以身轻天下？轻则失根，躁则失君。

注释

①根：根本，根基。

②君：统治者，主宰。

③君子：品德高尚的人，有道的人。这里指理想的君主。

④辎（zī）重：军队中载运器械、粮食的车辆。

⑤荣观：贵族游玩的地方，这里指华美的生活。

⑥燕处：安然处之，安居之地。

⑦万乘之主：有万辆兵车的大国之主。乘，古代兵车的计量单位。

老马释途

这一段是谈君主治理天下之道，"重为轻根，静为躁君"，认为稳重是轻浮的根本，宁静是躁动的主宰。重与轻本相对，静与躁本相对，但在老子眼里并不平等。重为根，静为君，宁静、安静、稳重、踏实一直是老子推崇的，这也自然容易产生敬老、尊老的意识。

就像一个人的精神状态，静则有根，不乱，躁则漂浮，易惑，但也会少了情绪的起伏，激情的四溢。

"轻则失根，躁则失君"，轻浮会失去根基，躁动会失去控制，所以治国的根本是遵循稳重、宁静之道，则国泰民安。

老子的思想无处不透露着老成与内敛，总是缺乏些奔放与年轻的感觉，出世避世的味道极为浓厚。

当然，这也似乎是最终的归宿与根本，只是把过程忽略省去而已。没有年轻哪里来的年迈，没有奔放何来宁静，没有沧桑何来正道，没有经历轻浮，又怎么知道稳重的价值。

二十七章

原文

善行，无辙迹[1]；善言，无瑕谪[2]；善数，不用筹策[3]；善闭，无关楗[4]而不可开；善结，无绳约[5]而不可解。

是以圣人常善救[6]人，故无弃人[7]；常善救物，故无弃物。是谓"袭明"。

故善人者，不善人之师；不善人者，善人之资[8]。不贵其师，不爱其资，虽智大迷，是谓"要妙"。

注释

①辙迹：车轮碾过后留下的痕迹。
②瑕谪：美玉上的瘢痕，引申为瑕疵、缺憾。
③筹策：古代计算时使用的工具。
④关楗：门闩。横的称之为"关"，竖的称之为"楗"。

⑤绳约：用绳捆绑，引申为束缚、约束。
⑥救：阻止，挽救，帮助。
⑦弃人：无用之人。
⑧资：借鉴。

老马释途

这一段内容较为接地气，从宇宙、万物降到了尘世，谈了生活中的事情，谈的似乎是领导艺术，当然也是遵循大道的。

"是以圣人常善救人，故无弃人；常善救物，故无弃物。是谓'袭明'。"指圣人总是善于发现人的优势，人尽其才，无无用之人；同时也善于找到物的价值，没有无用之物，物尽其用。

"故善人者，不善人之师；不善人者，善人之资。"也就是说，善为之人可以成为不善之人的老师，不善之人也可以成为善为之人的借鉴，互相促进，各有所用。

这里我们感受到老子思想的博大精深，也对老子的格局深为惊叹。只是人之情绪有时非人所能驾驭，也就一直在修行的路上了。

大彻大悟容易出世，有少许纠结，也就是入世的根源。修炼之法、规范之法应该都有价值，只能讲，老子谈的更多是结果，并非过程。

没有失去，不会珍惜；没有付出，不会忠诚；没有投入，不会全力以赴，人性弱点而已，或人本性而已。知恩图报之人寡，忘恩负义者众，所以需要修行，本为根本，但缺者多。

二十八章

原文

知其雄①，守其雌②，为天下豀③。为天下豀，常德不离，复归于婴儿。

知其白，(守其黑，为天下式。为天下式，常德不忒④，复归于无极⑤。知其荣，)守其辱，为天下谷⑥。为天下谷，常德乃足，复归于朴。

朴散则为器⑦，圣人用之，则为官长，故大制不割⑧。

注释

①雄：刚劲，强大。
②雌：柔弱，谦下。
③豀（xī）：通"溪"，溪谷，溪涧。
④忒：过失。
⑤无极：永恒真理，宇宙的原始状态。括号中的六句疑为后人所加。
⑥谷：山谷，深谷。比喻胸怀宽广。
⑦器：器物。代指万事万物。
⑧割：割裂，损害。

老马释途

这一段又来谈道，谈无为而治。"知其雄，守其雌，为天下豀。"知道自己的强大，依然让自己处于柔弱的位置，成为山谷才能容天下万物。

"为天下豀，常德不离，复归于婴儿。"作为天下的山谷，就可以让自己汇聚德性，自己会返回到婴儿状态，返璞归真，认为这是最好的选择，还是一直在强调"无为""自然而然"。

"朴散则为器,圣人用之,则为官长,故大制不割。"质朴的东西汇聚,才能成为真正的道。圣人就是如此做的,完美的政治制度是不可分割的,应是系统的。

总而言之,虚怀若谷,质朴、归真才是大道。不要因为自己所处的情况好坏,得势与失势而发生变化,这就是圣人之道。无为而为之道,也就是大道。虽然如此,也不是一般人可以够得着的,修炼吧。

二十九章

原文

将欲取①天下而为②之,吾见其不得已③。天下神器④,不可为也,不可执⑤也。为者败之,执者失之。是以圣人无为,故无败;无执,故无失。

夫物⑥或行或随,或歔⑦或吹⑧,或强或羸,或挫或隳⑨。是以圣人去甚,去奢,去泰⑩。

注释

①取:治理。

②为:指强行去做。

③不得已:无法办到。

④神器:神圣的事物。

⑤执:掌握、控制。

⑥物:代指世间万物。

⑦歔:通"嘘",和缓地吐气。

⑧吹:急速地吐气。

⑨隳(huī):危险。

⑩甚、奢、泰:甚,极端。奢,奢侈。泰,过度。

老马释途

继续讨论无为，建议国君如何来统治国家、管理国家。"天下神器，不可为也，不可执也。"也就是讲，天下神圣的东西，比如统治国家的大道，不能强行为之，不能控制一些事物与事情，应顺其自然。"是以圣人无为，故无败；无执，故无失。"圣人无为而治，所以没有失败，因为没有过度掌控，也就不会有失去。

"是以圣人去甚，去奢，去泰。"讲的是圣人应该避免极端、奢侈、过度，无为而为，一切自然，也就是大道，也就是最好的状态。"为者败之，执者失之。"要大为，一定会失败；要掌控，最终一定是失去控制。从历史上来讲，作为老子金句，确实如此，但完全无为、无执，又显得我们没有什么作为。包括规范、法规的制定，似乎都有些多余。完全靠修炼，似乎并不符合现在我们所看到的现实。

通过规范，驱动每一个人向善，社会向善，走向大道，应该是很多企业包括国家的选择。当然，亦不可过度，否则会适得其反。

三十章

原文

以道佐人主者，不以兵强天下。其事好还①。师②之所处，荆棘生焉。大军之后，必有凶年③。善者果④而已，不敢以取强。果而勿矜，果而勿伐，果而勿骄，果而不得已，果而勿强。

物壮则老，是谓不道，不道早已。

注释

①还：归还，返还。这里指报应。
②师：部队。这里指行军。
③凶年：荒年。
④果：结果。这里指胜利的结果。

老马释途

继续谈治国与战争，"以道佐人主者，不以兵强天下"，讲的是真正辅佐君主的人，如果依道而为的话，是不会以战争来强行征服天下的。

因为，"大军之后，必有凶年"。即战争之后没有赢家，胜负双方只是轮回而已，最终都将受到伤害。

"善者果而已，不敢以取强。"善用兵者，应是不战而屈人之兵，达到胜利的结果，和《孙子兵法》暗合，才是上上等。

"物壮则老，是谓不道，不道早已。"物极必反，强壮到极致，就会衰老，不遵循道，迟早失败。

总而言之，依道而行，顺其自然，不强求，不用兵，不逞能，自然而然达到结果是最好的选择，也就是道。

三十一章

原文

夫佳兵①者，不祥之器，物或恶之，故有道者不处②。

君子居则贵左③，用兵则贵右。兵者，不祥之器，非君子之器，不得已而用之，恬淡为上。胜而不美，而美之者，是乐杀人。夫乐杀人者，则不可以得志于天下矣。

吉事尚左，凶事尚右。偏将军居左，上将军居右，言以丧礼处之。杀人之众，以悲哀泣之；战胜，以丧礼处之。

注释

①兵：兵器，武器。也指武力。
②处：接近，接纳。
③贵左：古人以左为阳，右为阴，阳主生，阴主杀。尚左、尚右、居左、居右都是古人的礼仪。

老马释途

看得出来，老子非常反对战争，认为是不得已而为之，即使胜利也应该用办丧礼的方式结束。

"夫佳兵者，不祥之器，物或恶之，故有道者不处。"认为兵器为不祥之物，有道者是不会使用它的，连鬼神都讨厌它。这似乎告诉我们，强势控制是无效的，应顺其自然，让别人爱戴你。所以从这个角度来讲，底层逻辑应该是人性是善的。

"兵者，不祥之器，非君子之器，不得已而用之，恬淡为上。"进一步强调，战争非君子使用，不得已而已，即使使用也要宁静、克制，适可而止。放到如今世界来看，也有现实意义，确实如此。但强大的军事实力是不战的基础。

三十二章

原文

道常无名,朴①虽小②,天下莫能臣。侯王若能守之,万物将自宾③。

天地相合,以降甘露,民莫之令而自均。

始制有名。名亦既有,夫亦将知止。知止,可以不殆。譬道之在天下,犹川谷之于江海。

注释

①朴:质朴,形容"道"的原始状态。

②小:隐微,形容"道"隐而不见。

③宾:臣服。

老马释途

老子进一步来描述什么是道,道的价值与意义。"道常无名,朴虽小,天下莫能臣。""道"没有名称,但它一直处于比较朴素的状态,虽然不能看到,隐微,天下没有什么能使它臣服。

进一步讲述了道的根本性与本体性,玄之又玄,众妙之门。

"譬道之在天下,犹川谷之于江海。"就进一步讲清楚,道与天下的关系,就像溪水河流与江海的关系一样,最终会归于江海,一切的根源为道。

老子总是担心大家对"道"的认知不够,于是进一步讲述和说明,总而言之,道为本源,可解释一切,顺其自然即为尊重天道。

我们从哪里来，我们是谁，我们到哪里去，无一例外大家都在探讨这三个问题，这也几乎不分东方与西方。殊途同归，找本源是共通的。

三十三章

原文

知人者智，自知者明。

胜人者有力，自胜者强①。

知足者富。

强行②者有志。

不失其所③者久。

死而不亡者寿。

注释

①强：刚强，果决。

②强行：持之以恒，坚持不懈。

③所：根本，引申为自己的原则，深一层为"道"。

老马释途

这一段讲如何成为智人、明人、强人、长寿之人，总而言之，一个人想有的都讲了，从治国理政谈到人生的道理。

"知人者智，自知者明。"知道别人、了解别人的人为智慧之人；知晓自己、了解自己的人为明智之人。这是一个很高的标准。

"胜人者有力，自胜者强。"能打败别人的人是有能力的，真正能打败自己的人才是强大的。"知足者富。强行者有志。"知足常乐，知道满足的人才会富有，当然更多的是精神富有。持之以恒的人是有志向的人，最终，"不失其所者久"，拥有根本，遵循道的人才能天长地久。目不妄视、耳不妄听、口不妄言，遵循天道才能长寿。

这里给出了一个优秀人士的标准：知人、知己、知足、不失其所，死而不亡，这也就遵循天道了。

三十四章

原文

大道氾①兮，其可左右。万物恃之以生而不辞，功成而不有②。衣养万物而不为主。常无欲，可名于"小"③。万物归焉而不为主，可名为"大"④。以其终不自为大，故能成其大。

注释

①氾（fàn）：通"泛"，广泛。
②有：据为己有。
③小：渺小。"道"任由万物生长，自然无为，因此称其为"小"。
④大：伟大。"道"无私地养育万物，是万物之母，因此称其为"大"。

老马释途

继续谈"道"，实际上是教如何做人了。"大道氾兮，其可左右。"讲大道无处不在，并且可左可右。"万物恃之以生而不辞，功成而不有。"万物因大道而生，但大道并不主宰它，实际上是教大家如何做人了。讲如果顺其自然，不争取、不主宰，反而万物会归附它，成就它，自然而然。

"以其终不自为大，故能成其大。"由于"道"始终不以为自己比万物伟大，所以能涵纳万物归附而成就伟大，无为而为，不取而取。

就像一家企业，打造品牌，形成信誉，客户自然会找上门，不需要自己找客户了，不销而销。

欲擒故纵，大公而成大私，物极必反。"衣养万物而不为主。常无欲，可名于'小'。"大道恩泽万物而不成为主宰，可称之为渺小，实则无私。"万物归焉而不为主，可名为'大'。"万物归于大道，而道不为主人，称之为博大。顺其自然，无私利他，则合道也，既解释了道，又讲了做人做事的道理。

三十五章

原文

执大象①，天下往②。往而不害，安平太③。

乐与饵④，过客止。道之出口，淡乎其无味，视之不足⑤见，听之不足闻，用之不足既⑥。

注释

①象：道。

②往：归往，归附。

③安平太：就会和平、安定。安，则，就。

④乐与饵：音乐与美食。饵，泛指美味的食物。

⑤足：可以，能够。

⑥既：尽。

老马释途

万事万物依道而行，道为何，进一步阐释说明。"执大象，天下往。"如果能执守、遵守大道，天下将归附。"往而不害，安平泰。"归附后又可不伤害，守其道，则可以平安、和平、幸福。讲了一堆"执大象"的好处，也就是告诫大家要守道，这也自然成了大家争论的源泉。

何为道？道不同，不足为谋。大家都成了爱讲理的人，实际上讲的全是自己的理，自己的道。

"乐与饵，过客止。"美妙的音乐，甜美的食品，都会吸引客人留步驻足。而大道都是无色无味，平淡无奇，"淡乎其无味，视之不足见"，甚至是看不见的。"听之不足闻，用之不足既。"听不到，却用之不竭。

平平淡淡才是真，平平淡淡才是长久。色彩绚丽往往短暂，却恰恰是人性的弱点，修炼也就必不可少了。

三十六章

原文

将欲歙[①]之，必固[②]张[③]之；将欲弱之，必固强之；将欲废之，必固兴之；将欲取之，必固与之。是谓"微明"[④]。

柔弱胜刚强。

鱼不可脱于渊，国之利器[⑤]不可以示[⑥]人。

注释

①歙（xī）：收敛。
②固：通"姑"，暂且。
③张：扩张。
④微明：微妙与明通，隐微而显明。
⑤利器：锐利的武器，这里指国家的赏罚和权谋。
⑥示：显示，引申为炫耀。

老马释途

这一段在讲一些规律，这似乎是《道经》中经常出现的一部分内容。《道经》的内容或者直言道，或者讲一些规律，或者讲一些为人处事的规范与建议。

这一段实际上谈的是物极必反，盛极而衰，否极泰来的道理。这实际上是老子思想中影响极为深远的一个部分。

"将欲歙之，必固张之；将欲弱之，必固强之。"想要让人或事物收敛，必先让其扩张；将要让人或事物弱小，必先让其强大，这也就是物极必反的基本逻辑了。

"鱼不可脱于渊，国之利器不可以示人。"鱼不可以离开深水，否则就可能面临危险；国家也不能轻易地把惩罚的利器拿出来让大家看，否则也就失去了震慑的作用了。就像一个领导者，把制约的手段太过明示，也就失去了制约的威力，隐而不发更有力量，发了也就失去威力了。

正反的事物，底部是相通的，适可而止、恰到好处成为我们一直的追求。

三十七章

原文

道常无为，而无不为。

侯王若能守①之，万物将自化②。化而欲作③，吾将镇之以无名之朴④。镇之以无名之朴，夫将不欲。不欲以静，天下将自正⑤。

注释

①守：遵循。
②自化：自己成长、变化。
③欲作：产生欲望。
④朴：形容"道"的质朴。
⑤正：安定。

老马释途

这是《道经》的最后一章，并且把"道"落到了老子心中理想的社会，应该是自然无为，顺其自然，将会诞生安定祥和的社会。

"道常无为，而无不为。"道常常无所作为，而无为就是无所不为。先把无为而治放在《道经》的最后一章，讲得清楚明了——无为而无不为。

"侯王若能守之，万物将自化。"君王如果能够遵守这个规律，万事万物就可以自己孕育、孵化、生长了。如果产生了私欲，道也会震慑它。"夫将不欲"，总而言之，灭私欲、遵天道成了义务。

"不欲以静，天下将自正。"宁静而无私欲，天下将自然而然走向安定。老子再次告诫统治者最好的治理模式就是不治理，顺其自然，无为而为。

  这可能成为中国哲学很重要的组成部分，但缺乏创新、尝试的元素，更多的是信守与稳健，带来了巨大好处的同时，也有巨大缺憾。

  发展是永恒，创新是永远，但真的有很多改变发生吗？是否也有很多事物根本没有太大变化？这可能就是老子希望的"无为"吧。

下篇 德经

三十八章

原文

上①德不德，是以有德；下②德不失德，是以无德。

上德无为，而无以为③；下德为之，而有以为。

上仁为之，而无以为；上义为之，而有以为。

上礼为之，而莫之应，则攘④臂而扔⑤之。

故失道而后德，失德而后仁，失仁而后义，失义而后礼。夫礼者，忠信之薄，而乱之首。

前识者⑥，道之华，而愚之始。是以大丈夫处其厚⑦，不居其薄；处其实，不居其华。故去彼取此。

注释

①上：推崇，以之为上。

②下：贬抑，以之为下。

③无以为：无意作为，无所企图。

④攘：伸出。

⑤扔：引，拽。

⑥前识者：有先见之明的人。

⑦处其厚：立身敦厚。

老马释途

从这一章开始讲《德经》,这是规律,道可道,非常道。德是人们依道而行,具体的行事与做法,有上下的区分,"上德"符合道。

"上德不德,是以有德;下德不失德,是以无德。"真正有德之人不会去刻意修炼,而真正丢掉德行的人,不一定看得出来。讲了标准,但没有告诉大家路径。

"故失道而后德,失德而后仁,失仁而后义,失义而后礼。"讲的还是无为而为,失去道之后就会失去德,失去德之后就会失去爱,失去仁爱之后就会失去道义,失去道义之后就会失去礼仪。

"夫礼者,忠信之薄,而乱之首。"讲的是礼仪,是忠诚信义缺乏的表现,是祸乱产生的根源,因此,老子反对制定很多规则,想顺其自然,不干涉就是最好的做法,不作为、不添麻烦就是对社会最大的贡献。

现实生活中,制定规则的好结果是使规则似无形、无用。老子讲了最好的状态,但就是缺乏一些实现路径。

三十九章

原文

昔之得一①者,天得一以清,地得一以宁,神得一以灵,谷得一以盈,万物得一以生,侯王得一以为天下正②。

其致之③也,谓天无以清,将恐裂;地无以宁,将恐废④;神无以灵,将恐歇⑤;谷无以盈,将恐竭⑥;万物无以生,将恐灭;侯王无以正,将恐蹶⑦。

故贵以贱为本，高以下为基。是以侯王自谓孤、寡、不穀。此非以贱为本邪？非乎？故至誉无誉。是故不欲琭琭[8]如玉，珞珞[9]如石。

> **注释**
>
> ①一：即"道"。
> ②正：首领。
> ③其致之：推而言之。
> ④废：荒废，引申为崩塌。
> ⑤歇：停歇，停止，引申为灭绝。
> ⑥竭：枯竭。
> ⑦蹶：跌倒，此处指垮台。
> ⑧琭琭：有光泽的样子，形容美玉。
> ⑨珞珞：坚硬的样子，形容石头。

老马释途

进一步谈的还是"道"，得一者，即得道者，可以"天清、地宁、神灵、谷盈，万物生，侯王正"。讲的是天道清明，大地安宁，精神活灵，山谷充盈，万物可以长生，侯王可以成为首领。

相反的情况，老子又反着讲了一遍，进而说明"道"的重要性。

进一步阐述了相反即相通的道理，"故贵以贱为本，高以下为基"。高贵是以低贱为根本的，高高在上是以低下为基础的。没有老百姓的平凡，就不会有帝王的尊贵；没有普通的人，也就没有所谓的英雄。要珍惜所谓的低下，方能拥有高贵的荣耀。

如此，善恶本为一线间，物极必反。

制定规则，明确是非，最终是为了不需要规则。之所以需要规则，是因为组织的人员还没有修炼到位，还没有得"道"而已。

相信他善就去激发他的善意，不相信他善就去限制他的恶意，不管哪条路，老子已在终点等待了。这可能是老子的伟大之处，但也有不足之处，没有多往前走几步。

四十章

原文

反者①道之动；弱者道之用。

天下万物生于有，有生于无。

注释

①反者：返回，循环。

老马释途

这一段虽然短小，却影响深远。"反者道之动"，讲的是"道"的运行规律就是循环，物极必反，循环往复，相反的对立往往矛盾统一。"弱者道之用"，讲的是以柔克刚，柔弱是道发生作用的特点，因为柔弱，所以长久，所以常用，这也基本上奠定了道家的基本逻辑。

"天下万物生于有，有生于无"，讲的是万物都从有中来，而有从无中产生，无从有中来，有无互生、共生。把有形和无形的关系讲得非常清楚了，又比较抽象。

在企业中讲的就是有形的产品与无形的品牌了，最后我们发现真正领导这个世界的东西，往往是无形的东西，无形的精神类的东西。而无形和有形又是密切关联，同时存在的，似乎也很难分离，你中有我，我中有你。

四十一章

原文

上士①闻道，勤而行之；中士闻道，若存若亡②；下士闻道，大笑之。不笑不足以为道。

故建言③有之：

明道若昧，进道若退，夷道若颣④。

上德若谷，广德若不足；建⑤德若偷⑥，质真若渝⑦。

大白若辱⑧，大方无隅⑨，大器晚成。

大音希声⑩，大象无形，道隐无名。

夫唯道，善贷⑪且成。

注释

①上士：上等的士人，指资质上乘的人。

②亡：通"忘"，遗忘。

③建言：立言的人。

④颣（lèi）：不平。

⑤建：通"健"，健康，刚健。

⑥偷：偷懒，懒惰。

⑦渝：污秽，浑浊。

⑧辱：污黑。

⑨隅：棱角，角落。

⑩希声：无声。

⑪贷：借贷，引申为施与、帮助。

老马释途

继续讲道。"上士闻道,勤而行之;中士闻道,若存若亡。"讲的是优秀的人听道讲道,努力去践行它;一般的人听"道",部分记得并去实践,部分会忘掉。"下士闻道,大笑之",资质低下的人显然会嘲笑"道",觉得太过可笑。想象得到,老子已经预测到了这种结果。"道可道,非常道",无奈的是大部分人是"大笑之",或"若存若亡",真理看来只是掌握在少数人手中。

"大白若辱,大方无隅,大器晚成。"最洁白的东西反而含有污黑,最方正的东西反而没有棱角,大成的人往往是晚成功。成功趁早,本身就是"下士"们的观点。这显示出了《道德经》的王者之术,"下士"们大部分会嘲笑关于道的言论,对关于道的常识的违背实际上就是违反大道。

"大音希声,大象无形,道隐无名。"最大的声音是无声,最大的有形是无形,大道一般难见,已隐。这也可能说明了为什么老子这个人最后大家都不知其所踪,不过出世而已。

道无形、无味、无声、无影,但又是常识。

四十二章

原文

道生一①,一生二②,二生三③,三生万物。

万物负阴而抱阳,冲气以为和。

(人之所恶,唯孤、寡、不穀,而王公以为称。故物或损之而益,或益之而损。人之所教,我亦教之。强梁者不得其死,吾将以为教父。④)

注释

①一：指代"道"。
②二：天、地，天为阳，地为阴。
③三：阳气与阴气交融之后产生的第三种气——和气。
④"人之所恶"句：括号中的这些句子与上文不合，疑其位置有误，应置于三十九章末尾。

老马释途

　　这两句话是《道德经》中流传甚广的内容，但我发现绝大部分人误解这两句话的意思。讲的是"三生万物"，不知为何大部分人都谈"二"。阴阳孕育出一切，并且形成非此即彼的二元对立，包括物质、精神的二律悖反。这样难免偏激、狭隘，实际上讲的是"三生万物"，是多维，不是二维，是系统思想。

　　阳气、阴气、和气三者作用，形成万物，博大精深，影响深远。

　　并且对"二生三"进行解释："万物负阴而抱阳，冲气以为和"，阴阳产生和气，三者产生万物，在想这里是否《易经》起了作用，有机会学习时再作讨论。

　　一个组织应如此，社会亦如此，只有一种声音，一定不科学；只有两种声音我们可以定义为对立，有三种则为平衡，像三国演义；有多种则百家争鸣，才是大道。

　　括号中的一段，看来是放错地方了，应该在三十九章文末，算是猜测吧。因为不确定，所以多样化，历史中的误会与错误也可成为经典。

四十三章

原文

天下之至柔，驰骋①天下之至坚。无有入无间。吾是以知无为之有益。不言之教，无为之益，天下希②及之。

注释

①驰骋：奔驰，纵横自如，这里是使动用法，指驱使。
②希：稀少。

老马释途

进一步描述"道"的内容，可以讲是路径了，只是还不太容易具体化，所以用纲领来描述更为准确。

"天下之至柔，驰骋天下之至坚。"即以柔克坚，最为柔弱的东西，往往能在最为坚硬的事物上自由驰骋，比如至柔之水，滴水穿石，仍是朴素的辩证法。"无有入无间"，无形的东西，可穿透没有任何间隙的物体，无形驭有形。"吾是以知无为之有益"，我认识到了"无为"是有好处的，有价值的，"无为"就是"大为"，一脉相承，是无为而为的思想。

最后总结道："不言之教，无为之益，天下希及之"，很少有人能真正理解并做到不用语言的教育，无为而为的好处，换句话说，做到的应为圣人、杰出的人。如果再展开描述，正确的顺序应该是从无为到有为，最后又从有为到无为，应该是个循环。有为到一定程度即是无为，并非无所作为的无为，真正无所作为的无为也就是出世了。如果入世的话，通过规范、制度的建设，应是有为。最后形成对人、组织的驱动，进而自动自发，顺其自然，也就无为了。这样实则是最好的无为。

老子给的终点应该没什么问题，只是很多人当作起点了，仅供参考，一家之言，妄谈而已。

四十四章

原文

名与身孰亲？身与货①孰多②？得与亡③孰病④？

甚爱必大费，多藏必厚⑤亡。

故知足不辱，知止不殆，可以长久。

注释

①货：财物。

②多：贵重。

③亡：失去。

④病：有害。

⑤厚：重大。

老马释途

很显然，这一段是对上一章的进一步说明，基本上否定了笔者认为的无为。老子首先问道："名与身孰亲？身与货孰多？得与亡孰病？"名声和生命相比哪一个更可亲？生命与财富哪个更重要？得到名利与失去生命那个更有害处？这里并未给出结论，但实际上又给出了答案：生命更可亲，更重要，得利丧身更有害处。

为此进行了说明,"甚爱必大费,多藏必厚亡",过度追求喜欢的东西必然过度消耗,收藏过多的财物一定会有大祸灾。讲的是适可而止、物极必反的道理,难就难在何为"适",这仍然是一个较为主观的概念。

最后给出了指导,"故知足不辱,知止不殆,可以长久",所以知道满足就不会受到屈辱,知道适可而止就不会有危险,这样就可以长长久久。似乎立于不败之地了,不败也就是常胜之境地了。

知止、知足、不甚爱、不多藏,就可以天长地久。这实际是违背人的本性的,需要修炼,也就是讲,每个人都需要修炼才能达到这个境界。但这是否不"无为"了呢?或许吧,无为就是最大的有所作为。

以柔克刚,以静制动,一副"我在终点等你"的大师气概。想象得到老子气定神闲、超然世外的形象。

四十五章

原文

大成①若缺,其用不弊②。

大盈若冲③,其用不穷。

大直若屈④,大巧若拙,大辩若讷⑤,大赢若绌⑥。

躁胜寒,静胜热。清静为天下正。

注释

①成:完美。

②弊:衰竭。

③冲:通"盅",空虚。

④屈:通"曲",弯曲。

⑤讷:口吃,不善言辞。

⑥绌(chù):通"黜",亏损。

老马释途

这一段基本上就是辩证法，来具体描述纲领了，把天地间的规律讲得较为清晰透彻。

"大成若缺，其用不弊。"最美好的事物一定不是完美的，是有缺陷的，但缺陷并不会妨碍它的价值，反而这是其组成部分。"大盈若冲，其用不穷"，充盈、完美的事物往往好像很空虚，但这反而让它的作用无穷无尽，残缺才是美，空才是满。

进一步阐述说明，"大直若屈，大巧若拙，大辩若讷，大赢若绌"。但反之道，之动，讲述得非常清晰。如果继续推寻的话，大善若恶，大多若少，大什么若什么，基本上适合所有相反的词语，这也揭示了万事万物运行的规律，应该讲影响深远。

"清静为天下正"，清静无为，可以成为天下真正的统治者，以弱胜强，以静制动，似乎才是规律。

讲的都是基本理论，实则高深；谈的都是常识，实则是规律。大道无外乎常识，圣人无外乎凡人，尊重常识就是尊重大道，仅此而已。

四十六章

原文

天下有道，却①走马以粪②。天下无道，戎马③生于郊。

罪莫大于可欲，祸莫大于不知足，咎莫大于欲得。故知足之足，常足矣。

注释

①却：退却，退回，放回。
②粪：耕种。
③戎马：战马。

老马释途

看得出来，老子非常反对战争，同时希望控制人的欲望。"天下有道，却走马以粪。"天下如果遵循道，应该让战马去耕田。"天下无道，戎马生于郊。"如果天下没有遵循道的话，刚刚出生的小马驹也要被拉上战场，一片悲惨景象。显然，老子希望世界和平、安宁，建议大家不举兵事。

紧接着，继续谈这些问题的根源是"人欲"。"罪莫大于可欲，祸莫大于不知足，咎莫大于欲得。"引起罪、祸、咎的一个原因，就是不知足。"故知足之足，常足矣。"懂得满足才能真正满足，知足常足，知足常乐，知足常安。

可惜的是，没有经历风霜的人永远不懂得为何要知足；知足往往是经历无数次刻骨铭心的痛之后才会懂得，而这些沧桑又是必经之路。越来越觉得《道德经》是终点之说，缺乏些经历与步骤。

四十七章

原文

不出户①，知天下；不窥②牖③，见天道。其出弥④远，其知弥少。是以圣人不行而知，不见而明，不为而成。

注释

①户：门户，这里指大门。

②窥（kuī）：偷看。

③牖（yǒu）：窗户。

④弥：愈加，更加。

老马释途

圣人悟道，自有一套。"不出户，知天下。"足不出户就可通晓天下。"不窥牖，见天道。"不看窗户外，就可以知道天下大道的规律。写出坐地日行八万里，便知天下事的豪情。"其出弥远，其知弥少。"讲有的时候走得越远，可能对世界了解得越少。窃以为，这一观点待考察，不观世界难以有世界观，不了解宇宙，难有全面的宇宙观。

这也可能影响了中国文化中的创新基因，不折腾可能成为主流。

"是以圣人不行而知，不见而明，不为而成。"讲的是，圣人足不出户便知天下事，不用看到就可以明了真相，不作为就可以成功。

越来越发现，老子谈的是结果，而没有给路径，一副在终点等待的自信满满的样子，可惜芸芸众生找不到去时的路。

四十八章

原文

为学①日益，为道日损。损之又损，以至于无为，无为而无不为。取天下常以无事②，及其有事③，不足以取天下。

注释

①学：世俗的学问，这里指与"道"相反的思想。

②无事：不作为。

③有事：作为，这里指对民众施以严酷的法令和苛政。

老马释途

无为而为，四十八章重点阐述的还是这个问题。"为学日益，为道日损。"修行一般的学问，自私、邪念会一天天地增加；修行大道，自私、邪念会一天天地减少。认为只有道才是真理，如此看来老子也是有偏见的，认为自己的理论是真理，专业就是偏见。同时，似乎认为人天生是自私、奸邪的，不然为何要为道才可日损私邪，不得而知之。

"损之又损，以至于无为，无为而无不为。"这是老子的一贯思想，不断减少自私、奸邪，自然而然也就到了无为的状态，最终就是无为而大有作为。

"取天下常以无事，及其有事，不足以取天下。"告诫统治者，赢得天下的方式就是无为，如果妄为，不会赢得天下。用道御人，不可用法御人，老百姓会尊重你，就会支持你。如此，人性似乎应是善良、朴实的。很多统治者更多的是让老百姓既害怕又尊重，并非单纯的一方面。当然，我们发现，优秀的组织中大家最后怕的是规章、制度、规则，尊重的是人，这可能是一个组织优秀的标准，文武之道也算是道吧。

四十九章

原文

圣人常无心①，以百姓心为心。

善者，吾善之；不善者，吾亦善之，德②善。

信者，吾信之；不信者，吾亦信之，德信。

圣人在天下，歙歙③焉，为天下浑④其心，百姓皆注⑤其耳目，圣人皆孩⑥之。

注释

①心：私心。

②德：通"得"，得到。引申为懂得。

③歙（xī）歙：吸气，这里指收敛，谨慎。

④浑：浑沌，淳朴。

⑤注：专注。

⑥孩：孩童、婴孩，这里指"道"拥有婴孩的纯真和质朴。

老马释途

这里的圣人为何？何为圣人？实际上暗指统治者，老子认为，"圣人常无心，以百姓心为心"。即圣人是没有私心的，是无我的，会把老百姓的心作为自己的心，这一点值得思考。一般人都是有私心的，只是修炼成圣人就没有私心了，以万民之心为自己的心。

接下来两句就是以善报不善，以信报不信，以德报怨了。这应该是很高的境界，提倡去感化，去教化老百姓，有可取之处，但完全否定规则、刑法，似乎是太过美好的想法了。

"圣人皆孩之"，即圣人使天下人回归到淳厚质朴的婴孩状态，生于善，终于善，修行为善，这基本上应是一个人的成长过程，"人之初，性本善"的思想应该孕育其中了。

五十章

原文

出生入死①。生之徒②，十有三③；死之徒，十有三；人之生，动之于死地，亦十有三。夫何故？以其生生之厚④。

盖闻善摄生⑤者，陆行不遇兕⑥虎，入军不被⑦甲兵；兕无所投其角，虎无所用其爪，兵无所容其刃。夫何故？以其无死地。

注释

①出生入死：出生和死亡，引申为离开了生存之后必然走向死亡。

②徒：之类的人。

③十有三：十分之三。

④生生之厚：奉养过厚、营养过剩。这里指生存的欲望过于强烈从而导致了弊病。

⑤摄生：养生，这里指养护生命。

⑥兕（sì）：犀牛一类的独角野兽，这里泛指野兽。

⑦被：接触，遭受。

老马释途

恰好，掌握度，应该是老子推崇的，也深刻影响了我们的民族性格。物极必反，所以不可极端，要恰到好处。

就像出生入死，这是任何人的规律。"生之徒，十有三；死之徒，十有三；人之生，动之于死地，亦十有三。"长寿的人，大概十之有三；短命的，大概十之有三；本可活得长久但却走向死路的，也十之有三，原因就是过分追求长寿、保健、营养，即"以其生生之厚"。讲的还是要无为，恰到好处，过犹不及。

还有一种情况，"善摄生者"，指善于保护生命的人，一些猛兽等对他无法产生伤害，因为"其无死地"，就是讲没有进入死亡的范围。不死亡即活着，不败即胜利，这才是顺应自然的正确方法。这就是个"度"的问题了，玄之又玄，不太好把握，只有少数人能把握好。

五十一章

原文

道生之，德畜之，物形之，势①成之。是以万物莫不尊道而贵德。道之尊，德之贵，夫莫之命②而常自然。

故道生之，德畜之，长之育之，亭之毒之，养之覆③之。生而不有，为而不恃，长而不宰，是谓"玄德"。

注释

①势：自然界的各种力量。
②命：命令，引申为干涉。
③覆：保护，维护。

老马释途

"道生之，德畜之，物形之，势成之。"道生万物，德育万物，万物相互作用，形成自己各自的形态。进一步讲述"道"的重要性，以及各部分的系统性。"是以万物莫不尊道而贵德"，所以万物都是遵循道、重视德的。

"生而不有，为而不恃，长而不宰，是谓'玄德'。"滋养万物不据为己有，培育万物而不居功自傲，帮助万物生长而不主宰，这就是所谓的上德。上德就是体现道的精神的，成就其而顺其自然，自然而然。

原因不讲，过程没有，直接就是结论，这也可能是有些人说老子的某些思想缺乏逻辑的原因。今天听到一个李约瑟难题，有人认为似乎老子等人的思想是导致难题的原因之一，缺乏创新思想，缺乏挑战精神也是原因之一。

制度体制是产生行为的核心，而哲学是制度体系、体制的根源，哲学思想不同，东西方的不同也就在所难免了。

五十二章

原文

天下有始，以为天下母。既得其母，以知其子①；既知其子，复守其母，没身不殆。

塞其兑②，闭其门，终身不勤。开其兑，济其事，终身不救。

见小曰明，守柔曰强。用其光③，复归其明④，无遗身殃，是谓袭常⑤。

注释

①子：指"道"所孕育而生的世间万物。
②兑：口，指嗜欲的感官。引申为孔穴。
③光：智慧之光，这里指"明"发出的光亮。
④明：自明，内省。
⑤袭常：承袭往常。常，这里指永恒的道。

老马释途

"天下有始，以为天下母。"这一句基本上确定了万物的本源，那就是"道"，是天下开始的地方，是天下之母。从哪里来的问题，就通过这样的假设确定了。

"既得其母，以知其子。"既然知道了本源，从哪里来的问题也就有了答案，也就知道了道生万物，是道孕育万物。

"既知其子，复守其母，没身不殆。"既然知道了万物，也就应该坚守"道"，这样就可以终身不殆。

"见小曰明，守柔曰强。"能够看到缩小的事物叫"明"，能够坚守柔弱，可以称之为"强"，无外乎还是物极必反。

"用其光，复归其明，无遗身殃，是谓袭常。"讲的还是遵循道，使用智慧之光，恢复自己的明智，不给自己留下灾殃，这就是所谓的承袭永恒的道。正说、反说都是一个意思，要大家遵循道。

如此，文化、哲学着实影响一个民族，有优势也有劣势，还没有发现一种完美的文化。

五十三章

原文

使我①介②然有知，行于大道，唯施③是畏。

大道甚夷④，而民好径⑤。朝甚除，田甚芜，仓甚虚；服文彩，带利剑，厌饮食⑥，财货有余，是谓盗夸⑦。非道也哉！

注释

①我：指有道之士。
②介：微小，稍微。
③施：通"迤"，邪路。
④夷：平坦。
⑤径：小径，小路，与正路、大路相对，代指邪路。
⑥厌饮食：撑得不愿意再吃喝。厌，满足。
⑦盗夸：大盗，盗魁。

老马释途

继续谈道。"使我介然有知，行于大道，唯施是畏。"假如有道之士对道稍有所悟，就会走大道，担心走向邪路。也就是讲，循大道应走正道，而不会走向邪路。"大道甚夷，而民好径。"大道是非常平坦的，但是有些人，从下文来看是指统治者，喜欢走捷径，走小路，导致不好的结果。实际上，在现实生活中，真正的大道往往是难走之路，起码开始时是如此。邪路往往是好走之路，所谓的捷径实际是陷阱，所以大部分人喜欢走捷径，最后掉入了陷阱。

走正道，走崎岖之路，最后往往走上了大道，这样可能更符合规律。不过，不得不承认，老子一直在终点等我们。

接下来就是描述一个即将被颠覆的政权的样子，失道的样子。民间疾苦，"田甚芜"，朝堂富裕，"朝甚除""服文彩，厌饮食，财货有余"。结论是"非道也哉"，那么离消失殆尽也就不远了。

五十四章

原文

善建者不拔①，善抱者不脱②，子孙祭祀不辍。

修之于身，其德乃真；修之于家，其德乃余；修之于乡，其德乃长；修之于邦，其德乃丰；修之于天下，其德乃普。故以身观身，以家观家，以乡观乡，以邦观邦，以天下观天下。吾何以知天下之然哉？以此。

注释

①拔：拔除。
②脱：脱离，松手。

老马释途

进一步说明修道者昌，背道者亡。"善建者不拔，善抱者不脱，子孙祭祀不辍。"善于树立信念的人不易被拔除，善于坚守信念的人不容易放弃逃避。讲的都是树立道，坚守道，实际上坚守信念，即可形成信仰，而这往往是力量的源泉。当然，只要子子孙孙循道而为，就会得到祭祀，不会停止。

接下来,从五个方面来谈用道修炼:修之于身,修之于家,修之于乡,修之于邦,修之于天下。那么结果是,不管对个人、家庭,还是乡里、国家,或整个天下,都会德真、德余、德长、德丰、德普。德行会惠及每一个人,每一个单元。

"吾何以知天下之然哉?以此。"老子问道:我是凭什么来了解世间万物的规律的呢?靠的就是"五观","故以身观身,以家观家,以乡观乡,以邦观邦,以天下观天下"。以自己来对照别人,以自身来影响别人,大体也就是做好自己,影响其他。说明老子认为一定会道行天下。这里更多的是教化,以身作则,而不是制定规范,驱动所有人。由此,老子的《道德经》还是极具浪漫主义色彩的,而且抢占了道德高地,让众生仰望,想去攀登。反对刑法,是他的特点,也是他的不足之处。

五十五章

原文

含德之厚,比于赤子。毒虫不螫①,猛兽不据②,攫鸟不搏③。骨弱筋柔而握固,未知牝牡之合而朘④作,精之至也。终日号而不嗄⑤,和之至也。

知和曰常⑥,知常曰明。益生曰祥,心使气曰强。

物壮则老,谓之不道,不道早已。

注释

①螫（shì）：毒蜂等用毒刺蜇人。
②据：猛兽用爪子抓东西。
③搏：扑上去抓。
④朘（zuī）：小男孩的生殖器。
⑤嗄（shà）：哑。
⑥常：经常。这里指永恒不变的规律。

老马释途

　　继续用比喻来说明道、德行的样子以及好处。从这个角度讲，老子一直希望大家心存善念。"含德之厚，比于赤子。"德行深厚的话，就像刚刚出生的婴儿。人之初，德行厚，这样就会"毒虫不螫，猛兽不据，攫鸟不搏"。最终"知和曰常，知常曰明。益生曰祥，心使气曰强"。懂得和谐相处，社会遵守规律，就会越来越明智。对身体有利的就是吉祥的，但一旦控制不了欲望，就会有不好的结果。

　　"物壮则老，谓之不道，不道早已。"万物发展到极为强壮的状态，就会走向衰老，这是因为它不遵循道，不遵循道就会提前灭亡。

　　以此，永远保持"弱小、赤子"就是循道，就可以长胜而不败。枪打出头鸟，提倡低调、内敛，这些观点影响了我们几千年，这或许在一定程度上回答了"钱学森之问"。在市场竞争激烈的今天，似乎我们要认清老子的偏颇之处，当然，终点仍然属于老子。

五十六章

原文

知①者不言，言者不知。

塞其兑，闭其门；挫其锐，解其纷；和其光，同其尘，是谓玄同②。

故不可得而亲，不可得而疏；不可得而利，不可得而害；不可得而贵，不可得而贱。故为天下贵。

注释

①知：知道，懂得，明白。
②玄同：玄妙的大同世界，这里指"道"。

老马释途

这一段描述的内容较为微观，告诫人们如何修炼，如何得道，如何成为"天下贵"，如此，老子还是希望每一个人成为圣人，成为贵人。这个美好愿望是很多浪漫主义者的共同期许，现实往往是令人失望的，有圣人就有奸佞，有天使就有魔鬼，这似乎才是真相。

"知者不言，言者不知。"真正懂得"道"的人是会审慎，不会随意号令的，经常号令的，往往是不理解"顺其自然"。万事万物有其自然规律，尤其经济、政治，社会是个复杂的大系统，贸然言者，往往事与愿违。不为而为，顺其自然。

"塞其兑，闭其门；挫其锐，解其纷；和其光，同其尘，是谓玄同。"老子认为，塞住嗜欲的孔穴，闭上欲念的门径，挫掉大家的锐气，调解大家的纠纷，融合大家的思维与行为，这就是大同世界了。一直在想，如此世界真的是人们希望拥有的吗？显然未必。

接下来，讲了六个"不可得"，如此就成为"天下贵"了。讲的还是无为，可能老子看透了世界万物的终点，所以自己出世而消失。

浪漫与悲观主义色彩同时存在，普度众生的欲望也就没有了，留给世人去践行，去体悟。

如果用一句话概括这一章的观点就是：我们从哪里来，就应该回哪里去，世间都是徒劳与折腾。若真的如此，人们消极避世也就在所难免了，社会进步、人类进步也就谈不上了。当然，按老子的讲法，这可能并非进步，只是大彻大悟，仅此而已。

五十七章

原文

以正①治国，以奇②用兵，以无事取③天下。吾何以知其然哉？以此：天下多忌讳④，而民弥贫；民多利器⑤，国家滋昏；人多伎巧⑥，奇物⑦滋起；法令滋彰，盗贼多有。

故圣人云："我无为，而民自化⑧；我好静，而民自正；我无事，而民自富；我无欲，而民自朴。"

注释

①正：正规，堂堂正正。这里指正道，或清明无为之道。
②奇：奇谋。
③取：治理，管理。
④忌讳：禁忌。
⑤利器：锋利的兵器。
⑥伎巧：技巧，技能和智慧。
⑦奇物：奇邪的事情。
⑧自化：自我演化，发展。

老马释途

继续谈圣人如何治国、用兵。老子以为："以正治国，以奇用兵，以无事取天下。"以正道治国，以奇谋策略用兵，用无为而治理天下，讲的还是无为而治。并且进一步用反证证明有为的坏处。

"天下多忌讳，而民弥贫；民多利器，国家滋昏；人多伎巧，奇物滋起；法令滋彰，盗贼多有。"规范多了，人民的利器多了，奇巧的物品多了，都可能带来不好的结果。最后总结道："我无为，而民自化；我好静，而民自正；我无事，而民自富；我无欲，而民自朴"。统治者什么也不做，人民会自我教化；统治者保持清净，老百姓会正直；统治者不要求人民做什么，人民自然富裕；统治者没有欲望，人民自然淳朴。

此章说的还是无为而治，是理想的状态。而在现实中，这还是人本善的逻辑，也深刻影响了中国几千年，不谈规则，在讲道理。

问题是，道理为何本身没有标准？规则可能更容易被大家理解，否则一切都是枉然。

五十八章

原文

其政闷闷①，其民淳淳②；其政察察③，其民缺缺④。

祸兮，福之所倚；福兮，祸之所伏。孰知其极⑤？其无正⑥也。正复为奇⑦，善复为妖⑧。人之迷，其日固久。是以圣人方而不割，廉而不刿⑨，直而不肆，光⑩而不耀。

注释

①闷闷：质朴的样子。

②淳淳：淳朴厚道的样子。

③察察：严苛的样子。

④缺缺：狡黠、抱怨、不满足的样子。

⑤极：终极，最后的结果。

⑥正：定准，标准。

⑦奇：邪，诡异不正。

⑧妖：恶。

⑨刿（guì）：戳伤。

⑩光：放光，这里指高尚的人格之光。

老马释途

进一步告诫君主，如何治理国家，统御人民。"其政闷闷，其民淳淳。"政策宽厚仁慈，人民就会非常淳朴。这显然与现实有些差距。没有严刑峻法，是否会坏人当道？当然，也可以去感化。

"其政察察，其民缺缺。"认为统治者严厉了，百姓就会不好管理，变得狡诈。很显然，这有待商榷。好的制度让人变好，包括坏人也会变好，没有制度，可能将会是灾难。如此，老子还是认为人之初性本善。

"祸兮，福之所倚；福兮，祸之所伏。"这应该是极其经典的物极必反，矛盾统一。福祸同在，互依，没有绝对的福，也没有绝对的祸。所以，"正复为奇，善复为妖"。又认为善良的人和奸恶的人可以互相转变，不是定数，好像人之初也未必善。

同时告诫人们："是以圣人方而不割，廉而不刿，直而不肆，光而不耀"。要恰到好处，过犹不及，棱角分明但不会伤害别人，直率但不放肆，光芒四射但不炫耀，也是为人之道，为君之道。掌握好度也就成了标准，但这个标准可能不准确，这也是一个遗憾。

五十九章

原文

治人，事天①，莫若啬②。

夫唯啬，是谓早服③；早服，谓之重积德④；重积德，则无不克；无不克，则莫知其极⑤；莫知其极，可以有国；有国之母⑥，可以长久。是谓深根固柢、长生久视⑦之道。

注释

①事天：侍奉上天，也指侍奉天地。

②啬（sè）：吝啬，引申为爱惜，收敛。

③早服：趁早服从于道。

④重积德：多积累德行。重，多。

⑤极：极点，尽头。

⑥母：根本，指"道"。
⑦长生久视：长久生存。

老马释途

这一章依然谈君主治国，当然有了些不同，有了一定的逻辑推理，不是直接给出结论了。当然，推理的逻辑还是比较主观的。

"治人，事天，莫若啬。"治理百姓，遵循天道，最好的方法就是收敛，无为。这依然是底层逻辑，紧接着开始了一段逻辑推理。

"夫唯啬，是谓早服；早服，谓之重积德。"收敛就是尽早服从道；服从道就是积累德行。"重积德，则无不克；无不克，则莫知其极；莫知其极，可以有国；有国之母，可以长久。"积累德行，就可以克服所有困难，无所不能就可以保有国家，掌握了国家的根本大道，就能保证整个国家长治久安。这就是根深蒂固，以求长久生存的道理。

有道，有德，有力，有国，就能长久生存了，总而言之，有道、循道是一切的根本，顺其自然，无为而为。

六十章

原文

治大国，若烹小鲜①。
以道莅②天下，其鬼不神③。非其鬼不神，其神不伤人；非④其神不伤人，圣人亦不伤人。夫两不相伤，故德交⑤归焉。

注释

①小鲜：小鱼。
②莅：居高临下，治理。
③神：显灵。
④非：不仅仅。
⑤交：双双，先后，都。

老马释途

治国之道，要循"道"。"治大国，若烹小鲜。"这是《道德经》中流传甚广的内容，治理一个大的国家就好像烹制小鱼一样，不能随意翻来翻去，来回折腾，否则这条小鱼就被搅烂了。还是暗指不折腾，顺势而为。

接下来讲的几句无外乎是说明要用"道"治天下。"非其鬼不神，其神不伤人；非其神不伤人，圣人亦不伤人。"即鬼怪不显灵，不骚扰，不伤人，连圣人也不伤害百姓。总而言之，"德交归焉"，功德与恩泽也就归于百姓了。这对百姓是最好的，也是最好的治理国家的模式了。

总而言之，"道"是一切的根本，循道、无为，则万事大吉。

六十一章

原文

大邦者下流①，天下之牝，天下之交②也。牝常以静胜牡，以静为下。
故大邦以下小邦，则取小邦；小邦以下大邦，则取大邦。故或下③以取④，或下而取。大邦不过欲兼畜人⑤，小邦不过欲入事⑥人，夫两者各得其所欲。大者宜为下。

注释

①下流：下游，水汇聚的地方。

②交：汇集。

③下：谦下。

④取：通"聚"，汇聚。

⑤兼畜人：聚养众人。

⑥入事：侍奉，顺从。

老马释途

"大邦者下流，天下之牝，天下之交也。"老子认为阴柔胜刚强，以下为上，大的国家都是在江河的下游产生，因为这处于雌柔的位置，正是天下百川汇聚交错的地方。"牝常以静胜牡，以静为下。"常常以静和淡定取胜强、刚，因为静处于下方，以柔克刚，顺其自然。这应该是老子思想中一直强调的部分。

进一步推导出了"故大邦以下小邦，则取小邦；小邦以下大邦，则取大邦"。也就是说大国谦虚地对待小国，就可以获得众多小国的支持和拥戴；小国谦和地对待大国，也就可以获得大国的庇护。以柔克刚，以谦待人，也就是讲"或下以取，或下而取"。就是谦和、放低就会有力量，谦下就会获得更强大的能量，最后的结论是，大国更应该谦下，才能强大，保持自己的大国地位。

六十二章

原文

道者，万物之奥①，善人之宝，不善人之所保②。

美言可以市尊③，美行可以加人④。人之不善，何弃之有？故立天子，置三公，虽有拱璧⑤以先驷马⑥，不如坐进此道。

古之所以贵此道者何？不曰：求以得？有罪以免邪？故为天下贵。

注释

①奥：主宰。
②所保：保存的东西。
③市尊：博取尊敬。市，交易。
④加人：见重于人，受人尊重。加，重。
⑤拱璧：双手捧着玉璧。
⑥驷马：四匹马拉的车。

老马释途

继续谈及道的美好与博大，认为道一视同仁，不管你是君主还是百姓，好人还是坏人。如此，老子并不认为人之初本善，也承认有坏人。

"道者，万物之奥，善人之宝，不善人之所保。"道是万物的主宰，继续强调这一点，道是善良的人的法宝，不善良的人也想依靠道保护自己。也就是讲善人与不善人是同时存在的，不善良的人遭患逢急，也要悔过求道。

"美言可以市尊，美行可以加人。"进一步解释上一句的观点：好听的言辞可以获得别人的尊重,高尚的行为也可以让别人尊重。"人之不善,何弃之有?"即使是不善良的人,又怎能舍弃道呢?"故立天子,置三公,虽有拱璧以先驷马,不如坐进此道。"什么设立天子呀,设置三公呀,并让这些人坐到车上,捧上珠宝玉璧呀,还不如坐下来一起探讨大道的意义。

"古之所以贵此道者何?不曰:求以得?有罪以免邪?故为天下贵。"重视道、探求道,得到它可以免除罪过,所以大家都重视它。总而言之,道为一切,一切循道。

如果世界真是这样的话,也就简单了,问题是我道非你道,大家都有自己的道,也就各行其是了。

六十三章

原文

为无为,事无事,味无味。

大小多少①。(报怨以德。②)图难于其易,为大于其细。天下难事,必作于易;天下大事,必作于细。是以圣人终不为大,故能成其大。

夫轻诺必寡信,多易必多难。是以圣人犹③难之,故终无难矣。

注释

①大小多少:大从小长成,多从少积累而成。
②"报怨"句:此句与上下文不合,应移至七十九章。
③犹:均,都。

老马释途

这一章给出了一些行事循道的标准,似乎告诉我们该如何行事,并没有讲对象是百姓还是君主,而且非常肯定,不容置疑。从中能看到老子的自信与笃定。

"为无为,事无事,味无味。"以无为的态度去作为,以不搅扰的方式去做事,以恬淡无味当作有味。无为即有为,这是老子一以贯之的思想。

"大小多少。(报怨以德。)图难于其易,为大于其细。"讲的是大来源于小,多是由少积累而成的,困难的事情要趁它简单的时候去解决,大事情应该趁它细小的时候去早早处理。意思就是难也不难,大也不大了。

"天下难事,必作于易;天下大事,必作于细。"这是对上文的进一步说明、总结。结论是:"是以圣人终不为大,故能成其大",圣人从来没有尊自己为大,所以可以变得伟大,还是无为而为的思路。

并且认为"夫轻诺必寡信,多易必多难",轻易承诺的人必然缺乏信用,把事情看得太过简单就会遇到很多困难,也就是物极必反,不要极端。

所以"圣人犹难之,故终无难矣",指圣人无论把什么事情都看得很难,所以用心对待,也就没有什么事情可以难倒得道之人了。

延伸来讲,功夫不在文章内,这里的成功秘诀往往不在这里,而在他处。凡夫畏果,圣人畏因,因往往是道,往往无处不在,又无处可见。

六十四章

原文

其安易持,其未兆易谋;其脆易泮①,其微易散②。为之于未有,治之于未乱。

合抱之木，生于毫末③；九层之台，起于累土④；千里之行，始于足下。

（为者败之，执者失之。是以圣人无为，故无败；无执，故无失。⑤）

民之从事，常于几成⑥而败之。慎终如始，则无败事。

（是以圣人欲不欲，不贵难得之货；学不学，复⑦众人之所过。以辅万物之自然，而不敢为。⑧）

注释

①泮：融解，破除。

②散：化解。

③毫末：细微的萌芽。

④累土：积累的泥土。

⑤"为者败之"句：括号中的语句与上下文不合，疑其位置错误，应移至二十九章。

⑥几成：接近成功。

⑦复：扭转，引申为纠正。

⑧"是以圣人欲不欲"句：括号中的这些语句与上文不合，而且与前面的章节有重复之处，疑应删除。

老马释途

看得出，老子是比较小心谨慎的，恰当、不极端、不完美等一直是他的主导思想，超然、傲世一直是他给人的一种感受。

"其安易持，其未兆易谋。"局势稳定时，易于把握时机而动，顺时为事。事情还没有征兆，更易于谋划。类似"凡事预则立"。"其脆易泮，其微易散。"在脆弱时更容易破除，在比较微小的时候更容易化解，问题应扼杀于摇篮之中。

结论自然就是"为之于未有，治之于未乱"，在未乱时治之，提前布局，透视社会万象。

后面流传甚广的几句话也就顺其自然了,凡事都是从无到有,逐步发展起来的:"合抱之木,生于毫末;九层之台,起于累土;千里之行,始于足下。"自然而然,但行好事,前程自来。

最后指出,大部分人未能实现目的,不能成为圣人的最主要原因是不能坚持,半途而废。"民之从事,常于几成而败之。"刚挖了个大坑,认为没有水,就换个地方挖,结果最后也没有挖成井,只是多挖了几个坑。一句话概括:"慎终如始,则无败事"。以始为终,步步为营,谨慎推进,坚持不懈,也就没有什么事情不可以完成,没有什么失败之事了。

坚持的人从愚钝变得有智慧,善变的人从聪明变得愚蠢了,真正的问题可能在于对自己的评价,对自己的笃定与相信。

六十五章

原文

古之善为道者,非以明①民,将以愚②之。

民之难治,以其智多。故以智治国,国之贼③;不以智治国,国之福。

知此两者,亦稽式④。常知稽式,是谓玄德。玄德深矣,远矣,与物反⑤矣,然后乃至大顺⑥。

注释

①明:伪诈,巧智,这里是使动用法,意为"使……聪明"。

②愚:敦厚,朴实。

③贼:祸害,祸患。

④稽式:法则,楷模。

⑤反:同"返",返回。

⑥大顺:完全顺应自然规律,顺应"道"。

老马释途

老子为国君治理国家提供了思路。"古之善为道者，非以明民，将以愚之。"认为善于遵行道的人，治理国家不是让人民聪明，而是让其变得质朴、实在。我发现企业管理者如果经常教导下属守信淳朴，这样的团队会有战斗力，并且团队归属感会很强；经常传授下属很多技巧，他们会用你教的方法来应对你。

进一步说明，"民之难治，以其智多"。以智治国，结果不会好，即"国之贼"；不以智治国，结果会好，即"国之福"。纯真得像孩子般，这样的团队、这样的民众会受到老子的认可，但这可能产生愚民，他们会放弃独立思考，从而形成独裁。"知此两者，亦稽式。"如果了解两者的不同，也就懂得了治国的法则，如果能一直领悟这个法则，"是谓玄德"，也就是最高的德行了。"然后乃至大顺"，所谓最高德行也就是顺应道而已，一切也就顺其自然了。

如何让人们的纯真激发内心的善意，应该有统一的标准，只是该采取什么样的路径？显然，《道德经》并未明示。这也产生了后续的各种尝试，有规范、有教化、有韧性，终点并没有变化，这也是老子伟大的地方。

按照这个逻辑，老子本没有想使用这5000多字来让人变得聪明，只是人们拿着就希望能用好，结果是很多人用错了地方。或许修炼自己，向内来找寻，可能更符合初心。

六十六章

原文

江海所以能为百谷①王者，以其善下之②，故能为百谷王。
是以圣人欲上民③，必以言下之；欲先民④，必以身后之。是以圣人处上而民不重⑤，处前而民不害。是以天下乐推⑥而不厌。以其不争，故天下莫能与之争。

注释

① 谷：河流。
② 下之：处于其下。
③ 上民：处于人民至上，寓意为统治百姓。
④ 先民：领先于民众，统领百姓。
⑤ 重：重负，负担。
⑥ 推：拥护。

老马释途

本章分享一个好的君王的标准，重点还是谦和、包容。

"江海所以能为百谷王者，以其善下之，故能为百谷王。"江河能够成为百河汇聚的地方，是因为它善于处在比较低浅的地方，所以可以成为百河汇聚之地。善低，善于容纳，容易成为领导者，并且受人欢迎。放低自己，才能够走向高处，这应该深刻影响了中国人的性格。人怕出名猪怕壮，所以低调行事也就成为一种为人处事的方式。

"是以圣人欲上民，必以言下之。"君主希望统治老百姓，必须要谦和地与百姓交流。"欲先民，必以身后之。"想要领导人民，就要站在百姓后面支持他们。

"以其不争，故天下莫能与之争"，这也就是结论了。因为不争，所以也就没有人能与其争论了，不败也就常胜了，不争也就是大胜了，大家反而都会拥护这样的君主。争而不争、不争而争的朴素的辩证法也就顺其自然了。

六十七章

原文

（天下皆谓我道大，似不肖①。夫唯大，故似不肖。若肖，久矣。其细也夫！②）

我有三宝，持而保之：一曰慈③，二曰俭④，三曰不敢为天下先⑤。慈，故能勇；俭，故能广⑥；不敢为天下先，故能成器长⑦。

今舍慈且勇，舍俭且广，舍后且先，死矣！

夫慈，以战则胜，以守则固。天将救之，以慈卫之。

注释

①肖：相似。

②"天下皆谓我"句：括号中的这些语句与下文不合，疑其位置错误，应移至三十四章末尾。

③慈：慈爱。

④俭：节俭，引申为收敛和约束欲望。

⑤天下先：先于天下人。

⑥广：大方，引申为宽广的意思。

⑦器长：万物的首长，这里指统治者。

老马释途

前面一段对道的说明，似乎放错了地方，但是解释还是比较到位的。"天下皆谓我道大，似不肖。夫唯大，故似不肖。若肖，久矣。其细也夫！"道太大了，没有什么具体的东西与它相似，无外乎是"道可道，非常道"的具体说明,一种高度抽象,万物依据的根本。

接着描述"三宝",也就是做事、做人的正确标准:慈、俭、不敢为天下先,有爱、节约、不先于天下人,保守、淳朴、低调一直是老子的风格。这里进一步进行了说明:"慈,故能勇;俭,故能广;不敢为天下先,故能成器长"。因为慈爱,才能有勇气;因为节约,才能大大方方;因为不为天下先,才能统领万物。

接下来讲了,舍慈、舍俭、舍后,死矣。没有理由,没有推演,就这样肯定地给出了结论,并且进一步强调:"夫慈,以战则胜,以守则固",慈爱的力量可以让战争取胜,让防守强大,也可以理解成爱是一切的源泉。这一观点似乎在今天也被公认,从这个角度讲,老子的《道德经》确实有伟大之处。

但是另一个可能的负面影响也产生了:"不敢为天下先",必然会导致消极避世,缺乏创新精神,物极必反,有多伟大,可能就有多大伤害。

六十八章

原文

善为士①者,不武②;善战者,不怒;善胜敌者,不与③;善用人者,为下。是谓不争之德,是谓用人之力,是谓配天④古之极⑤。

注释

①士:士卿,这里指统治者。
②不武:不使用和炫耀自己的武力。
③不与:不打仗,不相互争斗。
④配天:符合天道。
⑤极:最高法则。

老马释途

"善为士者，不武；善战者，不怒。"善于做统治者的人，不是好武之人；善于打仗、作战的人，不是易怒之人。还是延续一贯的风格，提倡寡为，以静制动，以涵养御武夫。

继续说明，"善胜敌者，不与"，擅长打胜仗的人是不会轻易和别人打仗的。无为而治、不战而胜的思想应该深刻地流传到今天，影响了我们的民族性格，也应该是春秋战国乱世带来的深刻总结。

"善用人者，为下。"善于用人、识人、育人的人，一定是谦和的、低调的，只是没有说明，很多谦和的人都是骄傲过的，很多低调的人实际上都是高调过的。

结论也就明确了："是谓不争之德，是谓用人之力，是谓配天古之极"。不与万物相争的修行就是善用别人的能力，这是符合天道的，也是古往今来的法则，不争即争，不用即用。

不得不承认，老子讲的是终点，只是众生都还走在路上。终点的智者预言也是文化的精妙之处。

布局，驱动，自然而然也就是大道了。显然，这是一个饱经沧桑的智者的总结，当然另一方面的消极避世也在影响着我们。

不过，为君之道与做企业的道理似乎有相通之处，也有巨大区别，这也是现代企业经营者需要鉴别的。有所取，有所舍吧。

六十九章

原文

用兵有言："吾不敢为主①，而为客②；不敢进寸，而退尺。"是谓行③

无行,攘无臂④,仍⑤无敌,执无兵⑥。祸莫大于轻敌,轻敌几丧吾宝⑦。

故抗兵相若⑧,哀⑨者胜矣。

注释

①主:主动攻打敌人。

②客:被动防守,不得已迎敌。

③行:行兵布阵。

④臂:奋臂,奋起。

⑤仍:面临,面对。

⑥兵:兵器。

⑦宝:指前文中提到的"慈爱、节俭、不敢为天下先"。

⑧抗兵相若:对抗的两军实力相当。

⑨哀:哀伤,这里指悲愤。

老马释途

这一段基本谈带兵打仗,《孙子兵法》也有很多类似的内容,基本上可以确定,这两本书成书基本在同一时期,应该互有借鉴。

用兵有言:"吾不敢为主,而为客;不敢进寸,而退尺。"统帅部队的人说:我不敢去主动攻打别人,更愿意采取所谓的客观的守势,不得已才战之;不愿意侵略一寸土地,而宁愿后退一尺,来换取和平。老子是和平主义的最早倡导者。一直到今天,我们依然信奉并坚持这一规条与理念。"是谓行无行,攘无臂,仍无敌,执无兵。"虽然是行兵布阵,但却像无阵可摆;有手臂却不去挥动手臂打仗;面对敌人,却没有上前来敌;虽然有武器,却没有进行战斗。"不战而屈人之兵",不败即常胜之道,与《孙子兵法》暗合。

"祸莫大于轻敌,轻敌几丧吾宝。"进一步说明要不战但重视,轻敌是最大的祸端,可能令我们丧失所说的"三宝",要重视而不轻动,外松内紧。

同时认为,"故抗兵相若,哀者胜矣"。如果实力相当,哀兵必胜,受到侵略的一方会取胜。当然,老子并没有讲,如果实力悬殊,结果会如何,只是在一个维度来讲哀兵必然取胜。

抢占道德制高点,揭竿而起,却要有个高尚的原因与依据,这对胜负还是影响巨大的。当然,虚伪与假冒也自然会成为常态了。

七十章

原文

吾言甚易知,甚易行。天下莫能知,莫能行。
言有宗①,事有君②。夫唯无知,是以不我知。
知我者希,则③我者贵。是以圣人被褐④怀玉⑤。

注释

①宗:宗源,宗旨,根本。
②君:根据,主旨。
③则:效法。
④褐:粗布衣。
⑤玉:这里指道家思想。

老马释途

这一段是《道德经》中极少见到的老子对自我思想的评论,应该讲非常中肯。老子似乎已经预料到了后世大部分的人是理解不了、使用不了他的理论的,可能只有极少数有缘分的人可以理解、使用。

"吾言甚易知,甚易行。天下莫能知,莫能行。"老子认为自己讲的内容非常容易理解,也非常容易施行,但天下人却不能够理解,不能够实施。

"言有宗,事有君。夫唯无知,是以不我知。"老子认为自己讲的东西都是有依据的，每件事情都是有根据的，但是天下的人并不了解这些，也就不会了解真正的老子。似乎老子在这里为自己出世消失在做铺垫了，当然，这么说的依据是什么，推导过程是什么，在《道德经》中并没有说明，有点玄学的味道也就在所难免了。

"知我者希，则我者贵。是以圣人被褐怀玉。"老子认为了解他的人本身就很少，效法他的人则少之又少，所以圣人就是用麻布包着自己，却胸怀美玉，也就是讲看起来普通，但内在却极其丰富、有价值。

不得不佩服老子是高人，所有的可能都想到了，也是种无奈，一切随缘了。

七十一章

原文

知不知①，尚②矣；不知知③，病④也。圣人不病⑤，以其病病⑥。夫唯病病，是以不病。

注释

①知不知：知道自己还有所不知。
②尚：同"上"，最好。
③不知知：不知道却认为自己知道。
④病：祸患。
⑤不病：没有祸患。
⑥病病：认为祸患就是祸患。

老马释途

如何做人，如何做事，如何为君，老子像一位长者谆谆教导，继续讲为人处世之道。

"知不知，尚矣；不知知，病也。"知道自己不知道，保持谦和，这是最好的；不知道却自以为知道，看不清自己，就会有祸患。谦虚、谨慎、向内求，认真对待，应该是正确的态度。

"圣人不病，以其病病。"圣人没有祸患，就是因为自己慎重对待，并且知道祸患的害处，反而不受其害了。

"夫唯病病，是以不病。"因为知道祸患对自己不利，就会认真对待，祸患也就会避免了；如果大意，就会有大问题了。福不容易至，祸还是容易出的。好不易，坏常见，故而要小心谨慎。当然，有这种想法也就难免悲观避世了，这可能未必是老子真正希望的。

战战兢兢，如履薄冰，应该是这种状态的恰当表述。如此，再祸患不至，顺利常伴，沧桑正道的支撑，才会是光明未来，这实际也是大道了。

七十二章

原文

民不畏威[1]，则大威至矣。
无狎[2]其所居，无厌[3]其所生。夫唯不厌，是以不厌[4]。
是以圣人自知不自见[5]，自爱不自贵[6]。故去彼取此。

注释

①威：威力，引申为暴力。
②狎：通"狭"，狭窄，逼迫。
③厌：通"压"，压榨，压制，压迫。
④厌：厌恶。
⑤见：通"现"，显扬。
⑥自爱不自贵：自我爱护而不彰显高贵。

老马释途

不管是百姓还是圣人，为人处事的道理实际上是一致的，这一段应该是《道德经》中为数不多的，指明老百姓的为人之道的篇章。

"民不畏威，则大威至矣。"老百姓不害怕暴力，不畏惧威胁，这意味着可能会有更大的威胁、更大的祸乱等着你。心怀敬畏，这是该有的态度。

"无狎其所居，无厌其所生。"不要逼迫老百姓不得安居，不要压迫老百姓使其无以生计。这应该是对统治者的基本要求，也是最高要求，是对君主的劝诫。

"夫唯不厌，是以不厌。"君主能如此，老百姓也就会支持你，拥护你，不厌恶你。

"是以圣人自知不自见，自爱不自贵。故去彼取此。"也就是讲圣人知晓但不会炫耀，爱惜自己但低调，不自恃高贵。不自见，不自贵，但自知、自爱，这也是对圣人的要求。

踏踏实实、谨慎做事、低调行事、谦虚、谦和也就成了优秀人士的标准，也成了我们民族性格中很重要的一部分。

就像一家企业，踏实行事，用心服务客户，品牌形象自然会好，当然产品好是根本。

七十三章

原文

勇于敢①则杀②，勇于不敢③则活。此两者，或利或害。天之所恶，孰知其故？（是以圣人犹难之。④）

天之道，不争而善胜，不言而善应，不召而自来，繟⑤然而善谋。天网恢恢⑥，疏而不失。

注释

①敢：进取。

②杀：死。

③不敢：小心谨慎。

④"是以圣人"句：这一句在六十三章已出现过，疑重复。

⑤繟：舒缓。

⑥恢恢：宽大无边。

老马释途

这一章老子继续谈的是"道"，告诫人们循道而为，"天网恢恢，疏而不失"，没有什么是不会被覆盖的，人在做，天在看，这个天就是道。

"勇于敢则杀，勇于不敢则活。此两者，或利或害。"勇而妄为就会死亡，勇于谦让就会生存，这两个方面，一利一害。老子反对妄为、提倡无为，认为谦和才是大道，要顺应自然。这种思想有些保守，年轻人的妄为、进取似乎是生物的规律。年轻人的冲动、创新、激情，在这里是被扼杀掉的，为何？

"天之所恶，孰知其故？"天道厌恶此，但并不知道原因，或者没有什么原因。讨论就此打住，无从考证，但老子的观点却很肯定。

最后总结道："天之道，不争而善胜，不言而善应，不召而自来，繟然而善谋。"不强争反而可以胜利，不呐喊却总能得到回应，不号召反而别人会自动而来，坦然、低调却善于谋划。充满了物极必反、以弱胜强、以低胜高的思想。这种思想确实对于处在高峰时期的组织和个人很有价值，违背则容易带来祸端。

当然，作为一个新的成长型组织、一个年轻人，似乎努力奋斗、拼搏，经历一些磨难更有价值。不经历风雨，如何能见得彩虹？在起点，我们要踏实前行。生命不息，折腾不止，这似乎也是大道。

七十四章

原文

民不畏死，奈何以死惧之？若使民常畏死，而为奇①者，吾得执②而杀之，孰敢？

常有司杀者③杀。夫代司杀者杀，是谓代大匠斲④。夫代大匠斲者，希⑤有不伤其手矣。

注释

①奇：诡异，邪恶，与"正"相反，这里指作恶的人。

②执：捉住，拘押。

③司杀者：负责行刑的人，指天道。

④斫（zhuó）：砍，削。

⑤希：稀有，稀少。

老马释途

从这一章来看，老子并非完全反对刑法，只是认为行刑应该由专人负责，因为这种特殊工作会有一些负面结果产生。

"民不畏死，奈何以死惧之？"人民如果不害怕死亡，用生死来吓唬百姓又有什么意义呢？显然人民是害怕死亡的，所以就有了下一句："若使民常畏死，而为奇者，吾得执而杀之，孰敢？"既然人民害怕死亡，就把作恶的人抓起来进行处罚，甚至杀掉，还有谁敢做坏事呢？如此严刑峻罚不就是可行的吗？这里似乎和老子一直讲的内容有所区别。

下一句讲得更加具体："常有司杀者杀"，应当由专职负责行刑的人杀人，因为"希有不伤其手矣"。也就是讲，行刑的人极有可能会伤到自己，这又回归到了《道德经》一贯的思路，消灭别人的时候也会给自己带来灾难。

如此仁爱对人，仁爱治国，才是遵循大道，也就是老子一直主张的观点。

七十五章

原文

民之饥，以其上食税之多，是以饥。

民之难治，以其上有为，是以难治。

民之轻死①，以其上求生之厚，是以轻死。

夫唯无以生为者，是贤②于贵生③。

注释

①轻死：看轻生死，不怕死。

②贤：胜过，超过。

③贵生：厚养生命，重视生命。

老马释途

这一章是老子告诫君主什么是为君之道，如何治理国家。言传不如身教，自己的行为和治理方针是关键。当然，最好的境界依然延续了无为而治的思想。

"民之饥，以其上食税之多，是以饥。"人民饥饿，是因为税赋太多，所以才造成"饥"。

"民之难治，以其上有为，是以难治。"人民难以治理、管理，是因为居上位者强作妄为，暗指应该无为而治。

"民之轻死，以其上求生之厚，是以轻死。"老百姓轻视生命，是因为居上者求奢而搜刮百姓，忽视人民的生命，所以老百姓也就敢于冒死犯上，当然也就没有什么可以畏惧的了。一旦如此，实际上君王统治老百姓的基础也就消失了。

"夫唯无以生为者，是贤于贵生。"只有无为而治的君主，才比那些厚养有为的君主更加贤明，才是恰当的治理者。

老子认为君王需要无为，这样老百姓也会无为，这样的模式是最好的治理模式，这实际上也是很多人希望的。问题是这太过相信人性的善性了，这本身就是一个愿望。当然，也会受到法家的严厉批判。未来谁主沉浮，一直到今天仍然在争论不休。

七十六章

原文

人之生也柔弱①，其死也坚强②。草木之生也柔脆，其死也枯槁。故坚强者死之徒，柔弱者生之徒。是以兵强则灭，木强则折。强大处下，柔弱处上。

注释

①柔弱：形容人活着，身体柔软。
②坚强：形容人死去，身体僵硬。

老马释途

为人处事的标准，在老子的思想中一以贯之。柔弱胜刚强，柔为上，强为下，谦和才是强大，争强好胜往往是失败者，最终会伤害自己。不出头、低调的民族性格经过几千年就这样形成了，保持社会和谐、万物和谐，与别人相处和谐，自然也就成为国民的性格趋向，应该讲老子的思想影响巨大，因为这才是吻合道的。

"人之生也柔弱，其死也坚强。草木之生也柔脆，其死也枯槁。"描述得非常简单，但相当有哲理。活着的人身体是柔软灵活的，死了的人身体是僵硬的。就像中医认为痛则不通，必是刚硬的；通则不痛，必是柔软的。草木活着的时候是非常脆弱的，死后却是干枯刚硬的。最后总结道："故坚强者死之徒，柔弱者生之徒，"强硬的东西属于死亡的一类，柔弱的东西属于存活的一类。

"是以兵强则灭，木强则折。"也就是说用兵逞强就会走向灭亡，草木过于高大就会承受更大压力。结论也就得出了："强大处下，柔弱处上"，强大的东西往往处于劣势，柔弱的东西往往表现出优势。

低调、内敛的人才是真正的强者，而这往往需要较长时间的修炼。人几年就学会了说话，一辈子在修炼闭嘴，似乎老子道出了其来由。

七十七章

原文

天之道①，其犹张弓与？高者抑之，下者举之；有余者损之，不足者补之。

天之道，损有余而补不足；人之道②，则不然，损不足以奉有余。孰能有余以奉天下？唯有道者。

（是以圣人为而不恃，功成而不处，其不欲见贤③。）

注释

①天之道：自然界的规律和法则。
②人之道：人类社会的规律和法则。
③见贤：表现自己的才干。括号中的语句与上文不合，且与前面的章有重复之处，疑多余。

老马释途

"天之道，其犹张弓与？高者抑之，下者举之；有余者损之，不足者补之。"自然规律就像拉弓一样，拉高了就把它压低，拉低了就把它抬高，拉满了就把它放松一点，过于松弛就再加一把力。讲的是适可而止，恰到好处，不宜过满，也不宜过少，不多也不少，不紧也不松。

"天之道，损有余而补不足；人之道，则不然，损不足以奉有余。"自然规律是减少多余而弥补不足，古时的社会规律恰好相反，是剥夺不足的，奉养有余的。似乎天是天，人是人，好像有些矛盾，不甚理解。

"孰能有余以奉天下？唯有道者。"只有有道之人才会用自己多余的来补足天下，也就是讲社会的不足，问题需要"道"来解决。

"是以圣人为而不恃，功成而不处，其不欲见贤。"圣人有所作为也不会骄傲，成就斐然也很低调，不会炫耀自己的才能，可谓深藏不露。

七十八章

原文

天下莫柔弱于水，而攻坚强者莫之能胜，以其无以易①之。

弱之胜强，柔之胜刚，天下莫不知，莫能行。

是以圣人云："受国之垢②，是谓社稷主；受国不祥③，是为天下王。"正言若反。

注释

①易：改变。

②垢：污垢，引申为耻辱。

③不祥：不吉祥，灾难。

老马释途

柔弱才是力量，沧桑才是正道，这一章讲得更加清晰，要低调、不出头，以柔克刚。

"天下莫柔弱于水，而攻坚强者莫之能胜，以其无以易之。"天下没有什么东西比水更加柔弱，但是它能成功冲击坚韧、强大的东西，这一点上没有什么可以胜过水，因为没有什么东西可以改变水。柔弱才是真正的强大，刚强、外向、炫耀自己，往往是弱小、缺乏信心的表现。

"弱之胜强，柔之胜刚，天下莫不知，莫能行。"柔弱可以战胜刚强，天下的人都知道，但是没有几个人能做到。现实生活中，大部分人实际是不知道的，做到的当然更少。而这种柔弱实际是强大过的柔弱，并非一般意义上的弱小。实际上这里是告诫我们要内敛、柔弱、不张扬。

"是以圣人云:'受国之垢,是谓社稷主;受国之不祥,是谓天下王。'正言若反。"所以圣人讲,能承受国家的屈辱,才配成为国之主人;能承受国家的灾难,才配成为天下的王。这些话语像讲反了一样,但却是实际的至理。人间正道是沧桑,经受苦难才能成大器;经受过无数压力后的柔弱,才是真正的强大。

七十九章

原文

和大怨,必有余怨;报怨以德,安可以为善?
是以圣人执左契①,而不责②于人。有德司契③,无德司彻④。
天道无亲,常与善人。

注释

①左契:债权人所执的收债凭证。
②责:讨债,索取。
③司契:掌管借据的人。
④司彻:掌管税收的人。

老马释途

到此章《道德经》已近结束,发现它在很大程度上影响了我们的国民性格,影响了我们的为人处事。

"和大怨，必有余怨；报怨以德，安可以为善？"调和大的怨恨，一定会遗留难以消解的怨恨，以德报怨，这种处理方法怎么谈得上妥善呢？

"是以圣人执左契，而不责于人。有德司契，无德司彻。"有德之人，不会去强索于人，即使手拿借据；无德的人就会像主管税收的人那样去催要，甚至苛求。这里基本上全盘反对规则，反对刑罚，提倡以德治国，以德服人。亲善而不骚扰，就会得到老百姓的支持，也就可以稳固统治，治理好国家。

进一步说服当政者："天道无亲，常与善人"，天道没有亲疏，但总是会对善良的人有帮助，鼓励大家向善。

教化、身教是被突出的两个点，向善、无为也就自然大为了。所以老子被很多人认为消极避世也就很正常了。

不管是有为还是无为，人们对希望的向往、对幸福的追求没有改变过，只是底层的价值观不同，判断标准也就不同，思路和行为也就不同了，都认为自己抓住了核心。

八十章

原文

小国寡民。使①有什伯②之器而不用，使民重死而不远徙。虽有舟舆，无所乘之；虽有甲兵，无所陈③之。使民复结绳④而用之。

甘其食，美其服，安其居，乐其俗。邻国相望，鸡犬之声相闻，民至老死不相往来。

注释

①使：即使。
②什伯：古代兵制，十人为什，百人为伯，因此用什伯泛指军队基础队伍。
③陈：通"阵"，列阵。
④结绳：古代结绳记事，这里引申为返璞归真。

老马释途

一幅和谐国家的画面，在老子笔下开始出现。"小国寡民""鸡犬之声相闻，民至老死不相往来"，不管是什么行为总有问题，干脆选择无为，形成小国，少人民，互相听到对方的鸡犬之声，但互不干涉，各忙各的，自给自足、自力更生的思想也就这样开始形成了。

"使有什伯之器而不用，使民重死而不远徙。虽有舟舆，无所乘之；虽有甲兵，无所陈之。"有船只、车辆、兵器，但都不使用。有点儿原始社会的味道，如此，我们现在的所有行为都是多余的折腾了。

"甘其食，美其服，安其居，乐其俗。"无为的结果就是老百姓有吃、有穿、有住、有礼，安居乐业，清心寡欲，天下太平，也就是老子心目中的盛世了。

显然社会的实际发展与老子的理想相差甚大，当然也不排除未来大家会明白、接受那样的社会，老子可能早已意识到了这一点，也就早早出世了。

面对人性的恶与不足，利用之，引导之，使其走向每一个人的善良之处，引领社会走向至善，天下大同，才是根本。

八十一章

原文

信言①不美，美言②不信。

善者不辩，辩者不善。

知者不博，博者不知。

圣人不积，既以为人，己愈有；既以与人，己愈多。

天之道，利而不害；圣人之道，为而不争。

注释

①信言：真实的话语。

②美言：华丽的言辞。

老马释途

最后一章，作为全书的总结，提倡的仍是无为。老子最后强调信实、纳言、利民，不争不辩，不积。

可惜的是，这些思想与人性有违背之处，也就很难让普通人接受，最后成为部分人的治世之道。

"信言不美，美言不信。"真话不好听，好听的话往往不是真话。看来老子早已参透，只是这往往和人的本性相悖，谁都喜欢听好听的话，自然也就喜欢听假话了。

"善者不辩，辩者不善。知者不博，博者不知。"善良的人不巧辩，巧辩的人不善良。智者不一定知识广博，知识广博的人未必是智者。大道至简，本质实际很简单，复杂了往往离本质也就远了。如此，人类历史就是一部追求本真，追求根本的历史，是一部弘扬人性中的善良的编年史，也是一部看尽人性中恶的编年史。善良得令人感动，丑陋得令人难以相信，令人恐惧。一些人忙忙碌碌，为的只是"名利"二字罢了。如何惩恶扬善成为大家共同的追求。承认它，面对它，解决它，也成为很多人的共同梦想。只是自己的恶如何惩，自己的善如何扬，也就难逃这样的规律。老子在这一点上选择了出世、逃避。

原因也很简单，就像下面两句描述的一样，只是按照自己的逻辑，言行一致而已。

"圣人不积，既以为人，己愈有；既以与人，己愈多。"圣人不积财，而是拿出来帮助别人，反而变得越来越富有；给予别人越多，自己愈多。帮助了别人，一不小心也成就了自己。如此，天下大同，共同幸福。

"天之道，利而不害；圣人之道，为而不争。""道"是对万物有利无害的，圣人之道是帮助每一个人，而不争名夺利。尊重天道，学习圣人之道，也就成为大家的共同选择。

糊里糊涂谈完五千字，似解非解。只是觉得中国文化发展到如今的高度，《道德经》起到了一定的作用，其蕴含的思想对国家、社会、人民的影响甚大，值得我们去学习、体察、领悟。

接下来开始学习《庄子》，老庄之道，一脉相承，且去了解了解。

《庄子》
ZHUANG ZI

内 篇

逍遥游

原文

北冥①有鱼，其名为鲲。鲲之大，不知其几千里也。化而为鸟，其名为鹏。鹏之背，不知其几千里也。怒而飞，其翼若垂天之云。是鸟也，海运则将徙于南冥。南冥者，天池也。

《齐谐》者，志怪者也。《谐》之言曰："鹏之徙于南冥也，水击三千里，抟扶摇而上者九万里，去以六月息者也。"野马也，尘埃也，生物之以息相吹也。

天之苍苍，其正色邪？其远而无所至极邪？其视下也，亦若是则已矣。

注释

①冥：海的意思。"北冥"，就是北方的大海。传说北海无边无际，水深而黑。

老马释途

开篇《逍遥游》，感受到了老子的逍遥、潇洒、超脱，超越万事万物；带来了浪漫主义，也带来了逃避主义；带来了文学价值，也带来了哲学思想。这些可能也是庄子始料未及的。

"水击三千里，扶摇直上九万里"的气概让很多人产生了共鸣，在战国那个纷乱的年代，算是到了精神的栖息地。

北海中有一种鱼叫鲲，大到不知道有几千里长，化为鸟，称为鹏。鹏背广阔，大得也不知道有几千里宽，振翅而飞，翅膀像天边之云，飞到南方栖息，南海像一个天然的大池。

鲲鹏之志，天地之大，格局之大，庄子思想的高度也就顿然展现了。文笔流畅，荡气回肠，水击三千里，扶摇直上九万里，恢弘大气，志在天地。倘如此，人世间的疾苦也算不了什么。这样仰望星空，自然心胸开阔，睡得踏实，看得遥远。

"野马也，尘埃也，生物之以息相吹也。"像野马奔腾一样的雾气，阳光下的尘埃，都是万物相互吹拂的结果。一派自然景象，尽显诗情画意。接着反问道："天之苍苍，其正色邪？"天空苍苍是它的真正颜色吗？还是因为高远所以没办法看清尽头？留下广阔的想象空间。"其视下也，亦若是则已矣。"从上往下看，大概也是这个样子吧。

人是万物的尺度，庄子的鲲鹏直上九万里，透露了超凡的视角，人显得如此渺小，令人深思。

原文

且夫水之积也不厚，则其负大舟也无力。覆杯水于坳堂之上，则芥为之舟，置杯焉则胶，水浅而舟大也。风之积也不厚，则其负大翼也无力，故九万里则风斯在下矣，而后乃今[①]培风；背负青天而莫之夭阏[②]者，而后乃今将图南。

蜩与学鸠[③]笑之曰："我决[④]起而飞，抢[⑤]榆枋，时则不至，而控于地而已矣，奚以之九万里而南为？"适莽苍者，三飡而反，腹犹果然；适百里者，宿舂粮；适千里者，三月聚粮。之二虫又何知？

小知不及大知，小年不及大年。奚以知其然也？朝菌不知晦朔，蟪蛄[⑥]不知春秋，此小年也。楚之南有冥灵[⑦]者，以五百岁为春，五百岁为秋；上古有大椿者，以八千岁为春，八千岁为秋，此大年也。而彭祖乃今以久特闻，众人匹之，不亦悲乎？

注释

①而后乃今:"今而后乃"的倒装,是这之后方才。

②夭阏(è):阻拦。

③蜩(tiáo):蝉。学鸠:一种小灰雀,这里泛指小鸟。

④决(xuè):迅疾的样子。

⑤抢(qiāng):撞到。

⑥蟪蛄(huì gū):即寒蝉,春生夏死或夏生秋死。

⑦冥灵:传说中的大龟,一说树名。

老马释途

"且夫水之积也不厚,则其负大舟也无力。"如果水积得不够深,就不能承载大船。"覆杯水于坳堂之上,则芥为之舟,置杯焉则胶,水浅而舟大也。"把一杯水倒在堂前,那么一棵小草就可以当船,但是放个杯子就动不了了,是因为水浅而船大。

表面上在描述一种现象,实际上在暗示世间不同人的表现。水大还是小,船大还是小,关键还是看参照物是什么。没有什么大与小,就像一个优秀的人,与一个平庸的人相比较,平庸的人可能更多地看到的是成功人士的机会与运气,而不是背后的努力。如果能看到,他也就不可能平庸了。

飞上九万里的鲲鹏可能明白蝉和小鸟的天地,但蝉和小鸟没有办法理解鲲鹏的九万里。如此,个体差异还是巨大的,追求平等是可以的,结果一定是不平等的,最多是机会平等。不如此,似乎会得罪大部分人,因为大部分人还是平常之人。这也未必就不幸福,可能也怡然自得。有寿命短的,有寿命长的,有以五百年为春、为秋,也有以八千岁为春、为秋,这实际上也是组织、国家、个人之间差别的来源。

体形的不同,决定了是飞九万里还是九里;三个月还是三十年的规划与投入,决定了结果的不同。长期主义的胜利是必然,只是等待时间有点久,快速成功与出位,未必可以持续,也往往是麻烦的开始。

原文

汤之问棘也是已:"穷发之北,有冥海者,天池也。有鱼焉,其广数千里,未有知其修者,其名曰鲲。有鸟焉,其名为鹏,背若太山,翼若垂天之云;抟扶摇羊角而上者九万里,绝云气,负青天,然后图南,且适南冥也。斥鴳笑之曰:'彼且奚适也?我腾跃而上,不过数仞而下,翱翔蓬蒿之间,此亦飞之至也。而彼且奚适也?'"此小大之辩也。

故夫知效一官、行比一乡、德合一君、而征一国者,其自视也,亦若此矣。而宋荣子[1]犹然笑之。且举世而誉之而不加劝,举世而非之而不加沮,定乎内外之分,辩乎荣辱之境,斯已矣。彼其于世,未数数然也。虽然,犹有未树也。

夫列子[2]御风而行,泠然善也,旬有五日而后反。彼于致福者,未数数然也。此虽免乎行,犹有所待者也。若夫乘天地之正,而御六气之辩,以游无穷者,彼且恶乎待哉!故曰:至人无己,神人无功,圣人无名。

注释

[1]宋荣子:一名宋钘(xíng),宋国人,战国时期思想家。
[2]列子:郑国人,名叫列御寇,战国时期思想家。

老马释途

此处,庄子开始点题了,提出了自己的观点:"故曰:至人无己,神人无功,圣人无名。"有道德修养的"至人"能到达无我之境,超然物外的"神人"不在乎什么功业,至善至美的"圣人"不需要什么名望。一副"但行好事,莫问前程"的模样。

"汤之问棘也是已:'穷发之北,有冥海者,天池也。有鱼焉,其广数千里,未有知其修者,其名曰鲲。'"商汤问贤人棘,天地的北方,有一望无际的大海,海里有一种鱼叫作鲲,身体有几千里的宽度,包括后面问鹏的情况,说它一直飞到南海,以说明小和大的差异,暗示应该有鸿鹄之志,但燕雀也可以有自己的活法。

然后又用宋荣子和列子作为例子:"且举世而誉之而不加劝,举世而非之而不加沮"。也就是大家都夸赞他,他也不会更加努力;大家都批评他,他也不会沮丧;能分得清内外,悠然自得。但这也不是最高境界,像列子乘风而去半月才回,也不追求什么福报,无欲、无求,如此应该就逍遥了。

原文

尧①让天下于许由,曰:"日月出矣,而爝火②不息,其于光也,不亦难乎!时雨降矣,而犹浸灌,其于泽也,不亦劳乎!夫子立③而天下治,而我犹尸④之,吾自视缺然。请致⑤天下。"许由曰:"子治天下,天下既已治也,而我犹代子,吾将为名乎?名者,实之宾也,吾将为宾乎?鹪鹩⑥巢于深林,不过一枝;偃鼠饮河,不过满腹。归休乎君,予无所用天下为!庖人虽不治庖,尸祝不越樽俎⑦而代之矣!"

注释

①尧:我国历史上传说时代的圣明君主。
②爝(jué)火:炬火,将木材蘸上油脂燃起的火把。
③立:立位,登基。
④尸:主持。
⑤致:给予。
⑥鹪鹩(jiāo liáo):一种善于筑巢的鸟。
⑦樽俎(zūn zǔ):樽是盛酒的器具,俎是盛肉的器具,两者都是厨师必备的器具,借指厨师。

老马释途

这一段内容基本是对话,和上一段截然不同,与《道德经》直接下结论也完全不同。通过这样的对话，透露出作者的意思，有点类似于《理想国》的风格。两个作者虽远隔重洋，思想还是有些共通之处的。

"尧让天下于许由，曰：'日月出矣，而爝火不息；其于光也，不亦难乎！时雨降矣，而犹浸灌，其于泽也，不亦劳乎！'"尧想让天下王位给许由，说太阳和月亮都出来了，但是炬火还在燃烧，想和日月争光，这不是很难吗？雨适时而降，人们却还在不断地汲水浇地，这不是多此一举吗？实际上在讲，人们的很多努力实际是没有意义的，所以尧觉得自己能力不足，希望让贤于许由。

许由回答："你已经治理得很好了，我要这些虚名干什么呢？天下对我毫无用处。"一副逍遥的样子。无欲则刚，有所求则变形，人性一直在变化。

很多时候的底层逻辑是一旦真正的无我，为苍生谋幸福，那也就力量无穷了。很多问题是私心太重造成的，而这本是人之天性。如此，人生就是一个与天争、与地争、与他人争的过程，而实际上真正的争是在和自己争，仅此而已。

原文

肩吾问于连叔曰："吾闻言于接舆，大而无当，往而不返。吾惊怖其言。犹河汉而无极也；大有径庭，不近人情焉。"连叔曰："其言谓何哉？"曰："藐姑射之山，有神人居焉。肌肤若冰雪，绰约若处子，不食五谷，吸风饮露，乘云气，御飞龙，而游乎四海之外；其神凝，使物不疵疠①而年谷熟。吾以是狂而不信也。"

连叔曰："然。瞽②者无以与乎文章③之观，聋者无以与乎钟鼓之声。岂唯形骸有聋盲哉？夫知亦有之！是其言也，犹时女也。之人也，之德也，将旁礴④万物以为一，世蕲乎乱，孰弊弊⑤焉以天下为事！之人也，物莫之伤，大浸稽天而不溺，大旱金石流、土山焦而不热。是其尘垢秕穅，将犹陶铸尧舜者也，孰肯以物为事？"

宋人资⑥章甫⑦而适诸越，越人断发文身，无所用之。尧治天下之民，平海内之政，往见四子藐姑射之山，汾水之阳，窅然⑧丧其天下焉。

注释

①疵疠（cī lì）：疾病，指灾害。
②瞽（gǔ）：盲。
③文章：文彩。
④旁礴：混同。
⑤弊弊：忙碌疲惫的样子。
⑥资：买进（并卖出）。
⑦章甫：殷代的一种帽子。宋人是殷人的后裔，所以还保持殷人的旧俗。
⑧窅（yǎo）然：怅然若失的样子。

老马释途

继续对话，神仙肩吾问连叔，为什么接舆讲话不靠谱，没有边际，不合情理。

连叔的回答相当于讲肩吾缺乏无欲，像接舆这样的人，什么病害、洪水对他都无作用，包括面对很多灾害，他都无所触动，因为无欲。

如此有个性的人揭示了一个道理：私心让人弱小，让人瞻前顾后，难有大成。无欲无为就是大成。在东西方的历史上应该都出过类似的人，这种世人眼中的怪人。之所以如此，是因为他们内心有自己的认知，自己的逻辑，自己的信仰，这才是力量的真正来源。

就像一个组织里的不同部门间的配合，看似其他部门、其他人问题多多，实际上真正的问题在于自己。自己的私心是一切问题的根源。所以先哲们通过讲道理试图告诫人们管理好自己。庄子在这点上与老子一脉相承，但问题是这种讲道理是否能够产生作用。

最后又讲了宋人与尧的故事，领会多少就看大家的悟性了。我越来越发现，认知能力是一个人发展的天花板。

问题是圣人在众人中变成怪人，是否圣人也该反思反思？圣人是否应该坚守救世的职责，是应该有此宏图大志，还是只做好自己就好？出世与入世也就各得其所了。

如此，接舆有可取之处，也有不足之处。

原文

惠子^①谓庄子曰："魏王^②贻我大瓠之种，我树之成，而实五石。以盛水浆，其坚不能自举也。剖之以为瓢，则瓠落^③无所容。非不呺然^④大也，吾为其无用而掊之。"

庄子曰："夫子固拙于用大矣！宋人有善为不龟^⑤手之药者，世世以洴澼絖为事。客闻之，请买其方百金。聚族而谋曰：'我世世为洴澼^⑥絖^⑦，不过数金；今一朝而鬻技百金，请与之。'客得之，以说吴王。越有难，吴王使之将，冬与越人水战，大败越人，裂地而封之。能不龟手，一也；或以封，或不免于洴澼絖，则所用之异也。今子有五石之瓠，何不虑以为大樽而浮乎江湖，而忧其瓠落无所容？则夫子犹有蓬之心也夫！"

注释

①惠子：宋国人，姓惠名施，做过梁惠王的相。
②魏王：即梁惠王。
③瓠（hú）落：意思同"廓落"，很大很大的样子。
④呺（xiāo）然：庞大而又中空的样子。
⑤龟（jūn）：通作"皲"，皮肤受冻开裂。
⑥洴澼（píng pì）：漂洗。
⑦絖（kuàng）：通"纩"，棉絮。

老马释途

接下来是庄子与惠子的两段对话，第一段仍然是用故事的方式来讲道理，深入浅出。大道理藏于小故事，在对话中，谈的实际上是治国与处世。

惠子问庄子，讲自己用魏王给的种子种出来大的葫芦，因为太大了，干什么都不方便，没有价值。总而言之，谈的都是大葫芦的劣势。庄子用一个药方的故事进行回复：有的人只能用它帮助从事漂洗丝绵，好像价值不大，只是用它治好了手脚皲裂。有人愿意花大价钱买下，把这个药方用到将军和士兵身上，而适逢吴越两国冬季发生水战，士兵的手很容易皲裂。这个药方帮助吴国取得战斗的胜利，由此，被赏赐了大片田地。

这也推导出葫芦大有大的用处，大的好处，只是惠子没有用对地方，比如可以做成腰舟，让人浮游大江上。事物有用还是没用看怎么用，尺长还是寸短看在什么情况下，这是朴素的辩证法思想，关键还看我们的智慧是否足够。万事万物是好也是坏，好坏要看什么情况下，什么时机下来说。无无用之物，只有不会用之人，这可能是每一个人，尤其是领导者需要思考的。

原文

惠子谓庄子曰："吾有大树，人谓之樗①。其大本拥肿而不中绳墨，其小枝卷曲而不中规矩，立之涂，匠人不顾。今子之言，大而无用，众所同去也。"

庄子曰："子独不见狸狌乎？卑身而伏，以候敖者；东西跳梁，不辟高下；中于机辟，死于罔罟。今夫斄牛，其大若垂天之云。此能为大矣，而不能执鼠。今子有大树，患其无用，何不树之于无何有之乡，广莫之野，彷徨乎无为其侧，逍遥乎寝卧其下？不夭斤斧，物无害者，无所可用，安所困苦哉！"

注释

①樗（chū）：一种高大的落叶乔木，但木质粗劣不可用。

老马释途

这段庄子与惠子的对话，与上一段基本上谈的是一个意思，只是对观点进一步强调，到此《逍遥游》也就结尾了。奇思妙想，海阔天空，自由自在，心比天大，传递了一种自由自在的精神力量。

惠子问庄子，有一棵树太大不太好用，讲了一堆大树太大所带来的问题，认为基本上就没有什么用处了。庄子以野猫、黄鼠狼、牦牛为例子，说明大有大的好，小有小的好。然后引申出对惠子的批评，竟然担心这么大的树没有地方使用，何不"逍遥乎寝卧其下"？最起码也不会带来什么困苦呀。

总之，在庄子眼里，一切皆有可能，关键看你看待它的角度。如此也就没有什么坏事情，没有什么无用之物了。精神的自由，心胸的宽阔，也就自然而然了。

庄子对惠子讲的话实际上就是对世人讲的话，一切逍遥，一切自由，关键是你看待万事万物的角度。这应该是中国早期的唯心思想之一，物极必反，最后产生逍遥、自由自在、无欲无求。相反的事情往往发生在同一个事物上，或同一个人上，这似乎是必然。

如此逍遥，也就离苦得乐了。

齐物论

原文

南郭子綦[1]隐机而坐，仰天而嘘，苔焉[2]似丧其耦。颜成子游[3]立侍乎前，曰："何居乎？形固可使如槁木，而心固可使如死灰乎？今之隐机者，非昔之隐机者[4]也。"

子綦曰："偃，不亦善乎，而[5]问之也！今者吾丧我，汝知之乎？汝闻人籁[6]而未闻地籁，汝闻地籁而未闻天籁夫！"子游曰："敢问其方。"

子綦曰："夫大块噫气，其名为风，是唯无作，作则万窍怒呺，而独不闻之翏翏乎？山林之畏佳，大木百围之窍穴，似鼻，似口，似耳，似枅，似圈，似臼，似洼者，似污者。激者，謞者，叱者，吸者，叫者，譹者，宎者，咬者，前者唱于而随者唱喁。泠风则小和，飘风则大和，厉风济则众窍为虚。而独不见之调调之刁刁⑦乎?"

子游曰:"地籁则众窍是已,人籁则比⑧竹是已,敢问天籁?"子綦曰:"夫吹万不同,而使其自己也。咸其自取,怒者其谁邪?"

注释

①南郭子綦（qí）：楚人，居住南郭，故名南郭子綦。
②荅（tà）焉：亦作"嗒焉"，离形去智的样子。
③颜成子游：子綦的学生，姓颜成名偃，子游为字，故名颜成子游。
④"今之隐机者"与"昔之隐机者"实指一人，即南郭子綦。
⑤而：你，人称代词。
⑥籁（lài）：箫，古代的一种管状乐器。
⑦调调、刁刁：指风吹树木晃动摇曳的样子。
⑧比：合并。

老马释途

《庄子》的《齐物论》篇章认为万物表面不同，千差万别，但从根本上讲是一回事。万物是归一的，称之为齐物。所有的看法、观点表面上不同，各有主张，实际上没有什么不同，根本上讲也是归一的，称之为齐论。这就难怪大家都是盲人摸象，讲的都有道理，但只是谈象的不同部分而已，如此真理也就是唯一的了。

开篇是南郭子綦和学生的一段对话，讲到了天籁、地籁、人籁。认为人籁就是乐器发出的声音，地籁就是大地发出的声音，天籁是控制声音的。也就是讲各有不同，又是统一的。

如此，面对同样的情况，人们会有不同的感悟与道理，这也是争议的由来。

实际上好像每个人都没什么谬误，只是看事物的角度不同罢了，如果能换一下角度，结果也就不同了。

世界本是自己眼中的世界，而世界本身就是世界自己。如此看来，古往今来的争论显得有些无聊，顺其自然即可。问题是渺小的我们，想要了解宇宙万物的奥妙，甚至希望掌控它们，这样只能徒增烦恼了。这里说的又是无为，但人性实在不甘，暂且放一放吧。

原文

大知闲闲，小知间间①；大言炎炎，小言詹詹。其寐也魂交，其觉也形开。与接为构②，日以心斗。缦者，窖者，密者。小恐惴惴，大恐缦缦。其发若机栝③，其司④是非之谓也；其留⑤如诅盟，其守胜之谓也；其杀若秋冬，以言其日消也；其溺之所为之，不可使复之也；其厌⑥也如缄，以言其老洫也；近死之心，莫使复阳也。喜怒哀乐，虑叹变慹⑦，姚⑧佚启态。乐出虚，蒸成菌。日夜相代乎前，而莫知其所萌。已乎，已乎！旦暮得此，其所由以生乎！

非彼无我，非我无所取。是亦近矣，而不知其所为使。若有真宰⑨，而特不得其眹，可行已信，而不见其形，有情而无形。

注释

①间（jiàn）间：明察细别的样子。
②构：通"构"，交结，交接。
③机：弩机，弩上的发射部位。栝（kuò）：箭末扣弦的部位。
④司：主管。
⑤留：守住，指留存内心。
⑥厌（yā）：通作"压"，闭塞的意思。
⑦慹（zhé）：恐惧。
⑧姚：轻浮，躁动。
⑨真宰：天然的主宰，同下文的"真君"，也就是"道"。

老马释途

开始讲为人处事了，口吻较为肯定，不像上一段的对话模式，直接出结果了。

"大知闲闲，小知间间。"睿智的人心胸开阔，坦坦荡荡，耍小聪明的人斤斤计较，"常戚戚"。这似乎和老子的观念如出一辙，后面继续描述心境的相互转化。因为勾心斗角，所以"小恐惴惴，大恐缦缦"。无欲则刚，有欲则生出问题，还是无为为上。

同时描述了相互转化的逻辑。"非彼无我，非我无所取。"没有相对的一面，也就没有我，没有我也就不会有与我相对的一面。物极必反，大道相通，只是更加深入了。看来老子和庄子的思想有相通之处。实际上"道"是无形、不可见、不可感、不可触。

反对的往往是缺少的，爱和恨本是一体两面，喜怒哀乐本是自己的情绪，还是讲的自我修炼的事。

是面对，也是逃避，不太好区分，玄之又玄，悟之又悟，全凭心境了。"本来无一物，何处惹尘埃"，大家似乎异口同声指向同一方向。

原文

百骸、九窍、六藏，赅而存焉，吾谁与为亲？汝皆说之乎？其有私焉？如是皆有为臣妾乎？其臣妾不足以相治乎？其递相为君臣乎？其有真君存焉？如求得其情与不得，无益损乎其真。一受其成形，不亡以待尽。与物相刃相靡，其行尽如驰而莫之能止，不亦悲乎！终身役役而不见其成功，苶然疲役而不知其所归，可不哀邪！人谓之不死，奚益！其形化，其心与之然，可不谓大哀乎？人之生也，固若是芒乎？其我独芒，而人亦有不芒者乎？

夫随其成心而师之，谁独且无师乎？奚必知代而心自取者有之？愚者与有焉。未成乎心而有是非，是今日适越而昔至也。是以无有为有。无有为有，虽有神禹且不能知，吾独且奈何哉！

老马释途

这一段用了少见的一连串反问，显得我们既无知又无用，甚至不知道自己既无知又无用。实际上真正的问题就是：我们认为的是真相吗？有真相吗？很多有为不是挺可笑吗？

显出了我们的渺小与万物的不可确定，面临世界的不可知性，消极的思想也就产生了，无为就成为可能的选项。"无有为有，虽有神禹且不能知，吾独且奈何哉！"把无当作有，即使是大禹也未必清楚，更何况我们呢！

"其我独芒，而人亦有不芒者乎？"难道只有我一个人是无知的吗？世界上有不无知的人吗？暗示我们实际都是无知之人，敬畏一切，自然而然罢了。

在一定程度上尊重天道，认识到我们的无知，何尝不是一种进步。实际上认识到无知也是有知的开始，面对无知事实上是非常困难的，这种勇气是大部分人不具备的。

持续自我批判、持续反省应是我们的选项，只是很是熬人，这也是很多人虽然看到但很难做到的原因，道理其实是懂的。

原文

夫言非吹①也。言者有言，其所言者特未定也。果有言邪？其未尝有言邪？其以为异于鷇音②，亦有辩乎？其无辩乎？

道恶乎隐而有真伪？言恶乎隐而有是非？道恶乎往而不存？言恶乎存而不可？道隐于小成，言隐于荣华。故有儒墨之是非，以是其所非而非其所是。欲是其所非而非其所是，则莫若以明。

注释

① 吹：风吹。
② 鷇（kòu）音：幼鸟将破壳时发出的叫声。

老马释途

"故有儒墨之是非，以是其所非而非其所是。"儒墨两家的是非争论了半天，这种争论真的有价值吗？明明知道浪费时间，但还是在浪费，而没有这种争论好像也不会有今天我们的思想。

如此，浪费时间也是有价值的，因为这是必要的经过。无奈后仍然激情前行，这本身就是一种磨炼和价值。

所以辩者逗口舌之快也是有意义的。"果有言邪？其未尝有言邪？"他们真的讲了什么，还是没讲什么呢？从庄子的角度来讲，应该大家都是一回事，本是齐物或齐论。

原文

物无非彼，物无非是。自彼则不见，自知①则知之。故曰：彼出于是，是亦因彼。彼是，方生之说也。虽然，方生方死，方死方生；方可方不可，方不可方可；因是因非，因非因是。是以圣人不由②而照之于天，亦因是也。是亦彼也，彼亦是也。彼亦一是非，此亦一是非。果且有彼是乎哉？果且无彼是乎哉？彼是莫得其偶，谓之道枢③。枢始得其环中，以应无穷。是亦一无穷，非亦一无穷也。故曰：莫若以明。

以指④喻指之非指，不若以非指喻指之非指也；以马喻马之非马⑤，不若以非马喻马之非马也。天地一指也，万物一马也。

注释

①自知：自是。
②由：自，经过。
③枢：枢纽，关键。
④指：战国名家学派公孙龙著《指物论》。
⑤马：当时论辩的主要论题之一。

老马释途

进一步阐述了物极必反的道理，指出相反的事物本是一物。对，本身是错；错，本身是对。所以圣人不求对错，只顺应道。

显然，《道德经》要精练很多，这里要具体很多。"天地一指也，万物一马也。"不管有多少事物，在事物这个层面是一回事，也和马是一回事，也就是"一马也"既齐论，又齐物。"是亦一无穷，非亦一无穷也。"是和非都是没有止境的，换句话讲，去追求对与错是没有价值的，也不会得到结论。"莫若以明"，不如去搞清楚本质，搞清楚规律是什么。猛然间发现，我们浪费了太多的时间与精力在正确与错误的争论上，甚至在攻击对方上，还不如静下心来，寻清楚本质，依"道"而行，莫谈是非。

发现庄子学说也是实用学说，苦争无用，依"道"便可。这里有了点儿法家的味道，实际上也不难理解。世间本一物，人众物也众，世间本无异议，只是我们有异议。

依道而行，清楚无为实为大为，就像一家企业的组织建设、市场行为，无外乎人性而已。这本没有什么区别，只是情绪左右了我们而已。

原文

可乎可，不可乎不可。道行之而成，物谓之而然。恶乎然？然于然。恶乎不然？不然于不然。物固有所然，物固有所可；无物不然，无物不可。故为是举莛与楹①、厉②与西施、恢恑憰怪③，道通为一。

其分也，成也；其成也，毁也。凡物无成与毁，复通为一。唯达者知通为一，为是不用④而寓诸庸。庸也者，用也；用也者，通也；通也者，得也。适得而几矣。因是已。已而不知其然，谓之道。

劳神明为一而不知其同也，谓之朝三。何谓朝三？狙公赋芧⑤，曰："朝三而暮四。"众狙皆怒。曰："然则朝四而暮三。"众狙皆悦。名实未亏而喜怒为用，亦因是也。是以圣人和之以是非而休乎天钧，是之谓两行。

注释

①莛（tíng）：草茎。楹（yíng）：房柱。

②厉：通作"疠"，指皮肤溃烂，这里用以表示丑陋的人。

③恢恑（guǐ）憰（jué）怪：指形形色色的社会现象。恢，诙谐。恑，变诈。憰，谲诈。怪，怪异。

④为是不用：为了这个缘故不用固执己见。

⑤赋芧（xù）：分发橡子。

老马释途

与上一段大同小异，进一步说明圣人不刻意区分是非，循道而行。认可和不认可本是一回事，突然觉得人类社会的发展史就是一个盲人摸象的发展史，无物不然，无物不可；没什么是完全错误的，没有什么是完全正确的，应该是相通的。

万物本相通，但我们的认知存在割裂，所以一定要找到本质。比如从人的本质是自私的角度看，没有什么是好的，没有什么是坏的。从人的本质是无私的角度看，也不是什么肯定是伟大的，搞不好是虚伪。自私与无私本一物，只是不同角度、不同方向而已。但又是一回事，物极必反。相反相通。

如此，一切发生皆为正常，莫强求、莫悔恨，如果时间轴再放长一点，结论会完全发生变化，如果是无限长，答案就是"道"了。

但是"朝三暮四"，给世人的感觉是不同的，这也是企业在团队激励时的正常现象，对于大多数人还是颇有效的；对于圣人来讲，因其无欲无求自然无效。如此，企业用不了圣人，只能用凡人，仅此而已。

所有人都会面临生老病死，只是很多人非要折腾，弄得遍体鳞伤、情绪不稳。问题是这恰恰是常态，现实存在罢了，未必是本质。

原文

古之人，其知有所至矣。恶乎至？有以为未始有物者，至矣，尽矣，不可以加矣。其次以为有物矣，而未始有封也。其次以为有封焉，而未始有是非也。

是非之彰也，道之所以亏也。道之所以亏，爱之所以成。果且有成与亏乎哉？果且无成与亏乎哉？有成与亏，故昭氏之鼓琴也。无成与亏，故昭氏之不鼓琴也。

昭文之鼓琴也，师旷之枝策也，惠子之据梧也，三子之知几乎，皆其盛者也，故载之末年。唯其好之也，以异于彼；其好之也，欲以明之。彼非所明而明之，故以坚白之昧终。

而其子又以文之纶终，终身无成。若是而可谓成乎，虽我亦成也。若是而不可谓成乎，物与我无成也。是故滑疑之耀，圣人之所图也。为是不用而寓诸庸，此之谓以明。

老马释途

实际上每个人都被情绪所控制，这本身带来人间百态。幸福与病痛，实际上是一件事情。以为掌握了命运，实际上却被命运所掌握；以为获得了成功，实际上胜的像败了。

就像一个理论，貌似有道理，往往是圣人们所看不上的，因为华丽的事物往往是远离本质的，非"圣人之图也"。

用三个人来举例，说明昭文、师旷、惠施三位在各自领域应该都登峰造极了，他们分别喜欢弹琴、音律、演说，结果是把不该说的讲给众人，实际上又有什么价值呢？庄子是看透了，说也无用，要顺其自然。但问题是，老庄还是留下了只言片语。如此的话，这些内容的形成不是别人整理的，就是二位当时还在修行中，痛定思痛后提醒后人。

如此，世界是凡夫的世界，并非圣人的世界，掌握规律的人注定是少数，不通事理的人必定是多数，这也就是大千世界的本质吧。

真正的得道者似乎也只能离开普通人，但更多的应该是以"道"当"大"，关键看如何使用罢了。似乎对人性的讨论少了点儿，缺少了些人情味，这既误导了"天人合一"，又脱离了群众，可能也是庄子始料未及的吧。当然也可能是早知如此，所以当初。

过程和结果往往是相反的，这可能是普通人和圣人的差别。过程和结果如果能够统一，人生也应该圆满了。

大海中的浪花能真正不受波浪的裹挟，几乎是不可能的。而波浪为普通人，浪花为得道之人，可能是一瞬间吧。如此无聊的波浪，还是一波未平，一波又起，我们也只好投身其中了。偶尔能宁静一会儿，做下浪花，也就成为大多数人的选择。

原文

今且有言于此，不知其与是类乎？其与是不类乎？类与不类，相与为类，则与彼无以异矣。虽然，请尝言之。

有始也者，有未始有始也者，有未始有夫未始有始也者。有有也者，有无也者，有未始有无也者，有未始有夫未始有无也者。俄而有无矣，而未知有无之果孰有孰无也。

今我则已有谓矣，而未知吾所谓之其果有谓乎？其果无谓乎？天下莫大于秋豪之末，而大山为小；莫寿于殇子，而彭祖为夭。天地与我并生，而万物与我为一。既已为一矣，且得有言乎？既已谓之一矣，且得无言乎？一与言为二，二与一为三。

自此以往，巧历①不能得，而况其凡乎！故自无适有，以至于三，而况自有适有乎！无适焉，因是已。

注释

①巧历：善于计算的人。

老马释途

在这一段内容里，庄子把各种可能性都讲到了，也认为自己讲的未必就有道理，仅供参考的意思。类与不类，相与为类。反正都差不多，实际上暗示大家，讲的都未必是真相，也包括他自己讲的。

《庄子》

但实际上真相只有一个，只是每个人觉得不止一个。站到更高的角度看，实际大家并没有什么不同，一回事而已，只是自以为是罢了。

"一与言为二，二与一为三。"类似于"道生一，一生二，二生三，三生万物"，只是讲得更具体了些。只是自己作为凡人，也很难推算清楚，庄子给了自己一个台阶就下去了。

从另一个角度来讲，恰好反映了庄子一贯的思想：实际都是一回事，齐物、齐论，只是自以为是罢了。

循道潜行，应是本质，无奈诱惑太多，我们的欲望也太多，掉进了很多坑，并且称之为经历。而且这种东西的丰富性成为骄傲抑或悲伤，无怪乎没事找了一堆事，并且有了出了英雄事迹的重大创举，也就值得津津乐道了。简单点才好，应该是庄子的本意。

原文

夫道未始有封，言未始有常，为是而有畛也。请言其畛：有左有右，有伦①有义，有分有辩，有竞有争，此之谓八德。六合之外，圣人存而不论；六合之内，圣人论而不议。春秋②经世先王之志，圣人议而不辩。故分也者，有不分也；辩也者，有不辩也。曰：何也？圣人怀③之，众人辩之以相示也。故曰：辩也者，有不见也。

注释

①伦：次序。
②春秋：这里泛指古代历史，并非指战国以前的那一段历史年代。
③怀：指不去分辨物我和是非。

老马释途

"夫道未始有封，言未始有常，为是而有畛也。"讲的是大道是一个事，言论也就是一个言论，就是齐物、齐论，只是人自以为不同罢了，本质上并没有什么不同。

进一步说明，真正的圣人是不会去夸耀的，议而不辩，论而不议。真正去辩论的人是因为无知，低调内敛的民族性格就这样让老子和庄子两位老先生给定性了。

并且用历史的明君来作为例子，说明大智不辩，如此，这种思想只能成为少数贤人的专利。要求老百姓都成为圣人，本来就不可能达到，这也就让我们一直觉得先贤神秘莫测了。

普通大众很容易被影响，实际上是常态。寄希望于通过修炼成就独立人格，似乎有点儿不太现实。

如此，善者利用其可以行善，恶者利用其可以行恶，人类脆弱的神经催生了善，也鼓励了恶，如何让大众不再人云亦云、被轻易蒙蔽应该才是正道。

原文

夫大道不称，大辩不言，大仁不仁，不廉不嗛，不勇不忮①。道昭而不道，言辩而不及，仁常而不成，廉清而不信，勇忮而不成。五者无弃而几向方矣。故知止其所不知，至矣。孰知不言之辩、不道之道？若有能知，此之谓天府。注焉而不满，酌焉而不竭，而不知其所由来，此之谓葆光。

注释

①忮（zhì）：伤害。

老马释途

发现一个问题，老庄讲了很多标准，让我们去学习圣人，同时又告诉君主如何统治国家和人民，如此，国家必须存在，似乎没有讨论的余地，这本身就是一种缺陷。

"夫大道不称，大辩不言，大仁不仁，不廉不嗛，不勇不忮。"从五个方面来说明标准，实际上是物极必反的具体应用，说明过犹不及。核心就

《庄子》

是道无言，道无形，真正看得到的未必是真相，真正勇敢的人往往不伤害别人，实际情况往往和表现是不一致的，往往是相反的。

问题的关键在于，这种教育能否真正起到作用，显然作用是不足够的。当然，也有一定的价值，庄子也知道，"孰知不言之辩、不道之道？"如果大家都能领会，世界上全是圣人了，关键问题在于让每一个人成为圣人，还是让每一个人成为普通人，并且通过体制让每一个人幸福呢？这似乎更具备普适价值。

实际情况下，大家考虑更多的是自己并不是普通大众，世界也就变成了"庄子们"希望的反面，这可能也是先哲们始料未及的吧。

"若有能知，此之谓天府。"如果是能了解这些的人，他们就可以称为取之不尽、用之不竭的天然府库了。看来连圣人也难免落入俗套，想要成为"天府"，也算是人性吧。

原文

故昔者尧问于舜曰："我欲伐宗、脍、胥敖①，南面②而不释然，其故何也？"舜曰："夫三子者，犹存乎蓬艾之间。若不释然，何哉？昔者十日并出③，万物皆照，而况德之进乎日者乎！"

注释

①宗、脍、胥敖：三个小国的国名。
②南面：君主临朝。
③十日并出：指古代寓言中十个太阳一并出来的故事，借此比喻阳光普照到每一个地方。

老马释途

接下来是一段对话，讲的实际上还是物随心动，实际上本质没有什么变化。尧问舜："我想征伐三个小国，为什么每次临朝自己老是放心不下呢？"原因是没有释然，并非事情本身如何，三个小国本身如何。

舜的回答应该让尧释然了："你如此高的道德水准，不应该这么担心吧？"依此看来，大人物也有小心思，这应该是常态吧。修身、修心应该成为必须要做的事。

心中有太阳，满眼都是阳光；心中有乌云，满眼都是黑暗。这也可能是最早的东方人讲的人是万物的尺度吧。

本质上都是一回事，就是道，齐论的观点也就这样再一次被证明。科技日新月异，确实有很多新的东西层出不穷，但是可以肯定的是，人性并没有太多的变化。很多技术只不过是人性的反映而已，既有向善，亦有向恶，本与技术没有太多干系，只是人性的映射罢了。

如此，还是研究人吧，其他都是表面的东西。

原文

啮缺问乎王倪曰："子知物之所同是乎？"曰："吾恶乎知之！""子知子之所不知邪？"曰："吾恶乎知之！""然则物无知邪？"曰："吾恶乎知之！虽然，尝试言之：庸讵知吾所谓知之非不知邪？庸讵知吾所谓不知之非知邪？且吾尝试问乎女：民湿寝则腰疾偏死，鳅①然乎哉？木处则惴慄恂惧，猨猴然乎哉？三者孰知正处？民食刍豢②，麋③鹿食荐，蝍蛆④甘带，鸱⑤鸦耆鼠，四者孰知正味？猨猵狙⑥以为雌，麋与鹿交，鳅与鱼游。毛嫱丽姬⑦，人之所美也，鱼见之深入，鸟见之高飞，麋鹿见之决骤。四者孰知天下之正色哉？自我观之，仁义之端，是非之涂，樊然淆乱，吾恶能知其辩！"

啮缺曰："子不知利害，则至人固不知利害乎？"王倪曰："至人神矣！大泽焚而不能热，河汉沍而不能寒，疾雷破山、飘风振海而不能惊。若然者，乘云气，骑日月，而游乎四海之外。死生无变于己，而况利害之端乎！"

注释

①鳅（qiū）：即泥鳅。

②刍（chú）豢（huàn）：家畜。刍，吃草的动物，如牛、羊。豢，吃谷物的动物，如猪、狗。

③麋（mí）：一种食草的珍贵兽类，与鹿同科。

④蝍（jí）蛆（jū）：蜈蚣。

⑤鸱（chī）：猫头鹰。

⑥猵（biān）狙（jū）：一种类似猿猴的动物。

⑦毛嫱（qiáng）丽姬：古代两位著名的美人。

老马释途

啮缺与王倪都为上古时的贤人，未知的人物，王倪是啮缺的老师，这部分内容相当于是师徒之间的一段对话。

讲的是大家虽然观点各异，各有各的道理，但实际上未必都是本质，延续庄子一贯的齐论思想。"自我观之，仁义之端，是非之涂，樊然淆乱，吾恶能知其辩！"也就是讲，什么仁义呀，是非啊，太过复杂，也搞不清什么是本质。暗示大家的观点实际上都没有什么依据，全是一家之言。

而真正的圣人，是不惧生死的，当然也没有什么名利心，也就是掌握道的人。暗示这应该是我们追寻的方向，所谓的对错探讨都是偏见而已。

这里给出了修炼的方向，但是有点异议。贬低对名利的追求，使得大家耻于谈名利。如果有勇气承认人对名利的追求，又有何不妥？为何将对名利的追求认为是品格低下的，缺乏道德的？这本身是否是对人性的忽略？从这个角度讲，胸怀似乎不够宽广，内心不够强大。难道无为不是为了为吗？再想想！

原文

瞿鹊子问乎长梧子①曰："吾闻诸夫子②，圣人不从事于务，不就利，不违害，不喜求，不缘道，无谓有谓，有谓无谓，而游乎尘垢之外。夫子以为孟浪之言，而我以为妙道之行也。吾子以为奚若？"

长梧子曰："是黄帝之所听荧也，而丘也何足以知之！且女亦大早计，见卵而求时夜，见弹而求鸮[3]炙。予尝为女妄言之，女以妄听之。奚旁日月，挟宇宙，为其吻合，置其滑涽[4]，以隶[5]相尊？众人役役[6]，圣人愚芚[7]，参[8]万岁而一成纯。万物尽然，而以是相蕴。

注释

[1] 瞿鹊子、长梧子：杜撰的人名。
[2] 夫子：孔子，名丘，字仲尼，儒家创始人。
[3] 鸮（xiāo）：一种肉质鲜美的鸟。
[4] 滑（gǔ）涽（hūn）：淆乱昏暗。
[5] 隶：奴仆。
[6] 役役：驰鹜于是非之境。
[7] 芚（chūn）：浑然无所觉察的样子。
[8] 参：糅合。

老马释途

编了两个人的人名，又通过对话来说明道理，对名利、对世俗有着一种不屑，觉得超脱于世外好像才是圣人。

淳朴、自然才是大道，"万物尽然，而以是相蕴"。万物都是如此，互相促进，好像又不明就里，道可道就非常道了。"圣人愚芚，参万岁而一成纯。"圣人看上去是非常愚钝的，很多变化相互融合，浑然一体，原始的就是好的，去认识、去开发就会有问题，所以顺其自然，无欲无求。

建议大家无欲、无为，而大家又喜欢作为，甚至成为英雄，这本身就是一种矛盾。即使知其理，大家仍然要作为，如此，与其教化，不如引导；与其批评，不如接受。

我发现，先哲们基本上都是和人性较量的大师，并希望大家也这样。事实上，芸芸众生，率性而为者多，修行为道者寡。

就像一个企业，一个社会，我们必须承认存在碌碌之人，虽然我们都不认为自己是这样的人。如何让普通人不普通，并且普遍不普通，需要驱动、引导，甚至控制。

原文

"予恶乎知说生之非惑邪！予恶乎知恶死之非弱丧①而不知归者邪！丽②之姬，艾封人之子也。晋国之始得之也，涕泣沾襟，及其至于王所，与王同筐床，食刍豢，而后悔其泣也。予恶乎知夫死者不悔其始之蕲生乎！梦饮酒者，旦而哭泣；梦哭泣者，旦而田猎。

方其梦也，不知其梦也。梦之中又占其梦焉，觉而后知其梦也。且有大觉而后知此其大梦也，而愚者自以为觉，窃窃然知之。君乎，牧③乎，固哉！丘也与女，皆梦也；予谓女梦，亦梦也。是其言也，其名为吊诡④。万世之后而一遇大圣，知其解者，是旦暮遇之也！

注释

①弱丧：从小流浪异乡。
②丽：丽戎，春秋时的小国。
③牧：牧夫，指所谓卑贱的人。
④吊诡：怪异。吊，至。

老马释途

庄子进一步反问：什么是好事？什么是坏事？什么是真实？什么是梦境？现实中确实难以回答，因为它们确实可以相互转化，关键看放到什么样的时间跨度看，只是可惜大部分人悟不出其中道理。

"万世之后而一遇大圣，知其解者，是旦暮遇之也！"万代后，如果有一位大圣人能悟出这其中道理，应该也是偶然事件。说白了，这不是一件容易的事情。

就像一个人一样，面对一件特别纠结的事情，放到当下确实纠结，一年后可能就不纠结了，变成一件小事了；放到一辈子来看，可能本人都不会记得这件事情。甚至不好的事情，可能就变成了一件大好事的转折点或契机。而放到人类社会中，这根本不会留下什么痕迹。把时间拉长来看的话，就难分什么好与坏、真与假了。

时间可以改变一切，老庄一直在终点等我们，只是人的生命是有限的，难免着急，这可能也是个问题吧。除非生死本一物，情况或许就不同了。

原文

"既使我与若①辩矣，若胜我，我不若胜，若果是也，我果非也邪？我胜若，若不吾胜，我果是也，而果非也邪？其或是也，其或非也邪？其俱是也，其俱非也邪？我与若不能相知也，则人固受其黮②暗，吾谁使正之？使同乎若者正之，既与若同矣，恶能正之？使同乎我者正之，既同乎我矣，恶能正之？使异乎我与若者正之，既异乎我与若矣，恶能正之？使同乎我与若者正之，既同乎我与若矣，恶能正之？然则我与若与人，俱不能相知也，而待彼也邪？"

注释

①若：你。
②黮（dǎn）：阴暗。

老马释途

辩论中的输赢实际上并非输赢，辩论中的对错并非对错，辩论中的是是非非不重要，更多的只是观点而已，是非本可相互转化。

一句话，讲道理是一种笑话，讲是非更是一种偏见。本质上去探讨，更多的可能只是利益之争，只是找了些理由来证明自己，并自圆其说。试图说服别人，虽然别人未必同意，但自己竟然深信不疑了，甚至忘记了初衷。

如此，还有真理吗？还有真相吗？我们似乎一直在追寻真理、真相，但又不求甚解。按庄子的想法，应该用无穷的变化来应对，如此，似乎世界不可知了。

我发现，错误往往发生在自以为是之后，敬畏心往往可以令我们常保胜利。如此看来，人生确实是一个不容易的过程，赎罪也就自然而然了。

原文

"何谓和之以天倪？"

曰："是不是，然不然。是若果是也，则是之异乎不是也亦无辩；然若果然也，则然之异乎不然也亦无辩。化声之相待，若其不相待，和之以天倪，因之以曼衍，所以穷年也。忘年忘义，振于无竟，故寓诸无竟。

老马释途

是不是，然不然，正确不正确，是是非非实际没有什么价值，顺其自然即可。换句话说，这世界上本没有什么是非对错，应该都是人们折腾出来的。

就像公司的年度复盘会，负责不同板块的人有不同的观点，站在每一板块来讲都是对的，但站到别人的角度未必就是对的了。

所以圣人都是忘记生死，突破是非的，也就没什么纠结的了。"本来无一物，何处惹尘埃。"

实际上这只是一个选择而已了，不是一家人不进一家门，进了一家门就是一家人。这还是根本，外在的实际都不是主要的，问题实际上在于自己。

如此，实际上就找到路径了，只是我们习惯于向外找，就只能越来越糊涂了。"自知者明，知人者智"，太多"智"的人，太少"明"的人。

思想的引导，制度的驱动，似乎才能让人们了解自己，了解世界。如此，应该就是天人合一了，让我们再想想吧。遗憾的是，更多的是我们在复制，没太大进步，这本身就是一个不好的消息。人希望不改变过程，希望改变结果，所以也就郁闷了。

原文

罔两[①]问景曰："曩[②]子行，今子止；曩子坐，今子起。何其无特操与？"景曰："吾有待而然者邪？吾所待又有待而然者邪？吾待蛇蚹[③]蜩翼邪？恶识所以然？恶识所以不然？"

注释

①罔两：影子之外的微阴。
②曩（nǎng）：以往，从前。
③蚹（fù）：蛇肚腹下的横鳞。

老马释途

"恶识所以然？恶识所以不然？"影子说："我哪里明白发生现在这样的事情的原因是什么，哪里知道不发生这样的事情，原因又是什么？"讲白了就是不可知论。

一步步地说明人的渺小，大道的深奥，倡导敬畏、无为。所有的事情都是那个事儿，齐物，也就是道，没有什么特别之处，没有什么区别，只是大家的角度不同而已。

我发现共识很重要，以为掌握大道的人基本上很难改变，道不同不足为谋，道同又是件很难的事，所以人的选择就很重要了。同频了事半功倍，否则就是鸡同鸭讲。

而这种选择又不可被个人喜好所左右，否则将会迷了双眼，选择也是错误的，故而还是修炼的问题。曾经研究曾国藩的冰鉴识人，遗憾的是功力未够，也不是方法问题，是好恶的问题。结果往往是喜欢更改了本来，事与愿违。

原文

昔者庄周梦为胡蝶，栩栩然①胡蝶也，自喻适志与！不知周也。俄然觉，则蘧蘧然②周也。不知周之梦为胡蝶与，胡蝶之梦为周与？周与胡蝶，则必有分矣。此之谓物化③。

注释

①栩（xǔ）栩然：轻盈畅快的样子。
②蘧（qú）蘧然：惊惶的样子。
③物化：物我界限消除的境界。

老马释途

庄周梦为蝴蝶，分不清是庄子做梦化成蝴蝶，还是蝴蝶做梦化为了庄子。这实际是一件难以区分的事情。"此之谓物化"，也就是物我合一，相互转化。人和物本也很难区分，物物也本一物，观点不同，观点本为一论，总之，齐物、齐论。

大道至简，万法归宗，企业的关键问题还是利益问题。低层次的是物质利益，高层次的是精神利益，只是不同表现方式而已；也没什么高低贵贱，只是不同阶段、不同角度的不同匹配而已。本质上还是人性问题，人们的欲望与需求问题，并没有什么边界的需求。

老庄走了一条路，从根本上来解决，就是欲望，如果无欲，一切也就没什么了，也就天下太平、天下大同了。显然，这是反人性的。

企业的商业逻辑走了另一条路，利乃本质，无善恶，通过制度去规范，激发人性的善意，既满足了欲望，又让社会美好，天下大同，属顺势而为，依人性而设之。

两条道路，两种结果，本质上是一件事而已，暂且争论吧。

养生主

原文

吾生也有涯①，而知②也无涯。以有涯随③无涯，殆④已；已⑤而为知者，殆而已矣！为善无近⑥名，为恶无近刑，缘⑦督以为经，可以保身，可以全生⑧，可以养亲，可以尽年。

注释

①涯：边际。

②知：知识，才智。

③随：索求。

④殆：指疲惫不堪，神伤体乏。

⑤已：如此。

⑥近：接近。

⑦缘：顺着，遵循。

⑧生：通作"性"，本性。

老马释途

谈的是养生，讲的是思想。"吾生也有涯，而知也无涯。"人的生命是有限的，而对世界的认知是无限的，与其瞎折腾，不如顺其自然。也就讲得很清楚了，顺其自然就可以全生，可以尽年。

"缘督以为经"，讲的是遵循事物中虚之道，顺应自然，自然而然，也就是至高境界了。折腾半天也是瞎折腾，为什么折腾，无外乎是"欲"在作怪,"无欲"则不折腾,这似乎和几千年的发展并不相同,现实中发生的各种问题是庄子反对的,似乎老人家也早预料到了。

讲了半天,还是说无欲无求,生老病死本就是规律,虽然结果让大家没什么根本区别,但是过程还是需要争取的。如果不死的话,是否逻辑就发生了变化,或者"死"本身就是"生"的开始呢?

不败就是常胜,不死就是永生,这也可能是古人追求长生不老的根本原因吧。问题是,人也好,组织也好,迄今还没有发现永生的实证,或许我们还在路上。

看清楚了也就清楚了,看不清也就永远不清楚,清楚往往更加不幸,不清楚往往更幸福。偏要追求清楚,也就是一辈子在追求不幸了。

原文

庖[1]丁为文惠君解牛,手之所触,肩之所倚,足之所履,膝之所踦,砉然[2]响然,奏刀騞然[3],莫不中音,合于《桑林》之舞,乃中《经首》之会。

文惠君曰:"嘻,善哉!技盖至此乎?"庖丁释刀对曰:"臣之所好者道也,进乎技矣。始臣之解牛之时,所见无非全牛者。三年之后,未尝见全牛也。方今之时,臣以神遇而不以目视,官知止而神欲行。依乎天理,批大郤,导大窾[4],因其固然;技[5]经肯綮之未尝,而况大軱[6]乎!良庖岁更刀,割也;族庖月更刀,折也。今臣之刀十九年矣,所解数千牛矣,而刀刃若新发于硎。彼节者有间,而刀刃者无厚。以无厚入有间,恢恢乎其于游刃必有余地矣,是以十九年而刀刃若新发于硎。虽然,每至于族,吾见其难为,怵然为戒,视为止,行为迟,动刀甚微。謋然[7]已解,如土委地。提刀而立,为之四顾,为之踌躇满志,善刀而藏之。文惠君曰:"善哉!吾闻庖丁之言,得养生焉。"

注释

①庖（páo）：厨师。
②砉（huā）然：皮肉分离的声音。
③騞（huō）然：以刀快速割牛的声音。
④大窾（kuǎn）：骨节间较大的空隙。
⑤技（zhī）：通作"枝"，指支脉。
⑥軱（gū）：大骨。
⑦謋（huò）然：散开的样子。

老马释途

"庖丁为文惠君解牛"，让牛自然而然地分解开来，还合着音律，合着《桑林》之舞，可谓技术高超，游刃有余。

文惠君曰："善哉！吾闻庖丁之言，得养生焉。"文惠君听完了庖丁对解牛的介绍，自己就知道如何养生了，无外乎顺其自然，自然而然。

人类社会的技术进步一跃千里，现在解牛有更高效、更游刃有余的现代化方式，我想这是庄子未曾预料到的。但是他也预料到了实际人性这么多年并未有太大变化，很多时候人与人之间的交往实际上在循环往复。历史上的朝代很多也在复制社会治理的模式，思想几千年并无太大变化。

如此，还是要进行区分的，换句话讲，实际上很多折腾并没有什么新鲜事情，但科技的进步确实产生了很多新奇的表现。

美国生物学家爱德华·威尔逊曾讲过一句话："人类真正的问题是：我们有旧石器时代的情感、中世纪的组织机构和上帝般的先进技术。"很多现代的社会机构在中世纪已经存在了，产生了很多先进的新型技术，但人类对待万事万物的情感没有什么变化，根本制度也变化不大，这是不是不可思议？

如此古老的情感，碰上不断前进的新型技术，是福是祸也未可知，什么变了，什么在变，什么一直没变也就很清楚了。

原文

公文轩①见右师而惊曰："是何人也？恶乎介②也？天与？其人与？"曰："天也，非人也。天之生是③使独也，人之貌有与④也。以是知其天也，非人也。"

泽雉⑤十步一啄，百步一饮，不蕲⑥畜乎樊中。神虽王⑦，不善也。

注释

①公文轩：相传为宋国人，复姓公文，名轩。

②介：独，只有一只脚。

③是：此。

④与：赋予。

⑤雉（zhì）：雉鸟，俗称野鸡。

⑥蕲（qí）：祈求，希望。

⑦王（wàng）：通作"旺"，旺盛。

老马释途

又是一段对话，首先讲的是公文轩问右师："你只有一只脚，是天生的还是后天的？"右师讲是天生的，并且认为这是上天给他的相貌，并非后天的。这里似乎看到了公文轩惊讶的表情，实际上讲的还是万物本是天注定，没有什么大惊小怪的。

"君子坦荡荡，小人长戚戚"，本来是件很简单的事情，很多人会把事情弄得很复杂，殊不知自己是问题的根源。由于缺乏反省能力，缺乏持续自我批判的能力，也就只能停滞不前了。

像一只野鸡，还是喜欢自由自在，即使吃不饱。看来万事万物还是顺其自然的好，如果违反本来，可能只是短期的繁荣，从长期来讲未必是善的结果。

如此举例，还是在说明无为，虽然人类的很多东西几千年并未太多改变,但我们改变世界的结果和面临的场景,真是发生了巨大的变化,起码表面如此。这种融合是否本身就是人类的变化,人性的变化呢?如果只是认为人性不可变,似乎有些绝对,我看也是可以发生巨大变化的,但是福还是祸,确实未可知。

原文

老聃①死,秦失②吊之,三号而出。弟子曰:"非夫子之友邪?"曰:"然"。"然则吊焉若此,可乎?"曰:"然。始也吾以为其人也,而今非也。向吾入而吊焉,有老者哭之,如哭其子;少者哭之,如哭其母。彼其所以会之,必有不蕲言而言,不蕲哭而哭者。是遁天倍情,忘其所受,古者谓之遁天之刑③。适④来,夫子⑤时也;适去,夫子顺也。安时而处顺,哀乐不能入也,古者谓是帝之县解。"

指穷于为薪,火传也,不知其尽也。

注释

①老聃(dān):相传即老子,楚人,姓李名耳。
②秦失(yì):又写作"秦佚",虚拟人物。
③刑:规范,道理。
④适:正当。
⑤夫子:指老聃。

老马释途

《养生主》的最后一段,秦失去悼念老子,只是哭了几声就走了,老子的弟子就问他:"像你这样吊唁朋友可以吗?"

秦失的回答基本上就是老庄哲学,一个人来到这个世界上,该来则来,该走则走,这是自然而然的事情,何必矫情。"适来,夫子时也;适去,夫子顺也。"该来则来,该走则走,如此,应该不需要任何情感。

"指穷于为薪，火传也，不知其尽也。"火会灭，火种会传下去。火是什么，无外乎是一个组织的人们；火种是什么，无外乎是文化与组织系统。无情难有文化，有情难免轻信于人，又可能会对组织系统造成所谓英雄主义的破坏，这本身是一种矛盾。

旧石器时代的情感人类，因此而繁衍；先进的组织技术正在试图与其平衡，使其不尽也。人性既是个孩童，又是个成年人，仅此而已。

人间世

原文

颜回[1]见仲尼，请行。曰："奚之？"曰："将之卫。"曰："奚为焉？"曰："回闻卫君，其年壮，其行独。轻用其国，而不见其过。轻用民死，死者以国量乎泽若蕉，民其无如矣。回尝闻之夫子曰：'治国去之，乱国就之，医门多疾。'愿以所闻思其则，庶几其国有瘳[2]乎！"

仲尼曰："嘻！若殆往而刑耳！夫道不欲杂，杂则多，多则扰，扰则忧，忧而不救。古之至人，先存诸己而后存诸人。所存于己者未定，何暇至于暴人之所行！且若亦知夫德之所荡，而知之所为出乎哉？德荡乎名，知出乎争。名也者，相轧也；知也者，争之器也。二者凶器，非所以尽行也。"

注释

[1] 颜回：孔子的弟子，姓颜名回，字子渊，鲁国人。
[2] 瘳（chōu）：病愈。

老马释途

从本段开始进入《人间世》，内容似乎更落地些，来阐明"缘督以为经"，并陈述如何做到。

开篇就是颜回和老师孔子的对话，颜回准备去卫国，帮助年轻的国君治理卫国，听闻国君年轻气盛，问题多多。

孔子的回答给颜回浇了盆冷水，认为他修行还不够，更重要的是认为颜回希望追逐名利、争论是非，这会使人道德败坏，二者皆不善，不会有什么好结果的。

归根结底还是要无为，顺其自然。

现在我们做企业，也可能会受到这种思想的影响，不和团队谈收益、利益，只是谈修行、情怀，似乎基本是无用之物，甚至是完全背离人之初的本性，是有私心的。

如此，常人自有常人的活法，圣人自有圣人的活法，希望常人修炼为圣人，这本就是个不可能完成的任务，但是一个可以倡导的方向。

原文

"且德厚信矼①，未达人气；名闻不争，未达人心。而强以仁义绳墨之言，术暴人之前者，是以人恶有其美也，命之曰菑②人。菑人者，人必反菑之，若殆为人菑夫？且苟为悦贤而恶不肖，恶用而求有以异？若唯无诏，王公③必将乘人而斗其捷。而目将荧之，而色将平之，口将营之，容将形之，心且成之。是以火救火，以水救水，名之曰益多。顺始无穷，若殆以不信厚言，必死于暴人之前矣！

"且昔者桀④杀关龙逢，纣⑤杀王子比干，是皆修其身以下伛拊⑥人之民，以下拂其上者也，故其君因其修以挤之。是好名者也。昔者尧攻丛、枝、胥敖⑦，禹攻有扈。国为虚厉，身为刑戮。其用兵不止，其求实无已。是皆求名实者也，而独不闻之乎？名实者，圣人之所不能胜也，而况若乎！虽然，若必有以也，尝以语我来！"

> **注释**
>
> ①信矼（kòng）：信誉确实。
> ②菑（zāi）：同"灾"，灾害。
> ③王公：指卫君。
> ④桀：夏朝最后一个国君，素以暴虐著称于史。
> ⑤纣：商朝最后一个国君，史传又一个暴君。
> ⑥伛（yǔ）拊：曲身抚爱，指怜爱。
> ⑦丛、枝、胥敖：帝尧时代的三个小国的国名。

老马释途

继续对话，孔子告诉颜回，他这样去卫国并不会有什么价值，接下来讲了一大堆道理，意思还是要顺其自然。

不是说好心就可以办好事，搞不好"必死于暴人之前矣"。然后拿夏桀杀死的关龙逢、商纣王杀死的比干举例子，他们本身也是人才，注重修养，也有爱国之心，但核心是他们也追逐名利，也没有超脱。而后问颜回是怎么想的。

当然，如果都这么想，什么也不干就是了，显然这也是违背天性的，连孔子本人都周游列国，讲学育人，也参与治国。天下熙熙，皆为利来，天下攘攘，皆为利往。

如此，老庄还是有些悲观，把人性看透了也就无所事事了，问题是人的七情六欲又岂能消失。如此乱局，只会伴随人们一直存在。

与其逆之，不如顺之，适应人性可适应天下，这也是大部分人的选择。再伟大的圣人也要经历这个过程，浑身烟火气迈向清澈浩瀚未来，应该才是正道，继续折腾吧。

原文

颜回曰:"端而虚,勉而一。则可乎?"曰:"恶,恶可!夫以阳为充孔扬,采色不定,常人之所不违,因案人之所感,以求容与其心,名之曰日渐之德不成,而况大德乎!将执而不化,外合而内不訾①,其庸讵可乎!"

"然则我内直而外曲,成而上比。内直者,与天为徒。与天为徒者,知天子之与己皆天之所子。而独以己言蕲乎而人善之,蕲乎而人不善之邪?若然者,人谓之童子,是之谓与天为徒。外曲者,与人之为徒也。擎跽②曲拳,人臣之礼也,人皆为之,吾敢不为邪?为人之所为者,人亦无疵焉,是之谓与人为徒。成而上比者,与古为徒,其言虽教,谪③之实也;古之有也,非吾有也。若然者,虽直而不病④,是之谓与古为徒。若是则可乎?"仲尼曰:"恶,恶可!大多政法而不谍⑤,虽固亦无罪。虽然,止是耳矣,夫胡可以及化!犹师心者也。"

注释

①訾(zī):采取。
②跽(jì):跪拜。
③谪(zhé):指责。
④病:灾祸。
⑤谍:妥当。

老马释途

庄子讲了一段孔子和颜回的对话,相当于一段辩论。颜回认为:"端而虚,勉而一。则可乎?"也就是说,颜回认为,他外表端正、内心谦逊,并且勤奋努力,这样不就可以了吗?不至于卫国国君不认吧。

孔子认为这是不够的,虽然颜回表面如此,但心里不是如此,所以持续不了多久。我们发现,任何一件事情,如果不是自己内心认同,即使勉强为之，时间一长，也会暴露真面目，所以一定要从内心出发才有可能持续。事实上，很多人没有这样的内心，更不知道什么叫从心出发，这可能就是我们常讲的"巨婴"吧。成年人的心应该是安定的，如此，成年真不是易事。

一个人、一个组织，实际上都应如此，不忘初心，才会有力量，才会真正到达理想的彼岸。

原文

颜回曰："吾无以进矣，敢问其方。"仲尼曰："斋，吾将语若！有心而为之，其易邪？易之者，暤①天不宜。"颜回曰："回之家贫，唯不饮酒不茹荤者数月矣。如此，则可以为斋乎？"曰："是祭祀之斋，非心斋也。"回曰："敢问心斋。"仲尼曰："若一志，无听之以耳而听之以心，无听之以心而听之以气②！听止于耳，心止于符。气也者，虚而待物者也。唯道集虚。虚者，心斋也。"

颜回曰："回之未始得使，实自回也；得使之也，未始有回也。可谓虚乎？"夫子曰："尽矣。吾语若：若能入游其樊而无感其名，入则鸣，不入则止。无门无毒，一宅而寓于不得已，则几矣。绝迹易，无行地难。为人使易以伪，为天使难以伪。闻以有翼飞者矣，未闻以无翼飞者也；闻以有知知者矣，未闻以无知知者也。瞻彼阕者，虚室③生白，吉祥止止。夫且不止，是之谓坐驰，夫徇④耳目内通而外于心知，鬼神将来舍，而况人乎！是万物之化也，禹、舜之所纽也，伏戏、几蘧之所行终，而况散焉者乎！"

注释

①暤暤（hào）：通作"昊"，广大的意思。
②气：指构成宇宙万物的本原。
③虚室：空灵的精神世界。
④徇：使。

老马释途

这一段，孔子终于给出了答案，不过我一直在怀疑，这不像是孔子的意思，应该是庄子的观点。

就一个字"斋"，意思是去斋戒静心。"虚者，心斋也。"虚无才是心斋，换句话讲，忘掉自己才能找到自己，我们不明白自己的原因是太在乎自己了，只有无我才能真正找到自我。跳出人世间，才知人间疾苦，这本是常识，实为大道。

"气也者，虚而待物者也。"难道只有在虚空静寂的心境中，也就是静心才能找到大道，才会真正有力量？气定才能神闲，这不是容易的修炼，颜回竟然做到了，也算是高人了。按孔子的讲法，在这个前提下就可以去见卫国国君了。

静心、心斋，又是违背人之本性的，老庄的思想就是和人欲作对。心管理好了，也就长治了。常看到曾经的优秀企业在迅速发展过程中狂妄自大，最后出现大问题的情况，看来还是厚德不够。庄子讲不追求现实的成功和幸福，似乎走到了另一个极端。

原文

叶公子高①将使于齐，问于仲尼曰："王使诸梁也甚重，齐之待使者，盖将甚敬而不争。匹夫犹未可动，而况诸侯乎！吾甚栗之。子常语诸梁也曰：'凡事若小若大，寡不道以欢成。事若不成，则必有人道之患；事若成，则必有阴②阳之患。若成若不成而后无患者，唯有德者能之。'吾食也执粗而不臧，爨③无欲清之人。今吾朝受命而夕饮冰，我其内热与！吾未至乎事之情而既有阴阳之患矣！事若不成，必有人道之患。是两也，为人臣者不足以任之，子其有以语我来！"

仲尼曰："天下有大戒二：其一命也，其一义也。子之爱亲，命也，不可解于心；臣之事君，义也，无适④而非君也，无所逃于天地之间。是之谓大戒。是以夫事其亲者，不择地而安之，孝之至也；夫事其君者，不择事而安之，忠之盛也；自事其心者，哀乐不易施乎前，知其不可奈何而安之若命，德之至也。为人臣子者，固有所不得已。行事之情而忘其身，何暇至于悦生而恶生！夫子其行可矣！"

> **注释**
>
> ①叶公子高：楚庄王玄孙尹成子，名诸梁，字子高。
> ②阴：事未办成时的忧惧。
> ③爨（cuàn）：炊，烹饪食物。
> ④适：往、到。

老马释途

叶子高继续和孔子对话，认为不管自己成功与失败，都会受到国君的惩罚，以此问学孔子。

实际上孔子的回答依然是一个词："静心"，"行事之情而忘其身"也就万事大吉了。同时揭示了另一个规律："忘我"。绝大部分人是逃不出自己的情绪控制的，只是大家都在向外求，而没有向内求。

向内求的前提是要知道自己不知道，而大部分人不知道自己不知道，所以无敬畏之心，也就难有"忘我"的能力。只有到了更高层面，知道自己不知道，那么才有可能走向进步和升维。

而知道自己不知道，又会产生一个严重问题：自己会陷入恐惧，缺乏信心，反而可能还不如不知道自己无知来的幸福。

人的进步路途中可谓步步惊心，讲白了到处是坑，什么时候把常识弄清楚了，也就接近通透了。突然觉得庄子、孔子应该算是早期的心理学家了，这些特征人们这么多年没有什么根本变化。

原文

"丘请复以所闻：凡交，近则必相靡①以信，远则必忠之以言②。言必或传之。夫传两喜两怒之言，天下之难者也。夫两喜必多溢美之言，两怒必多溢恶之言。凡溢之类妄，妄则其信之也莫，莫则传言者殃。故法言曰：'传其常情，无传其溢言，则几乎全。'且以巧斗力者，始乎阳，常卒乎阴，大至则多奇巧；以礼饮酒者，始乎治，常卒乎乱，大至则多奇乐。凡事亦然，始乎谅，常卒乎鄙；其作始也简，其将毕也必巨。

"夫言者，风波也；行者，实丧也。风波易以动，实丧易以危。故忿设无由，巧言偏辞。兽死不择音，气息茀然③，于是并生心厉。克核大至，则必有不肖之心应之，而不知其然也。苟为不知其然也，孰知其所终！故法言曰：'无迁令，无劝成。过度，益④也。'迁令劝成殆事，美成在久，恶成不及改，可不慎与！且夫乘物以游心，托不得已以养中，至矣。何作为报也！莫若为致命⑤，此其难者！"

注释

①靡（mō）：通作"摩"，爱抚顺从的意思。
②忠之以言：用忠实的语言相交。
③茀（bó）然：勃然，怒气发作。
④益：越轨，超限。
⑤为致命：原原本本地传达国君的意见。一说"命"当讲作天命，即自然的意思，则全句大意是不如顺应自然。

老马释途

孔子继续告诫叶子高："夫传两喜两怒之言，天下之难者也"。两国之间的喜怒，语言的传递是一件非常困难的事情，实际上现代沟通学的相关研究表明，沟通本就是一件难事。

一个人用语言大概只能表达出自己想表达内容的百分之二十，一个人理解别人表达的意思大概也只有百分之二十，如此，相互沟通能交流的内容也就剩百分之四了，这似乎也证明了孔子的观点。

孔子还认为："凡事亦然，始乎谅，常卒乎鄙；其作始也简，其将毕也必巨"。讲的是凡事开始都是信任的，到最后反而会互相欺骗；开始的时候很简单，结束的时候很复杂。这似乎也是人与人相处的规律，实际上这个问题可以始也简、终也简的，就是丑话在前、规则在前。

孔子认为"且夫乘物以游心，托不得已以养中，至矣"，也就是讲顺乎天性，顺其自然，无可奈何，无欲就是上等方法了。实际上通过制定机制，还是可以驱动人人规范、人人自由的。

原文

颜阖①将傅卫灵公大子，而问于蘧伯玉曰："有人于此，其德天杀。与之为无方②，则危吾国；与之为有方，则危吾身。其知适足以知人之过，而不知其所以过。若然者，吾奈之何？"

蘧伯玉曰："善哉问乎！戒之，慎之，正女身也哉！形莫若就，心莫若和。虽然，之二者有患。就不欲入，和不欲出。形就而入，且为颠为灭，为崩为蹶。心和而出，且为声为名，为妖为孽。彼且为婴儿，亦与之为婴儿；彼且为无町畦③，亦与之为无町畦；彼且为无崖④，亦与之为无崖。达⑤之，入于无疵。

注释

①颜阖：鲁国的贤人。
②方：方圆，规矩。
③町畦（tǐng qí）：田间的界路，喻指分界、界线。
④崖：山边或岸边，喻指无边，没有约束。
⑤达：通达。

老马释途

这里又是用一段对话来讲明一个道理，我发现这是一种比较简单有效、容易被人接受的方式。像《理想国》也是如此，虽然东西方距离遥远，但先哲们似乎心有灵犀。

颜阖问计于蘧伯玉，想知道如何与卫太子相处，讲了一堆卫太子的问题，实际关键还是看自己怎么做。"戒之，慎之"，要警惕，要严于律己，这是问题的关键，就是讲了这样一个道理：自己是问题的根本所在。

"彼且为婴儿，亦与之为婴儿；彼且为无町畦，亦与之为无町畦；彼且为无崖，亦与之为无崖。"如果这句话理解了，就通达，不会有什么问题了，也就"入于无疵"了。假如他像一个婴儿，你也要像一个婴儿；假若他和你不分彼此，你也要和他不分彼此；假如他和你无拘无束，你也应该"无崖"，也就是无拘无束。

也就是讲，以对方为中心，顺其自然，自然而然，引导别人进入正确轨道，而非强行教化。这里讲得够细节了，以别人为中心，莫忘初心，顺其自然，目标自然而然会达到。

原文

"汝不知夫螳螂乎？怒①其臂以当车辙，不知其不胜任也，是其才之美②者也。戒之，慎之！积伐而美者以犯之，几矣。汝不知夫养虎者乎？不敢以生物与之，为其杀之之怒也；不敢以全物与之，为其决之之怒也。时其饥饱，达其怒心。虎之与人异类，而媚养己者，顺也；故其杀者，逆也。

"夫爱马者，以筐盛矢，以蜄③盛溺。适有蚊虻仆缘，而拊之不时，则缺衔、毁首、碎胸。意有所至而爱有所亡，可不慎邪！"

注释

①怒：奋起。
②是其才之美：即自恃才能太高。
③蜄（shèn）：这里指蛤壳。

老马释途

这一段讲了三个例子，实际上谈的是一个意思，给予的方法也是一个

《庄子》

逻辑。首先是螳臂当车，显然是自不量力。"不知其不胜任也"，还自以为是要警惕，不知己知彼应该是最悲哀的事情了。

再次讲了养虎人与老虎："虎之与人异类，而媚养己者，顺也；故其杀者，逆也。"老虎笑嘻嘻地向人摇尾巴，是因为养虎人顺应了老虎的习性；老虎生气把人伤害了，是因为养虎人违反了老虎的习性。

总而言之，老虎伤人与否，关键在于你是否能顺其自然，以其习性为依据。

还讲了爱马人与马的故事，"意有所至而爱有所亡，可不慎邪！"本来出发点是好的，却好心办坏事，反而使马受了惊，做出了伤害之举，要小心谨慎。换句话讲，明白好心未必能做好事，好事才可能是好心，就像知行合一，既知又能行，方为真知；知而不能做到，实为不知，只是以为知道罢了。

以万物为中心，你自然成为中心；以客户为中心，自然成为好的企业；以人民为中心，自然成为好的国君；以别人为中心，自然成为优秀的人。不幸的是，这种常识没有多少人真正去体悟和践行，只是知或讲，未必能做到，实际上并非知道，只是不知道自己不知道罢了。

原文

匠石之齐，至于曲辕，见栎社树。其大蔽数千牛，絜[①]之百围，其高临山，十仞而后有枝，其可以为舟者旁十数。观者如市，匠伯不顾，遂行不辍。弟子厌观之，走及匠石，曰："自吾执斧斤以随夫子，未尝见材如此其美也。先生不肯视，行不辍，何邪？"曰："已矣，勿言之矣！散木[②]也，以为舟则沉，以为棺椁则速腐，以为器则速毁，以为门户则液樠[③]，以为柱则蠹[④]，是不材之木也。无所可用，故能若是之寿。"

匠石归，栎社见梦[⑤]曰："女将恶乎比予哉？若将比予于文木邪？夫柤[⑥]梨橘柚，果蓏[⑦]之属，实熟则剥，剥则辱。大枝折，小枝泄[⑧]。此以其能苦其生者也，故不终其天年而中道夭，自掊[⑨]击于世俗者也。物莫不若是。且予求无所可用久矣，几死，乃今得之，为予大用。使予也而有用，且得有此大也邪？且也若与予也皆物也，奈何哉其相物也？而几死之散人，又恶知散木!"

匠石觉而诊其梦。弟子曰："趣取无用，则为社何邪?"曰："密! 若无言! 彼亦直寄焉，以为不知己者诟厉也。不为社者，且几有翦乎! 且也，彼其所保与众异，而以义喻之，不亦远乎!"

注释

①絜（xié）：用绳子量粗细。
②散木：无用之木。
③液樠（mán）：液体渗出。
④蠹（dù）：蛀蚀。
⑤见（xiàn）梦：托梦。
⑥柤（zhā）：楂。
⑦蓏（luǒ）：果实。
⑧泄（yè）：通作"抴"，用力拉的意思。
⑨掊（pǒu）：打。

老马释途

用一个木匠和自己徒弟的对话来说明"无用才是最大用"的道理，看似简单，实则寓意深刻。

徒弟发现师傅没有仔细看这棵大树，问为何，木匠石用一句来概括："是不材之木也。无所可用，故能若是之寿。"是一颗没有什么用处的树，因为如此，所以才活了这么久，长了这么大。看似很有用，实际上是无用导致的结果。

晚上木匠石做了一个梦，梦见树与他对话，实际上进一步讲明了上文的观点，"且予求无所可用久矣，几死，乃今得之，为予大用"，因为无用才保全了自己，才活了这么久，因为无用才有用的。

朴素的物极必反的辩证法，如此讲故事，人们会很容易理解。看到的可能不是真相，真相往往是没有看到的；讲的一般是表面，讲根本人们未必能听得进去。所以假象、谎言、妄语都是常态，大部分人也只能生活在其中。

　　本质是难看的，并非难以看到，只是不愿意看到；假象不是不知道，假象只是太美丽，不愿意接受这是假象，仅此而已。少数人的专利与多数人的狂欢也就这样诞生了，如何才能多数人掌握真相呢？实际上也是可以的。

原文

　　南伯子綦①游乎商之丘，见大木焉，有异，结驷②千乘，将隐芘③其所藾④。子綦曰："此何木也哉？此必有异材夫！"仰而视其细枝，则拳曲而不可以为栋梁；俯而视其大根，则轴解⑤而不可以为棺椁；咶⑥其叶，则口烂而为伤；嗅之，则使人狂酲⑦，三日而不已⑧。

　　子綦曰："此果不材之木也，以至于此其大也。嗟乎⑨神人，以⑩此不材！"宋有荆氏⑪者，宜楸柏桑。其拱⑫把而上者，求狙猴之杙⑬者斩之；三围四围⑭，求高名⑮之丽者斩之；七围八围，贵人富商之家求樿傍⑯者斩之。故未终其天年，而中道之夭于斧斤，此材之患也。故解之以牛之白颡者，与豚之亢鼻者，与人有痔病者，不可以适河。此皆巫祝以知之矣，所以为不祥也。此乃神人之所以为大祥也。

注释

①南伯子綦：人名，庄子寓言中的人物。

②驷（sì）：一辆车套上四匹马。

③芘（pí）：通作"庇"，荫庇。

④藾（lài）：荫。

⑤轴解：树干中心有裂缝。

⑥咶（shì）：通作"舐"，用舌舔。

⑦酲（chéng）：酒醉。

⑧已：止。

⑨嗟乎：感叹声。

⑩以：如。
⑪荆氏：地名。
⑫拱：两手相合。
⑬杙（yì）：小木桩，用来系牲畜的。
⑭围：一说指两臂合抱的长度。
⑮高名：指地位高贵、名声显赫的人家。
⑯椫（shàn）傍：指由整块板做成的棺木左右扇。

老马释途

又讲了一棵大树，子綦认为，"此果不材之木也，以至于此其大也"。讲白了，这棵树之所以长这么大，是因为它没有什么用。

如此，要辩证地看有用还是无用，有用之才可能是小用，无用之才本身可能就是大用。不可固定地看待一个事物，所有的东西都是变化的，至少是两面的，甚至可能是多面的。事物的复杂程度实际上是大部分人没有办法体会的，所有的人充其量只是盲人摸象而已。我一直在思考，人们为什么非要搞清楚事物的缘由。

应该是内心的好奇与恐惧引起的吧，清楚了就有数了，有数了就坦然了，坦然了就不恐惧了，如此也就踏实了。这样看来，我们一辈子的追求无外乎心神的安宁，不管是财富还是名气，只是支撑安宁的手段而已。

如果真正想清楚了，发现原来不过如此，那么我们还会纠结吗？本来没什么事，实际都是自己折腾出来的，只是认为有什么事罢了。

原文

支离疏①者，颐②隐于脐，肩高于顶，会撮③指天，五管④在上，两髀⑤为胁。挫针治繲⑥，足以糊口；鼓筴⑦播精，足以食十人。上征武士，则支离攘⑧臂而游于其间；上有大役，则支离以有常疾不受功⑨；上与病者粟，则受三钟⑩与十束薪。夫支离其形者，犹足以养其身，终其天年，又况支离其德者乎?

注释

①支离疏:假托的人名。

②颐:下巴。

③会撮:发髻。

④五管:五脏的穴道。

⑤髀(bì):股骨,这里指大腿。

⑥挫针治䋖(xiè):缝洗衣服。䋖,脏旧衣服。

⑦筴(cè):小簸箕。

⑧攘(rǎng):抒。

⑨功:当差。

⑩钟:古代粮食计量单位,合六斛四斗。

老马释途

描述的"支离疏","颐隐于脐,肩高于顶",下巴长在肚脐上,双肩长得比头还高,听起来就吓人,但竟然"犹足以养其身,终其天年"。换句话讲像支离疏那样身患残疾的人都可以活得很好,更何况有德之人呢?

也就是讲,拿了如此多"烂牌"的人也可以生活得好好的,我们还有什么不满意的呢?还有什么痛苦的呢?还不是自寻痛苦。

就像一个组织、一家企业、一个人,往往容易找到很多困难的理由,面对外界的不确定性,似乎我们的渺小与外界的不确定性是问题的根源,事实上果真如此吗?显然,一切的根源都是自己,都是自己折腾出来的。看来推卸责任是人们的天性,因为责任本身就是压力,会带来不适感,在我们的第一反应看来,这就是"害",不是"利",趋利避害的我们自然也就顺天性作出选择了。

凡事反省,凡事反思,凡事自我批判,那我们就应该在正确的轨道上了。"吾日必三省吾身",每日多反省自己,学会适当妥协,应该就可以持续精进了，那么身着破衣也会有锦衣的感受。

原文

孔子适①楚，楚狂接舆②游其门曰："凤③兮凤兮，何如德之衰也！来世不可待，往世不可追也。天下有道，圣人成焉；天下无道，圣人生④焉。方今之时，仅免刑焉。福轻乎羽，莫之知载；祸重乎地，莫之知避。已乎已乎！临人以德。殆乎殆乎！画地而趋。迷阳迷阳⑤，无伤吾行！郤曲郤曲⑥，无伤吾足。"

山木自寇也，膏火自煎也。桂可食，故伐之；漆可用，故割之。人皆知有用之用，而莫知无用之用也。

注释

①适：往。
②楚狂接舆：楚国的隐士，相传姓陆名通，接舆为字。
③凤：凤鸟，这里用来比喻孔子。
④生：保全性命。
⑤迷阳：一种多刺的草，即荆棘。
⑥郤（xì）曲：屈曲，指道路曲折难行。

老马释途

孔子到了楚国，楚国的隐士接舆一见面就讲了一堆楚国的坏话，意思基本就是，此地为不祥之地，没有前途。"凤兮凤兮，何如德之衰也！"是说孔子这样的凤凰，来到如此衰败的国家，意思是让他赶紧离开。

"福轻乎羽，莫之知载；祸重乎地，莫之知避。"幸福轻于羽毛，却不知如何享受；灾祸重于大地，却不知道如何回避。暗示孔子速速走开。遗憾的是没有听到孔子的答复，却迎来了一段庄子的评说。

"人皆知有用之用，而莫知无用之用也。"人们只知道有用东西的用处，而不了解无用东西的大用，而往往无用才是大用。暗示楚国如此差，可能这是大用之地，机会难得。

任何事情发生，福祸都是相互依存的，没有绝对的福，也没有绝对的祸，关键在于你如何认知，如何应对。就像一家企业，因为灾害会倒闭或经济效益变差，但一样的行业，一样的阶段，有的企业却因灾害上了个台阶，迎来了更好的局面。

如此，善于把任何事情变成好事的人是优秀的人，反之，则为普通之人。

德充符

原文

鲁有兀①者王骀，从之游者与仲尼相若。常季②问于仲尼曰："王骀，兀者也。从之游者与夫子中分鲁③。立不教，坐不议；虚而往，实而归。固④有不言之教，无形而心成者邪？是何人也？"仲尼曰："夫子，圣人也，丘也直⑤后而未往耳。丘将以为师，而况不若丘者乎！奚⑥假鲁国！丘将引天下而与从之。"

常季曰："彼兀者也，而王先生，其与庸亦远矣。若然者，其用心也独若之何？"仲尼曰："死生亦大矣，而不得与之变，虽天地覆坠，亦将不与之遗⑦。审乎无假而不与物迁，命物之化而守其宗也。"常季曰："何谓也？"仲尼曰："自其异者视之，肝胆楚越也；自其同者视之，万物皆一也。夫若然者，且不知耳目之所宜，而游心乎德之和；物视其所一而不见其所丧，视丧其足犹遗土也。"

常季曰："彼为己，以其知得其心，以其心得其常心⑧，物何为最之哉？"仲尼曰："人莫鉴⑨于流水而鉴于止水，唯止能止众止。受命于地，唯松柏独也正，在冬夏青青；受命于天，唯尧、舜独也正，在万物之首。

幸能正生⑩，以正众生。夫保始之征，不惧之实。勇士一人，雄入于九军⑪。将求名而能自要⑫者，而犹若是，而况官天地，府万物，直寓六骸，象耳目，一知之所知而心未尝死者乎！彼且择日而登假，人则从是也。彼且何肯以物为事乎！"

注释

①兀：通作"跀"（yuè），断足的刑法。
②常季：鲁国贤人，传说为孔子弟子。
③中分鲁：在鲁国平分。
④固：岂，表反问。
⑤直：通作"特"，仅，只。
⑥奚：何。
⑦遗：失，指消亡。
⑧常心：永恒不变的思想，即天道。
⑨鉴：照看，审察。
⑩正生：即正己，指端正自己的心性。
⑪九军：犹言千军万马。九，非实数。
⑫自要：自我要求。

老马释途

从这章开始，进入了新的篇章《德充符》，来谈道德。我发现这是众多先哲都会谈的话题，只是各自有自己的定义。老庄认为"道"为根本，德为忘形、忘情，顺其自然，而孔子显然讲的是礼义道德，大家各有理由而已。奇怪的是，这一章庄子讲了很多与孔子对话的故事，不知道是出于什么考虑。

这一段就是孔子与学生常季的对话，谈的是一个无脚之人王骀的事情。常季认为此人不可为师，孔子纠正道："连我都应该把他当成老师，'因为死生亦大矣，而不得与之变'。"看透生死之人应为圣人，了不起的人。

《庄子》

"审乎无假而不与物迁，命物之化而守其宗也。"因为王骀懂得无所依附而不跟着外界的变化而变化，不管如何变化、变迁，也可守住自己的宗旨、根本，这应该是老师。想起来觉得可笑，我们坐个飞机都害怕掉下来，开创一个新事物怕不成功，还是我们修行不够啊。

"夫保始之征，不惧之实。勇士一人，雄入于九军。"能够遵守最早的承诺，心中不惧，即使勇士一人也可挑战九军，如果连一只脚都害怕失去，还有什么是不害怕的呢？

先哲们一直追求的还是解决人性中一些与生俱来的恐惧与期待，老庄认为一切要依"道"而为。万物之灵的我们好像生来就带有一身毛病，生活的过程无外乎是治病的过程，即使没有病也可能被病覆盖，所以应有为。老庄的观点是顺其自然，应无为，但写了这么多，写得这么好，还是为了某些东西的。

就像一个企业，不管现在取得多大的成就在历史长河中都可忽略不计，但我们还是会为此争斗不休、竞争不止。最后发现，活在世上都是要折腾的，有的是有意为之，有的是被迫为之。我发现我们的做法在变，技术在变，情绪的底层逻辑似乎没有什么新奇，仅此而已。

原文

申徒嘉，兀者也，而与郑子产[①]同师于伯昏无人。子产谓申徒嘉曰："我先出则子止，子先出则我止。"其明日，又与合堂同席而坐。子产谓申徒嘉曰："我先出则子止，子先出则我止。今我将出，子可以止乎？其未邪？且子见执政而不违[②]，子齐[③]执政乎？"

申徒嘉曰："先生之门，固[④]有执政焉如此哉？子而说子之执政而后人者也？闻之曰：'鉴明则尘垢不止，止则不明也。久与贤人处则无过。'今子之所取大者，先生也，而犹出言若是，不亦过乎？"[⑤]

子产曰："子既若是矣，犹与尧争善。计[⑥]子之德不足以自反邪？"申徒嘉曰："自状[⑦]其过以不当亡者众，不状其过以不当存者寡。知不可奈何而安之若命，唯有德者能之。游于羿之彀中[⑧]，中央者，中地也，然而不中者，命也。人以其全足笑吾不全足者多矣，我怫然而怒；而适先生之所，则废然⑨而反。不知先生之洗我以善邪，吾之自寤邪？吾与夫子游十九年矣，而未尝知吾兀者也。今子与我游于形骸之内，而子索我于形骸之外，不亦过乎？"子产蹴然⑩改容更貌曰："子无乃称！"

注释

①郑子产：郑国的大政治家。
②违：回避。
③齐：跟……齐，一样，向……看齐。
④固：岂。
⑤后人：看不起人。
⑥计：计算，估量。
⑦状：陈述，申辩。
⑧彀（gòu）中：射程之内。彀，使劲张弓。
⑨废然：怒气消失的样子。
⑩蹴然：神色不安的样子。

老马释途

又虚拟两个人来进行对话，一位是申徒嘉，缺一只脚；一位是子产，是正常人。以子产挖苦申徒嘉来开始，显然，有点看不起身体有些缺陷的申徒嘉。

申徒嘉讲道："鉴明则尘垢不止，止则不明也。久与贤人处则无过。"镜子明亮的话，尘垢就落不上去，尘垢落上去了就不会明亮了，暗示子产糊涂了。经常和贤人相处，自己也会变得贤良，也就是近朱者赤，指出了子产在追求大道，不可自以为是。

子产开始反击："你这缺一只脚的人，还敢和我辩论。"多一只脚的人内心有一种自豪感，他应该反思反思。申徒嘉回应道："吾与夫子游十九年矣，而未尝知吾兀者也。"他跟了老师已经十九年了，老师从来没有认为他是缺了一只脚的人，但子产却如此认为，他觉得子产该反省下自己。结果自然是子产"子无乃称！"子产让申徒嘉不要再讲了，认怂了。

申徒嘉的一句话:"知不可奈何而安之若命,唯有德者能之",这应该是庄子的本意,懂得不可抗拒,并且愿意服从安排,顺其自然,只有德者能之。这样产生了厚德大度之人,这应是庄子的本意,但也产生了逃避,不思进取之徒,应该非庄子所愿,结论应该是识进退才是大道。

原文

鲁有兀者叔山无趾,踵①见仲尼。仲尼曰:"子不谨,前既犯患若是矣。虽今来,何及矣!"无趾曰:"吾唯不知务而轻用吾身,吾是以亡足。今吾来也,犹有尊足②者存,吾是以务全之也。夫天无不覆,地无不载,吾以夫子为天地,安知夫子之犹若是也!"孔子曰:"丘则陋矣。夫子胡不入乎?请讲以所闻!"无趾出。孔子曰:"弟子勉之!夫无趾,兀者也,犹务学以复补前行之恶,而况全德之人乎!"

无趾语老聃曰:"孔丘之于至人,其未邪?彼何宾宾以学子为?彼且蕲③以諔诡④幻怪之名闻,不知至人之以是为己桎梏⑤邪?"老聃曰:胡不直使彼以死生为一条,以可不可为一贯者,解其桎梏,其可乎?"无趾曰:"天刑之,安可解!"

注释

①踵:脚后跟,这里指用脚后跟走路。
②尊足:这里指道德修养。
③蕲(qí):求。
④諔(chù)诡:奇异。
⑤桎梏(zhì gù):镣铐。

老马释途

刚刚讲完无脚这一段又来讲无趾,似乎只有在明显缺陷的前提下,才能让人们明白其中的道理。

讲了两段对话，一段是孔子与无趾的对话，一段是无趾与老子的对话。无跂者似乎对孔子意见很大，对孔子期望很大，认为："夫天无不覆，地无不载，吾以夫子为天地，安知夫子之犹若是也！"天把一切都覆盖了，大地把一切都承载了，我把你当作天地，你却是这种人。气呼呼地离孔子而去了，孔子然后对学生们讲道："兀者也，犹务学以复补前行之恶，而况全德之人乎！"我们要努力，一个没有脚趾的人都在努力，以弥补曾经的不足，更何况我们这些手脚齐全的人呢？显然，孔子在三省己身。

无趾到了老子面前把孔子批了一遍，认为："天刑之，安可解！"老子讲得非常明确："胡不直使彼以死生为一条，以可不可为一贯者，解其桎梏，其可乎？"如果我们把生死、可与不可看成一体，就可解掉桎梏了。无生无死，无是无非。显然，无趾还在路上，没有领会两位贤人的意思。

每个人都是残缺的，每个组织也是不尽完善的，也就是都是无趾的，这实际是世间百态，如果能生死为一体，可不可为一贯者，也就可以解放自己了。

原文

鲁哀公问于仲尼曰："卫有恶人焉，曰哀骀它①。丈夫与之处者，思而不能去也。妇人见之，请于父母曰'与为人妻，宁为夫子妾'者，十数而未止也。未尝有闻其唱②者也，常和人而已矣。无君人之位以济乎人之死，无聚禄以望人之腹。又以恶骇天下，和而不唱，知不出乎四域，且而雌雄合乎前，是必有异乎人者也。寡人召而观之，果以恶骇天下。与寡人处，不至以月数，而寡人有意乎其为人也；不至乎期年，而寡人信之。国无宰，寡人传国焉。闷然③而后应，氾④然而若辞。寡人丑乎，卒授之国。无几何也。去寡人而行，寡人恤⑤焉若有亡也，若无与乐是国也。是何人者也？"

仲尼曰："丘也尝使于楚矣，适见㹠⑥子食于其死母者，少焉眴若⑦皆弃之而走。不见己焉尔，不得类焉尔。所爱其母者，非爱其形也，爱使其形者也。战而死者，其人之葬也不以翣⑧资；刖者之屦⑨，无为爱之。皆无其本矣。为天子之诸御，不爪翦，不穿耳；取⑩妻者止于外，不得复使。

形全犹足以为尔，而况全德之人乎！今哀骀它未言而信，无功而亲，使人授己国，唯恐其不受也，是必才全而德不形者也。"

哀公曰："何谓才全？"仲尼曰："死生、存亡、穷达、贫富、贤与不肖、毁誉、饥渴、寒暑，是事之变，命之行⑪也。日夜相代乎前，而知不能规乎其始者也。故不足以滑⑫和，不可入于灵府。使之和豫，通而不失于兑，使日夜无郤⑬而与物为春，是接而生时于心者也。是之谓才全。"

"何谓德不形？"

曰："平者，水停之盛也。其可以为法也，内保之而外不荡也。德者，成和之修⑭也。德不形者，物不能离也。"

哀公异日以告闵子⑮曰："始也吾以南面而君天下，执民之纪而忧其死，吾自以为至通矣。今吾闻至人之言，恐吾无其实，轻用吾身而亡其国。吾与孔丘，非君臣也，德友而已矣。

注释

①哀骀它：虚构的人名。
②唱：通作"倡"，倡导。
③闷然：无心的样子。
④氾（fàn）：同"泛"，漠不关心的样子。
⑤恤：忧虑。
⑥豘（tún）：同"豚"，小猪。
⑦眴（shùn）若：惊慌的样子。
⑧翣（shà）：棺材上的装饰，形同羽扇。
⑨屦（jù）：鞋子。
⑩取：通作"娶"。
⑪命之行：自然的运行，指非人为造成的情况变化。
⑫滑（gǔ）：通作"汩"，乱。
⑬郤（xì）：通作"隙"，间隙。
⑭成和之修：事得以成功、物得以顺和的极高修养。
⑮闵子：人名，孔子的弟子。

老马释途

一大段鲁哀公与孔子的对话,讲了一个基本的道理。"是必才全而德不形者也",一个样貌特别丑陋的人竟然可以让很多人爱戴、喜欢,一定是有原因的,就是才智完备而不显露的人。

似乎外在有所缺陷,内在往往会补偿,而且往往不会外露。"德不形者,物不能离也。"德不外露,万物自然就不能离开它了,内敛与有德,有水平与低调,也就成为必须同时存在的要素。换句话讲,这也真正成为人们的信条,影响我们到现在。

定义了什么叫才智完备,似乎有些天人合一的味道。"使之和豫,通而不失于兑,使日夜无郤而与物为春,是接而生时于心者也。是之谓才全。"心灵平和通达,与万物交融,像春天般生机勃勃,好像与天地之灵气相互加持。

最后鲁哀公终于听明白了:"吾与孔丘,非君臣也,德友而已矣。"以德相交才是最高境界,看事物、看人不应着眼于表面,关键在于内在,不外形的德才是核心关键,内化于心才是核心。通晓万物,天人合一,才是高人。

原文

闉①跂支离无脤说卫灵公,灵公说②之,而视全人,其脰③肩肩。瓮㼍④大瘿说齐桓公,桓公说之,而视全人,其脰肩肩。故德有所长而形有所忘,人不忘其所忘而忘其所不忘,此谓诚忘。故圣人有所游,而知为孽⑤,约⑥为胶,德为接⑦,工为商。圣人不谋,恶用知?不斫⑧,恶用胶?无丧,恶有德?不货,恶用商?四者,天鬻⑨也。天鬻者,天食也。既受食于天,又恶用人!有人之形,无人之情。有人之形,故群于人;无人之情,故是非不得于身。眇乎小哉,所以属于人也!謷乎⑩大哉,独成其天!

注释

①闉（yīn）：屈曲。

②说（yuè）：通"悦"，喜欢。

③脰（dòu）：颈项。

④瓮（wèng）瓷（àng）：腹大口小的陶制盛器。

⑤蘖（niè）：祸根。

⑥约：约束，指礼仪之类。

⑦德为接：把施德看作交接外物的手段。

⑧斫（zhuó）：砍削的意思。

⑨天鬻（yù）：大自然的养育。

⑩警（áo）乎：高大的样子。

老马释途

本段讲的是一个跛脚、驼背、缺唇的人，也是个有德之人，好像只有这样才能说明德的重要性。只有经历了痛苦的人，才可以谈幸福；只有经历过磨难的人，才可以谈成功。实际上这也是基本规律，经历过企业倒闭风险的企业管理者，更可能成为企业家。

"故德有所偿而形有所忘"，因为德行上超常，其他身体方面的一些问题与不足，往往会被大家忘记。当然，如果"形"上太超常，"德"似乎也会被忽略，这也是常态。不管什么方面，只要有超常的地方，一定是有才之人。

"有人之形，无人之情。有人之形，故群于人；无人之情，故是非不得于身。"有人的身体，而没有人的情绪，所以可以和人们相处，但不会和人们有是非纠结，这是很高的修为，达到圣人的境界了。最后得出结论，人力渺小，顺其自然才是大道。"眇乎小哉"，都是人力所为，"警乎大哉"，只有上天才能造就。

我有时候在思考，如果能心如止水，与万物通达互助，心平气和，自然而然也就万事大吉了。

原文

惠子谓庄子曰："人故无情乎？"庄子曰："然。"惠子曰："人而无情，何以谓之人？"庄子曰："道①与之貌，天与之形，恶得不谓之人？"惠子曰："既谓之人，恶得无情？"庄子曰："是非吾所谓情也。吾所谓无情者，言人之不以好恶内伤其身，常因自然而不益生也。"惠子曰："不益生，何以有其身？"庄子曰："道与之貌，天与之形，无以好恶内伤其身。今子外乎子之神，劳乎子之精，倚树而吟，据槁梧而瞑②，天选子之形，子以坚白鸣！"

注释

①道：即宇宙万物的本体。
②瞑（mián）：通"眠"，睡眠。

老马释途

《德充符》的最后一段内容，以庄子与惠子的对话结束，讲的还是人的问题，人性的问题，自然而然的问题。

"人故无情"，这是庄子的观点，显然惠子另有观点，认为人天生是有感情的，"既谓之人，恶得无情？"既然是人就一定是有感情的。显然，这是我们都会认同的观点。而且感情是人性中最不容易衡量的内容，当然，是可以明确分成几个部分的。这一直以来就是众多先哲的争论点，如情绪、知识、认知，似乎是既有先天，又有后天，比较复杂，不一而是。这好像也是我们一直修炼的部分，喜怒哀乐，恶有恶行，善有善行。

庄子却认为，"道与之貌，天与之形，恶得不谓之人"。道给予了容貌，天给予了形体，怎么不可以为人呢？顺其自然，自然而然即可。一切道为本源，包括人的情绪、感情，如此则可，否则都是多余动作。显然，这本身对每一个人来讲，就是一个难题。

大宗师

原文

知天之所为,知人之所为者,至矣。知天之所为者,天而生也;知人之所为者,以其知之所知,以养其知之所不知,终其天年而不中道夭者,是知之盛也。虽然,有患。夫知有所待①而后当,其所待者特未定也。庸讵知吾所谓天之非人乎?所谓人之非天乎?

注释

①有所待:有所依凭。

老马释途

大宗师,实际上讲的是老师,只是庄子的笔法较为宏大、优美,连老师的名字都起得特别。

"知天之所为,知人之所为者,至矣。"了解了自然万物,了解了人,也就什么都知道了。看来我们一直把人放在相当重要的地位,我们自己一点都不谦虚。

当然,庄子也指示,"夫知有所待而后当,其所待者特未定也"。人的认知还是很有局限性的,需要去验证,换句话讲,人力还是很渺小的,还是要敬畏自然。"所谓人之非天乎?"也就是说如何知道人们的行为不是发乎天性呢?

讲了半天,还是老老实实、顺其自然,乃为大道。就差讲管控欲望、非分之想。"知天之所为者,天而生也。"知道了这个道理,也就会顺其自然了。

大道至简，自然而然，只是人的情绪、情感似乎会主宰人本身。比起其他万物，好像人在这方面并无优势，但这恰也是人的特殊之处。

丰富的情感，既是我们的自豪之处，又是我们的弱点，这本身就是矛盾统一，人为人而傲，人为人而耻。

原文

故圣人之用兵也，亡国而不失人心；利泽施乎万世，不为爱人。故乐通物，非圣人也；有亲，非仁也；天时，非贤也；利害不通，非君子也；行名①失己，非士也；亡身不真，非役人也。若狐不偕、务光、伯夷、叔齐、箕子、胥余、纪他、申徒狄②，是役人之役，适人之适，而不自适其适者也。

注释

①行名：做事为取名声。
②狐不偕、务光、伯夷、叔齐、箕子、胥余、纪他、申徒狄：皆人名，传说中远古时代（唐尧、夏禹、商汤时代）的贤人，有的为不接受天下，有的为忠谏不被采纳，或投水而死，或饿死，或被杀害。

老马释途

进一步明确了圣人的标准，基本上就没有几个人能做到。怪不得讲"人非圣贤，孰能无过"。发现了问题，基本上是圣贤学说，而让很多人成为圣贤，本身是一件不可能完成的任务。突然理解了，为什么中国的父母都望子成龙、望女成凤，都希望子女卓越而不凡，但似乎我们真正应该让孩子们成为平凡的自己，独特的自己。

由此，也就理解为什么先哲的思想对我们影响深刻，但试图把少数人可以达到的高度作为大众的标准，这是否需要我们反思。突然有点担心，人人都是圣人的社会，将会如何呢？

"有亲，非仁也；天时，非贤也；利害不通，非君子也；行名失己，非士也；亡身不真，非役人也。"有偏爱的人非仁人；乘机行事的，非贤人也；不懂利害同时存在的非君子。

似乎明白了，一些人假修炼、真利益，说一套做一套，如此应该是庄子怎么也没有预料得到的。

大家都无所谓了，都成了"真人"、圣人。有点儿担心，圣贤学说看来不一定是百姓学说，这应该是需要我们深刻反省的。

原文

古之真人，其状义而不朋，若不足而不承；与乎其觚①而不坚也，张乎其虚而不华也；邴邴②乎其似喜乎，崔崔乎其不得已也！滀乎③进我色也，与乎止我德也，广乎其似世也，警乎其未可制也，连乎其似好闭也，悗乎④忘其言也。以刑为体，以礼为翼，以知为时，以德为循。以刑为体者，绰乎其杀也；以礼为翼者，所以行于世也；以知为时者，不得已于事也；以德为循者，言其与有足者至于丘也，而人真以为勤行者也。故其好之也一，其弗好之也一。其一也一，其不一也一。其一与天为徒，其不一与人为徒。天与人不相胜也，是之谓真人。

注释

① 觚（gū）：特立不群。
② 邴（bǐng）邴：欣喜的样子。
③ 滀（chù）乎：水聚起来的样子，形容人容颜和悦而有光泽。
④ 悗（mèn）乎：心不在焉的样子。

老马释途

继续谈何为"真人"，基本上庄子算是给了一个标准，非等闲之人可以企及。"其状义而不朋,若不足而不承"。有所不足,严肃而不矜持。如此,"真人"并非完人。

如果人要达到如此境界,一定会经历很多,人本来就很难达到这个境界。

有一句很有价值:"以刑为体,以礼为翼,以知为时,以德为循"。刑法为体,礼仪为辅助,智慧在积累,道德来遵守规律,这样似乎就完美了。这样来看,老庄思想中也有法家、儒家思想的表述,关于各派思想的分类可能也是我们后人做出吧,只是各有侧重,但也有不少交叉的部分,只是我们很容易产生偏见,并爱憎分明,最后甚至走向极端。天下本一家,只是不认识而已。

"天与人不相胜也,是之谓真人。"自然和人不相互对立,也就是天人合一,也就是"真人"了。尘归尘,土归土,人归人,天归天,如此而已。

原文

死生,命也;其有夜旦之常,天也。人之有所不得与,皆物之情也。彼特以天为父,而身犹爱之,而况其卓乎!人特以有君为愈乎己,而身犹死之,而况其真乎!

老马释途

生死有命,富贵在天,基本上这一段谈的就是这个道理了。"死生,命也。"换句话说,我们还折腾个啥?连自己的生死都做不了主,还是乖乖地顺其自然吧。

就像是"其有夜旦之常,天也",日夜交替出没,就是自然现象,不以我们的意志为转移。

"人特以有君为愈乎己,而身犹死之,而况其真乎!"人们总会认为国君一定比自己强大,并且希望他一辈子保护自己,而实际上他自己连生死都不能决定。话外音还是应该听天由命。

实际上,这里有一个问题,就每个个人来讲,庄子谈的都没有问题。

英雄的诞生，都是人们软弱的表现，英雄也都是凡人而已，真正可以持久的应该是人们创造的组织。

我们发现组织的生命力比某一个人要长得多，稳定得多，力量大得多，比如国家、企业，所以国家是否就是通过组织的建立来实现个人的自由，而不单单是靠自我修炼？因为组织更具备普遍性，圣人的打造与修炼实在不是老百姓可以达到的。

原文

泉涸，鱼相与处于陆，相呴①以湿，相濡②以沫，不如相忘于江湖。与其誉尧而非桀也，不如两忘而化其道。夫大块载我以形，劳我以生，佚我以老，息我以死。故善吾生者，乃所以善吾死也。

注释

①呴（xū）：张口出气。
②濡：同"濡"。

老马释途

"相濡以沫，不如相忘于江湖。"用唾沫相互润湿，还不如各忙各的，各自回到江湖中去，互相忘掉吧。这句话好像被后人引申了很多含义，庄子的本意是遵守大道即可，不可强求。

最后得出结论："故善吾生者，乃所以善吾死也"，也就是讲，我们可以把生看作好事，实际上也可以把死看作好事，也就是看透生死了。生老病死只是不同阶段而已，没有什么好坏优劣之分，各有价值。如果真如此，人也就无所恐惧，无所过分需求了，这也应该就是得道之人了，就是圣人了。

我发现这真不是件容易的事，人性基本与此相反。很多人连一个通过努力获得成果与财富的基本逻辑都不愿意接受，希望的工作就是钱多、活少、离家近，何况看透生死呢？这着实要求不低，只能是少数人的专利，大部分人不过是芸芸众生罢了。

该劳就劳，该老就老，该息就息，也就是开悟之人了。只是我们一直在与之斗争，没有顺其自然。人们一直努力的方向恰恰与之相反，是如何不劳，如何不老，如何不死，真是辛苦。

原文

夫藏舟于壑①，藏山于泽，谓之固矣！然而夜半有力者负之而走，昧②者不知也。藏小大有宜，犹有所遁③。若夫藏天下于天下而不得所遁，是恒物之大情也。特犯人之形而犹喜之。若人之形者，万化而未始有极也，其为乐可胜④计邪？故圣人将游于物之所不得遁而皆存。善妖善老，善始善终，人犹效之，又况万物之所系而一化之所待乎！

注释

①壑：深深的山谷。
②昧：通"寐"，睡觉。
③遁（dùn）："遯"字的异体，逃脱、丢失。
④胜（shēng）：禁得起。

老马释途

"若夫藏天下于天下而不得所遁，是恒物之大情也。"假如把天下藏在天下里就不会丢失，这就是事物普遍的道理，实际上讲的就是"道"。

"故圣人将游于物之所不得遁而皆存"，所以圣人会生活在各种事物都不会遗失的环境里，同一切共存亡，如此，圣人得道，得道即为圣人。圣人是道，道也是圣人。

如此看来，成为圣人实际上就是不普遍的人了，应该已脱离了普通人的低级趣味，换句话讲，可能也就没有了人们所讲的人情味儿、生活味儿了。问题是,这是否是我们的追求呢?如果不如此,痛苦也就自然而然伴随而来。

要人情味儿,要开心幸福,就要同时承受痛苦、苦难,如果没有痛苦了,也就没有快乐了,也就无所谓快乐和痛苦了,那么我们也就成为圣人了。

可以肯定的是,大部分人并不希望成为圣人,只是希望趋利避害,这应该也是庄子郁闷的地方了。

原文

夫道,有情有信,无为无形;可传而不可受,可得而不可见;自本自根,未有天地,自古以固存;神鬼神帝,生天生地;在太极之先而不为高,在六极之下而不为深,先天地生而不为久,长于上古而不为老。狶韦氏①得之,以挈②天地;伏戏氏得之,以袭③气母;维斗得之,终古不忒④;日月得之,终古不息;堪坏⑤得之,以袭昆仑;冯夷得之,以游大川;肩吾得之,以处大山;黄帝⑥得之,以登云天;颛顼得之,以处玄宫;禺强得之,立乎北极;西王母⑦得之,坐乎少广,莫知其始,莫知其终;彭祖得之,上及有虞,下及五伯⑧;傅说⑨得之,以相武丁,奄有天下,乘东维,骑箕尾,而比于列星。

注释

①狶(xī)韦氏:传说中的远古时代的帝王。

②挈(qiè):提挈,含有统领、驾驭的意思。

③袭:入。

④忒(tè):差错。

⑤堪坏(pēi):传说中人面兽身的昆仑山神。

⑥黄帝:即轩辕氏,传说中的古代帝王,中原各族的始祖。

⑦西王母:古代神话中的女神,居于少广山。

⑧五伯:旧指夏伯昆吾、殷伯大彭、豕韦、周伯齐桓、晋文。

⑨傅说(yuè):殷商时代的贤才,辅佐高宗武丁,成为武丁的相。

老马释途

这一段主要讲清楚了什么是"道",不像老子那么含蓄,"道可道,非常道",还是有进一步详细说明与阐释的空间的。

"夫道,有情有信,无为无形",道是确确实实真真存在的,但又是无形的,看不着摸不着的,怎么才能找到它,下一句就讲清楚了。"可传而不可受,可得而不可见。"可以感知到,道的确存在,但却不能讲出来,讲出来就不准确了;可以领悟却不可看到,就有点儿形而上了,也就只能成为小众的成果了。

不过话讲回来,底层逻辑的东西本应该就是小众,万事万物各司其职,大部分人的职责应该不在于此,让所有人得道本身就是违背道的。

结论是,各有各的活法,各有各的道。既是争论,又是进步的推动力,如此应该就可以释怀了。人分上中下,货有三等价,只是大家不认为自己是下,都是上不就可以了吗?准确地讲,都认为自己是上就可以了。

争论就是人类历史,话语权就是争夺的本质,仅此而已,何必非要找到公认的道呢,或者就没有公认一说。

原文

南伯子葵问乎女偊①曰:"子之年长矣,而色若孺子,何也?"曰:"吾闻道矣。"南伯子葵曰:"道可得学邪?"曰:"恶!恶可!子非其人也。夫卜梁倚有圣人之才②而无圣人之道,我有圣人之道而无圣人之才。吾欲以教之,庶几其果为圣人乎!不然,以圣人之道告圣人之才,亦易矣。吾犹守而告之,参日而后能外天下;已外天下矣,吾又守之,七日而后能外物;已外物矣,吾又守之,九日而后能外生;已外生矣,而后能朝彻③;朝彻,而后能见独④;见独,而后能无古今;无古今,而后能入于不死不生。杀⑤生者不死,生生者不生。其为物,无不将也,无不迎也,无不毁也,无不成也。其名为撄⑥宁。撄宁也者,撄而后成者也。"

《庄子》

> **注释**
>
> ①南伯子葵、女偊（yǔ）：均为人名。
> ②圣人之才：指明敏的、外用的才智。
> ③朝彻：如朝阳初起般明彻，指豁然彻悟。
> ④独：独立不改的大道。
> ⑤杀：灭除，含有摒弃、忘却之意。
> ⑥撄：扰乱。

老马释途

这一段话应该描述了一个人是可以通过学习得道的，虽然用的是对话，讲的实际上是庄子的观点。"而色若孺子，何也？曰：'吾闻道矣'。"也就是讲，得道之人看起来像小孩子一样年轻。

非常有逻辑地讲了一段推理，这在三玄中比较少见，一般是直接给答案的，这段推理应该是步步递进的。"已外生矣，而后能朝彻；朝彻，而后能见独；见独，而后能无古今；无古今，而后能入于不死不生。杀生者不死，生生者不生。"忘记自己的心性，就可心境明亮，进而感受到独立不改的"道"。基本上对一个人得道的过程进行了描述。

不生不死，无生无死，心境淡泊也就得道了，也就彻底觉悟了，不在三界中了，显然也就成为世外高人，所谓的圣人了。

如此，与佛家的修行也有类似之处，问题是圣人之学是否是大众之学，后面的实践证明这不是一回事。

众人生的名利心既破坏了淡泊，但实际也推动了社会进步，是去改变、教化，还是因势利导，这成为不同派别的选择。

原文

南伯子葵曰："子独恶乎闻之？"曰："闻诸副墨之子，副墨之子闻诸洛诵之孙，洛诵之孙闻之瞻明，瞻明闻之聂许，聂许闻之需役，需役闻之於讴，於讴闻之玄冥，玄冥闻之参寥，参寥闻之疑始。"

老马释途

南伯子葵的这一段问话，基本上把修炼得道的学习过程描述出来了，逻辑非常清晰。

"闻诸副墨之子"，首先从文字获得，文字又从"洛诵"获得，从话语、言语处获得；言语又从"瞻明"处获得，也就是眼见为实；而"眼见"又是从"聂许"，也就是耳闻处得到；耳闻又从"需役"，也就是实践中获得；实践又来源于"於讴"，也就是吟咏、传诵而来；传诵来源于"玄冥""参寥"，疑始空旷、静默、本源。讲了半天，一切来源于本源，这也就把得道的细节理出来了。

讲实话，道还是未可知，只是觉得修心到本源即可，而这个本源本身就是争论点，也就产生各个门派了。

所有的不同也是从本源开始的，"非常道"的"道"也就注定是玄学，非要那么具体，也就难免谬误频出了。

原文

子祀、子舆、子犁、子来①四人相与语曰："孰能以无为首，以生为脊，以死为尻；孰知死生存亡之一体者，吾与之友矣。"四人相视而笑，莫逆于心，遂相与为友。

注释

①子祀、子舆、子犁、子来：寓言故事中假托虚构的人名。

老马释途

这一段虽然简单，但讲清楚了什么是得道，什么是修炼的目标，"以无为首，以生为脊，以死为尻；孰知死生存亡之一体者"。也就是讲，以无作为头，把生当作脊柱，把死当作尾巴，也就知晓了，生死存亡本为一体，那就是得道之人了。

这也就是庄子一直讲的道，顺其自然，生死浑然一体。悟透生死，也就真正成圣人了。如此，发现我们大部分人惧生惧死，没有什么是不怕的，没有什么困难是愿意接受的，自然也就原地踏步了。

最近听到商会一位兄弟英年早逝，难免惋惜，也有些心情低落，虽然平时交往不多，但谁又能躲过这一天呢？看来修行的路还很长。

企业开会，看到个别伙伴对于变化，对于尝试的恐惧，一直在想，这可能也是大部分人的本来状态。真正的进步首先是需要勇气的，其次才是思路。谈生死给众人悟透，应该是一件不可能的事情，但又为何不接受呢？人与人的差距真的很大，这也应该是庄子需要看到的。

原文

俄而子舆有病，子祀往问之。曰："伟哉，夫造物者将以予为此拘拘也！"曲偻①发背，上有五管②，颐③隐于齐，肩高于顶，句赘④指天。阴阳之气有沴⑤，其心闲而无事，跰𨇤⑥而鉴于井，曰："嗟乎！夫造物者又将以予为此拘拘也！"

子祀曰："女恶之乎？"曰："亡，予何恶！浸假而化予之左臂以为鸡，予因以求时夜；浸假而化予之右臂以为弹，予因以求鸮炙；浸假⑦而化予之尻以为轮，以神为马，予因以乘之，岂更⑧驾哉！且夫得者，时也；失者，顺也。安时而处顺，哀乐不能入也，此古之所谓县⑨解也。而不能自解者，物有结之。且夫物不胜天久矣，吾又何恶焉！"

注释

①曲偻（lóu）：弯腰。

②五管：五脏的穴口。

③颐（yí）：下巴。

④句赘：颈椎隆起状如赘瘤。

⑤沴（lì）：阴阳之气不和而生出的灾害。

⑥跰𨇨（pián xiān）：走路蹒跚的样子。

⑦浸假：假使。

⑧更（gēng）：更换。

⑨县（xuán）：通"悬"，悬挂。

老马释途

举了两个例子，看透生死的问题也就不纠结了。"且夫得者，时也；失者，顺也。"生命来与去都是正常现象，不必那么多情绪。

我们在生活中看到的情况是，大部分人连基本的自我认知都不清晰，何况生死如此大事。所以一直在想庄子的思想为何没有让大部分人领会呢？或者讲只能是高处不胜寒的圣人之学，是为领袖们服务的，众生似乎只能糊涂下去了。就像达克效应所描述的，绝大部分人是不知道自己不知道的，又何来看淡生死问题。这中间的路径似乎西方的科学一直在试图打通，我们似乎在这方面缺乏有效的可操作步骤。

"安时而处顺，哀乐不能入也。"顺其自然，也就不会被喜怒哀乐所影响了，如此圣人中国历史上也很少见，这是否值得我们反思？如何让更多人走上正确的路径，应该是我们需要探讨的。实际上市场经济加上利他的价值创造，为自己也为别人，为别人也为自己，这样的机制应该是一种选择。

原文

俄而子来有病，喘喘然将死。其妻子环而泣之。子犁往问之，曰：

"叱！避！无怛①化！"倚其户与之语曰："伟哉造化！又将奚以汝为？将奚以汝适？以汝为鼠肝乎？以汝为虫臂乎？"

子来曰："父母于子，东西南北，唯命之从。阴阳于人，不翅②于父母。彼近吾死而我不听，我则悍矣，彼何罪焉？夫大块载我以形，劳我以生，佚我以老，息我以死。故善吾生者，乃所以善吾死也。今之大冶铸金，金踊跃曰：'我且必为镆铘③！'大冶必以为不祥之金。今一犯人之形而曰：'人耳！人耳！'夫造化者必以为不祥之人。今一以天地为大炉，以造化为大冶，恶乎往而不可哉！"成然寐，蘧然④觉。

注释

①怛（dá）：惊扰。
②不翅：不啻，不止，何止。翅，这里讲作"啻"。
③镆铘：宝剑名。
④蘧（qú）然：惊喜的样子。

老马释途

继续谈生死，这算是庄子的生死观了，这几乎是所有哲学家都要谈到的问题，但确实是大众不愿意面对的深刻问题。

通过子来得病的例子来说明，"故善吾生者，乃所以善吾死也"。把我的生当作好事的人，应该把我的死亡也当作好事。生死只不过是人生中的不同阶段而已，只是庄子不谈轮回，很多人还是喜欢轮回的。当然，轮回的实际就是还想回到"生"。

不过，大家都有一个想法：因为我不是圣人，所以孰能无过。也可以为我们找到一个措辞，圣人之学也只能是极少数人之学了，这可能是我们需要反省的，真正如此似乎才能真正度众生。

庄子的格局令人崇敬，"今一以天地为大炉，以造化为大冶，恶乎往而不可哉！"如果我们把天地作为一个大的熔炉，把造物者当作冶炼师，那我们不就只是被锻炼的工艺品吗？发生什么也正常，应该顺其自然，如此空间和格局也被拉大了。

原文

子桑户、孟子反、子琴张①三人相与友,曰:"孰能相与于无相与,相为于无相为?孰能登天游雾,挠挑无极,相忘以生,无所终穷?"三人相视而笑,莫逆于心,遂相与为友。

注释

①子桑户、孟子反、子琴张:庄子假托的人名。

老马释途

"孰能相与于无相与,相为于无相为?"能够交往好像没有交往,相互帮助好像又没有帮助,这才是真正的好朋友,君子之交淡如水的意思,同时也是朴素的辩证法。

"登天游雾,挠挑无极,相忘以生,无所终穷?"登上太空,游于云雾之间,上升到无穷尽的太空当中,又能相忘于生命,没有穷尽,没有尽头,那么大家就可以是莫逆之交了。庄子的笔调开阔,通天入地,给人们豁然的感受。

正如文中描述,能如此三人自然成为好友,并且都成为大宗师了,可称为世外高人,得道之人。

这也成为众多圣贤的修炼方向,君子如水之交,无私欲纠结,万事看得开,心胸广阔,胸怀宇宙,显然是圣人之道。这也一直延续了老庄的思想,无欲无求,顺其自然,自然而然。跳出五行外,不在三界中。

原文

莫然有间,而子桑户死,未葬。孔子闻之,使子贡往侍事焉。或编曲，或鼓琴，相和而歌曰："嗟来桑户乎！嗟来桑户乎！而已反其真，而我犹为人猗！"子贡趋而进曰："敢问临尸而歌，礼乎？"二人相视而笑曰："是恶知礼意！"

子贡反，以告孔子，曰："彼何人者邪？修行无有，而外其形骸，临尸而歌，颜色不变，无以命之。彼何人者邪？"

老马释途

子桑户去世以后，孔子派子贡去帮助料理后事，看到他的好友孟子反、子琴张鼓琴，相和而歌，子贡认为二者不守礼数，二人却回复道"是恶知礼意！"认为实际上是子贡不懂真正的礼仪。

子贡返回把这个情况告诉了孔子，孔子的描述与子贡想得截然相反。子贡认为"颜色不变，无以命之"，讲二人毫无悲伤神色，也就是讲孟子反、子琴张已经悟透生死，无生无死。生死只是一个人生命中不同的阶段而已，如此，恰好是庄子要表达的意思。

庄子通过这样一个故事，指出众人的问题。人既已死，为何要悲伤？教大家看透生死，而子桑户等三人正是我们需要学习的。

无欲自然强大，看透生死自然也就逍遥，这也是古来圣贤一直留下来的思想，只是众生好像距离此甚是遥远。

不知是圣贤错了，还是众生愚钝，这既是中国传统文化的优秀之处，恰好也是老庄学派的不足之处。如此，也属符合大道的，暂且慢慢品味。

原文

孔子曰："彼游方之外者也；而丘游方之内者也。外内不相及，而丘使女往吊之，丘则陋矣。彼方且与造物者为人，而游乎天地之一气。彼以生为附赘县疣，以死为决疣①溃痈②。夫若然者，又恶知死生先后之所在！假于异物，托于同体；忘其肝胆，遗其耳目；反复终始，不知端倪；芒然彷徨乎尘垢之外，逍遥乎无为之业。彼又恶能愦愦然③为世俗之礼，以观众人之耳目哉！"

注释

①疣（huàn）：皮肤上的肿包。
②痈（yōng）：毒疮。
③愦（kuì）愦然：烦乱的样子。

老马释途

孔子的这段话，基本上是庄子的意思，批评子贡没有悟到子桑户、孟子反、子琴张三位朋友的莫逆于心。孔子认为这些人都是逍遥世外的人，而我们这些世俗之人是理解不了别人的。

孔子认为这些人"假于异物，托于同体；忘其肝胆，遗其耳目"，忘掉了肝胆、耳目，出世之人的意思。基本上"芒然彷徨乎尘垢之外，逍遥乎无为之业"。茫茫然已出世，生活在自由自在的境界当中，基本可以认为是得道之人。

孔子如此谦逊，是圣人才有的格调，如此也在说明孔子对庄子的思想是认同的，有共通之处。

老庄之道，无为而为影响了中国几千年，既成为修炼奋进的哲学，因为真正要无为是要修炼的，也同时成为无所作为，消极避世者的依据。以避世为出世，以无所作为者作为无为者也不少。仁者见仁，智者见智罢了。

既看到了积极价值，也看到了消极影响，把祸福相倚诠释得非常精确，这应该也是题中之义。奋发有为的创新，企业不断发展的颠覆似乎与此相距甚远，但往往出现奋进者很多最终归于无为。

原文

子贡曰："然则夫子何方之依？"孔子曰："丘，天之戮民也。虽然，吾与汝共之。"子贡曰："敢问其方？"孔子曰："鱼相造乎水，人相造乎道。相造乎水者，穿池而养给；相造乎道者，无事而生①定。故曰：鱼相忘乎江湖，人相忘乎道术。"子贡曰："敢问畸人②。"曰："畸人者，畸于人而侔③于天，故曰：天之小人，人之君子；人之君子，天之小人也。"

注释

①生：通作"性"，"生定"即性情平静安适。
②畸人：即奇异的人，这里指不合于世俗的人。
③侔（móu）：齐同。

老马释途

我发现在战国时期，辩论大行其道，大家互相论战似乎也是常态，师生对话也是常态，并据此来传播道理，教化人民。这个时期好像东西方有很多的相同之处，并如此来传播各门各派的思想。而这不同的思想交锋恰好成就了文化的迅猛发展，创新、突破也就成家常便饭。

但随着时间的推移，大家都似乎选择了一种观点，趋于统一，如此活力也就逐渐消失了。

子贡与孔子的对话继续传播得道、修道之术，"鱼相忘乎江湖，人相忘乎道术"。自然而然，鱼相忘于江湖，无情；人们相互不干涉在大道中，无义，如此也就成大道了。

"天之小人，人之君子；人之君子，天之小人也。"自然中的小人就是人世间的君子，人世间的君子就是自然界的小人，仅此而已，没有什么特别的。言外之意都是自己折腾出来的，顺其自然才是最高境界。问题是人生无为人生何来，握手而来，胸怀豪情，撒手而去，心有不甘，真是难弄。

原文

颜回问仲尼曰："孟孙才①，其母死，哭泣无涕，中心不戚，居丧不哀。无是三者，以善处丧盖鲁国，固有无其实而得其名者乎？回壹怪之。"

仲尼曰："夫孟孙氏尽之矣，进于知矣，唯简之而不得，夫已有所简矣。孟孙氏不知所以生，不知所以死。不知就②先，不知就后。若化为物，以待其所不知之化已乎！且方将化，恶知不化哉？方将不化，恶知已化哉？吾特与汝，其梦未始觉者邪！且彼有骇形③而无损心，有旦宅④而无情死。孟孙氏特觉，人哭亦哭，是自其所以乃⑤。且也相与'吾之'耳矣，庸讵知吾所谓'吾之'乎？且汝梦为鸟而厉乎天，梦为鱼而没于渊。不识今之言者，其觉者乎？其梦者乎？造适不及笑，献笑不及排，安排而去化，乃入于寥天一。"

注释

①孟孙才：人名，复姓孟孙。
②就：趋近，追求。
③骇形：指人死之后形体必有惊人的改变。
④旦宅：通"怛咤"，惊惧的样子。
⑤乃：如此。

老马释途

通过孔子与颜回的对话，继续谈生与死的问题。颜回发现孟孙才的母亲去世了，他却没有眼泪，就这种情况问孔子，并且认为孟孙才"固有无其实而得其名者乎"，也就是名不符实。

孔子认为"唯简之而不得，夫已有所简矣"。人们都想简化丧礼，并且孟孙才做到了，而且做得很好，真正认识到了生死本为一物的不同阶段而已。"造适不及笑，献笑不及排。"非常开心来不及笑出来，发出笑声还来不及消除。"安排而去化，乃入于寥天一。"顺其自然、生死更替，便进入到虚空的天道了，也就得道了，如此也就是大为了。

看透生死、顺其自然，也就得道了。生死关头还能谈笑风生，应该就是得道了吧。

成年人越来越充满幽默感，越来越能接受很多以前不能接受的东西，这是靠近天命，准备得道的表现，还是丧失斗志的放弃呢？庄子认为放弃才是大道，无为才是有为，生死本就是一回事。

原文

意而子①见许由。许由曰："尧何以资汝？"意而子曰："尧谓我：'汝必躬服仁义而明言是非。'"许由曰："而奚来为轵？夫尧既已黥②汝以仁义，而劓③汝以是非矣。汝将何以游夫遥荡恣睢转徙之涂乎？"意而子曰："虽然，吾愿游于其藩。"

许由曰："不然。夫盲者无以与乎眉目颜色之好，瞽④者无以与乎青黄黼黻⑤之观。"意而子曰："夫无庄之失其美，据梁之失其力，黄帝之亡其知，皆在炉捶之间耳。庸讵知夫造物者之不息我黥而补我劓，使我乘成以随先生邪？"

许由曰："噫！未可知也。我为汝言其大略：吾师乎！吾师乎！齑⑥万物而不为义，泽及万世而不为仁，长于上古而不为老，覆载天地、刻雕众形而不为巧，此所游已。"

注释

①意而子：虚拟的人名。
②黥（qíng）：古代用刀刺刻在犯人的额颊等处，再涂上墨的一种刑罚。
③劓（yì）：古代割鼻的一种刑罚。
④瞽（gǔ）：瞎眼。
⑤黼黻（fǔ fú）：古代礼服上绣的花纹。
⑥齑（jī）：调和。

老马释途

庄子进一步从另一个角度来谈什么是得道。从这个角度来讲，庄子把老子的"非常道"可讲了不少，并从不同的角度试图说明什么是得道。

用意而子与许由这二位的对话来进行描述，首先是用一段比喻来说明，"夫无庄之失其美，据梁之失其力，黄帝之亡其知，皆在炉捶之间耳"。都是因为道的锤炼，无庄失去了美丽，据梁也不再逞能，皇帝也放弃了自己的智慧，换句话讲，在道面前，什么美丽、力量、智慧都是不值一提的。

最后描述了一段得道的情境，"此所游已"，让我们更加理解何为道。"不为义""不为仁""不为老""不为巧"，也就是道了。如此，道就是什么也不是又什么都是，什么也不用做，顺其自然，一切问题也就迎刃而解了。

存天理，也就是道；灭人欲，也就是道。如此，整个不需进步的社会就是最好的社会，这对我们既是坏事又是好事。这也就让我们有了一种追求，"万全"事实上又会存在，只有缺憾才是常态。也就是不断修房子，破坏房子，同时进行着。按庄子的看法，我们这几千年的进步都是瞎折腾了。

原文

颜回曰："回益矣。"仲尼曰："何谓也?"曰：回忘仁义矣。"曰："可矣，犹未也。"他日复见，曰："回益矣。"曰："何谓也?"曰："回忘礼乐矣。"曰："可矣，犹未也。"他日复见，曰："回益矣。"曰："何谓也?"曰："回坐忘①矣。"仲尼蹴然②曰："何谓坐忘?"颜回曰："堕肢体，黜聪明，离形去知，同于大通，此谓坐忘。"仲尼曰："同则无好也，化则无常也。而果其贤乎！丘也请从而后也。"

注释

①坐忘：端坐静心而物我两忘。
②蹴（cù）然：惊奇不安的样子。

老马释途

通过颜回与孔子的沟通，描述了修道的过程，并可以最终得道。"忘仁义"，然后又"忘礼乐"，然后"坐忘"，这样也就得道了。换句话讲，忘记所有,包括自己,进入虚空也就得道了,这和佛家的修炼坐化颇有类似之处。

"堕肢体,黜聪明,离形去知,同于大通,此谓坐忘。"废掉身体,放下智慧,与大道浑然一体,也就得道了,"坐忘"了。怎么越看越觉得像"坐化"呢?如此,几位先哲圣人的思想还是有很多共通之处的。

人一旦大无畏,无所畏惧,实际上也就没有什么战胜不了了。由此,思想、信仰还是最有力量的,也是最不可衡量的。从一个组织来讲,信仰与文化是这个组织真正的不可战胜的力量。当然,它们的形成是可以看到的,甚至是可为的,这也是我们一直在历史中发现的层出不穷的英雄事迹,这可能是不为之大为吧,也是庄子始料未及的吧。

孔子最后做了一个总结,"同则无好也,化则无常也",如此颜回就可以成为贤人了,同也就是与大道通一,化就是顺应变化,进一步对道进行了说明。

发现一个规律,再懦弱的灵魂,在伟大信仰的场景中也会伟大,而只有真正的英雄是率先开始伟大的人。人们还是需要英雄的,如果你有独立的思想,那么应该就能做到庄子所说的"得道"吧。

原文

子舆与子桑友,而霖雨①十日,子舆曰:"子桑殆②病矣!"裹饭而往食之。至子桑之门,则若歌若哭,鼓琴曰:"父邪?母邪?天乎?人乎?"有不任其声而趋举其诗焉。

子舆入,曰:"子之歌诗,何故若是?"曰:"吾思夫使我至此极者而弗得也。父母岂欲吾贫哉?天无私覆,地无私载,天地岂私贫我哉?求其为之者而不得也。然而至此极③者,命也夫!"

注释

①霖雨:连绵不断地下雨。霖,阴雨三日以上。
②殆:恐怕,大概。
③极:绝境。

老马释途

《大宗师》读完了，忽然间有所悟：圣人得道不就是个人独立、有独立思想吗？但是群体主义下的被道裹胁，加上自己的乌合行为，也往往会诞生独立人格下的超自然战斗力，这似乎也是我们始料未及的。

不过从另一个角度来讲，物极必反，争论的多方底层思想可能并无什么不同，这也是东西方为何争论了这么多年，谁也没有改变谁，但又在相互改变中的逻辑吧。

子舆与桑友的对话似乎也以此结束。"天无私覆，地无私载，天地岂私贫我哉？"天地本无私大公，为何会偏偏让我贫穷呢？换言之，即使身处不顺，也很乐观，无外乎是天命而已。如此，好像也就解释通了。

我发现一个组织的基础是信仰与梦想，组织是支撑，无形与有形交融形成战斗力。很多东西也很难分出有无，只是相对而已。有无互生，只是我们习惯进行分类罢了。留下的和逝去的，价值同等重要，是多维的，也是一维的，只是盲人摸象罢了。

应帝王

原文

啮缺问于王倪[①]，四问而四不知。啮缺因跃而大喜，行以告蒲衣子[②]。

蒲衣子曰："而乃今知之乎？有虞氏不及泰氏[③]。有虞氏其犹藏仁以要[④]人，亦得人矣，而未始出于非人[⑤]。泰氏其卧徐徐，其觉于于，一以己为马，一以己为牛。其知情信，其德甚真，而未始入于非人。"

注释

① 啮（nié）缺、王倪：人名。
② 蒲衣子：人名，传说中的古代贤人。
③ 有虞氏：即虞舜。泰氏：旧注指太昊（hào），即伏羲氏。
④ 要（yāo）：交结，这里含有笼络的意思。
⑤ 非人：这里似指物我之分两忘。

老马释途

今天开始学习《应帝王》，主要谈的是庄子的政治思想，他提倡无为而治，认为任何人为的因素都是多余的。

啮缺向王倪请教问题，王倪都说不知道，啮缺认为王倪也没有什么了不起的，但实际上王倪这种无所谓才是最难的，基本上就可以得道了。

"泰氏其卧徐徐，其觉于于，一以己为马，一以己为牛。"泰氏睡觉时呼吸徐徐，安闲自己，即使别人把他当作牛马也无所谓，已经不受外部事物的影响，也就可以无为了。

今天我开了个会，发现提交的东西达不到要求就很着急，如此看来，我的修炼还是太差劲。猛然醒悟，作为不难，只是好坏而已，无为相当困难，需要巨大的心理力量。

看似一辈子在学作为，一辈子学方法，真正困难的是如何不作为，如何超然世外，作为不难，难在不作为。

原文

肩吾见狂接舆①。狂接舆曰："日中始②何以语女？"肩吾曰："告我，君人者以己出经式义度③，人孰敢不听而化诸④？"

狂接舆曰："是欺德⑤也。其于治天下也，犹涉海凿河，而使蚉⑥负山也。夫圣人之治也，治外⑦乎？正而后行⑧，确乎能其事者而已矣。且鸟高飞以避矰弋⑨之害，鼷鼠⑩深穴乎神丘之下以避熏凿之患，而曾二虫之无知！"

注释

①接舆：楚国隐士陆通的字。

②日中始：庄子假托的又一寓言人物，为肩吾的老师。一说其人当为"中始"，"日"是一时间词，往昔的意思。

③以己出：用自己的意志来推行。义：仪，法。"经式""义度"在这里都指法度。

④化诸：随之变化。

⑤欺德：欺诈的做法。

⑥蚉："蚊"字的异体。

⑦治外：治理外表。庄子认为推行法度只能治理社会的外在表象。

⑧正：指顺应本性。行：指推行教化。

⑨矰（zēng）：鸟网。弋（yì）：系有丝绳的箭。

⑩鼷（xī）鼠：小鼠。

老马释途

谈的是二人的对话，实际上讲的是治国理政的观点。"君人者以己出经式义度，人孰敢不听而化诸？"帝王应该用自己的想法制定法度、标准，哪有谁敢不服从呢？也就是讲，国家是帝王意见的产物罢了，这就是治理国家的标准。

接舆认为，如果按照这个逻辑治理天下，就是"欺德也"，是没有价值、不可取的。如此，想出了他认为正确的做法，"夫圣人之治也，治外乎？正而后行，确乎能其事者而已矣"。也就是讲，要从自己修炼开始，不是向外求，而是先正己，影响别人，然后顺其自然，就自然而然了。

凡事内求，从修炼的角度来讲应该如此，率先规范把权力装在笼子里似乎没有什么问题，但是否过于脆弱？人性中的善意能如此彰显，自然可以，如果有人恶意利用这样的机会，就可能会给系统带来灭顶之灾。似乎也需要严刑峻法，如此大家的修炼才会持续进行。

一颗老鼠屎能破坏整锅汤，既要修炼成汤，又要避免老鼠屎的出现，才是正解。短暂生命中，大家等不及善有善报也是常事。

《庄子》

原文

天根游于殷阳①，至蓼水②之上，适遭③无名人而问焉，曰："请问为④天下。"无名人曰："去⑤！汝鄙人也，何问之不豫也⑥！予方将与造物者为人⑦，厌则又乘夫莽眇之鸟⑧，以出六极之外，而游无何有之乡⑨，以处圹埌⑩之野。汝又何帠⑪以治天下感予之心为？"又复问。无名人曰："汝游心于淡，合气于漠，顺物自然而无容私焉，而天下治矣。

注释

①天根：虚构的人名。殷阳：殷山的南面。殷，山名。

②蓼（liǎo）水：水名。

③遭：逢，遇上。

④为：治理。

⑤去：离开、走开，这里有呵斥、不屑多言之意。

⑥豫：悦，愉快。

⑦为人：结为伴侣。人，偶。

⑧莽眇（miǎo）之鸟：状如飞鸟的清虚之气。

⑨无何有之乡：什么都不存在的地方。

⑩圹埌（kuàng làng）：无边无际的样子。

⑪帠（yì）：相当于"呓"，说梦话。

老马释途

天根与无名人的对话，把如何治理国家讲透了。"汝游心于淡，合气于漠，顺物自然而无容私焉，而天下治矣。"要保持内心平和，平平淡淡，内心平静，顺其自然，没有私心，大公无私，那么天下就可以大治了。

也就是讲，帝王要率先垂范，以爱心、静心治国，就可以影响大家一起静心、平心静气，国家也就和和气气了，这也一直是老庄的观点。

我发现对于个人修炼，老庄哲学有其现实意义，但如果成为治理国家的主导思想，需要明确的前提，那就是休养生息，而不是奋斗创新，突出重围。

治心理气，万法归静，众人归淳，似乎也是不错的理想目标。问题是，如果有野蛮国度的骚扰，有不讲武德的人士破坏，是否还能如此淡定？还是会很容易破掉所谓的无为武功。

如此，只有平心静气，似乎未必可行，奋发治理似乎也要具备，文武之道才是真正大道，否则似独木难支。

原文

阳子居①见老聃，曰："有人于此，向疾强梁②，物彻疏明③，学道不勤④。如是者，可比明王乎？"老聃曰："是于圣人也，胥易技系⑤，劳形怵心⑥者也。且也虎豹之文⑦来田，猨狙之便、执斄之狗来藉⑧。如是者，可比明王乎？"阳子居蹴然曰："敢问明王之治。"老聃曰："明王之治：功盖天下而似不自己，化贷万物而民弗恃；有莫举名，使物自喜；立乎不测，而游于无有者也。"

注释

①阳子居：旧注指杨朱，战国时代倡导为我主义的哲学家。

②向疾：像回声那样迅疾敏捷。向，通作"响"，回声。强梁：强干果决。这一句是说遇事果决，行动极快。

③彻：洞彻。疏明：通达明敏。

④勤（juàn）："倦"字的异体。

⑤胥（xǔ）：通作"谞"，智慧，这里指具有一定才智的小官吏。易：改，这里指供职办事。系：系累。

⑥怵（chù）心：心里感到恐惧、害怕。

⑦文：纹，这里指具有纹饰的皮毛。

⑧猨狙（yuán jū）：猕猴。便：便捷。斄（lí）：狐狸。藉：用绳索拘系。

老马释途

阳子居与老子的一段对话，成为《应帝王》的一个章节，对道家的思想与治国理念进一步明确。

在当时那个混乱的时代，追求无为、出世似乎也有道理，并且成为很多功成名就的人的修炼目标与追求的结果，所以好像有点不食人间烟火。

"明王之治：功盖天下而似不自己，化贷万物而民弗恃"。圣明的君主治国，功成名就又好像没有干过什么，教化万物与百姓好像也没有做什么。总而言之，无为是最好的大治。"有莫举名，使物自喜；立乎不测，而游于无有者也。"功德无量，万物各得其所，自己又高不可测，生活在虚空之中，也就是得道状态，超然世外，这就是贤明君主治理国家的标准。

群龙无首，实际上处处是首，无为而虚空往往实则是大为后的结果。有为才能无为，无为也是有为。如果这样理解的话，我们应该选择有为的过程，才能到终点和老庄的无为会面。也不知这是否是老庄的本意，还是大多数人理解的一步到位的无为。

原文

无为名尸①，无为谋府②，无为事任③，无为知主。体④尽无穷，而游无朕⑤。尽其所受乎天而无见⑥得，亦虚⑦而已。至人之用心若镜，不将⑧不迎，应而不藏，故能胜物⑨而不伤。

注释

①尸：主，引申指寄托的场所。
②谋府：出谋划策的地方。
③任：负担。

④体：体验、体会，这里指潜心学道。

⑤朕（zhèn）：迹。

⑥见（xiàn）：表露，这个意义后代写作"现"。

⑦虚：指心境清虚淡泊，忘却自我。

⑧将：送。

⑨胜物：指足以反映事物。

老马释途

"体尽无穷，而游无朕。"讲的这种状态，就是得道的状态，超然、逍遥，基本上是神仙的状态了。专心体验，无穷无尽，无拘无束但不留下痕迹，完全与自己的内心在一起，这可能是修心的来源。实际上当一个人与自己的心在一起的时候，忘掉其他，道基本上也就快大成了。很多时候都在外求，真正的关键应是内求。

就像这个问题：夫妻关系是一个人的事情还是两个人的事情？几乎大道都会答是两个人的事情，潜台词是别人的事情自己一个人决定不了，夫妻关系，是两个人的事情。实际上只有极少数人会讲是一个人的事情，也就是自己的事情，内求罢了，这恰恰是真正强大的开始。

"至人之用心若镜，不将不迎，应而不藏，故能胜物而不伤。"来了就来了，走了就走了，顺应事物本性，既能反映事物，又不劳神劳心，这也就超脱了。

终于理解平心静气了，最难的不是奋斗而是平静，最难的不是荣耀而是无求，最有价值的不是伟大而是无名，只是这基本离常人很远了。

原文

南海之帝为儵，北海之帝为忽，中央之帝为浑沌①。儵与忽时相与遇于浑沌之地，浑沌待之甚善。儵与忽谋报浑沌之德，曰："人皆有七窍②以视听食息，此独无有，尝试凿之。"日凿一窍，七日而浑沌死。

注释

①儵（shū）、忽、浑沌，都是虚拟的名字，但用字也有寓意。"儵"和"忽"指急匆匆的样子，"浑沌"指聚合不分的样子，一指人为的，一指自然的，因此"儵""忽"寓指有为，而"浑沌"寓指无为。

②七窍：人体头部的七个孔穴，即两眼、两耳、两鼻孔和嘴。

老马释途

南海之帝、北海之帝、中央之帝，老子能想出这样的描述，文采确实过人，讲了半天还是无为的逻辑。

今天我发现一名曾经的高管失信于人，以前竟然没有发现，给客户、公司造成损失，反思了半天，气不打一处来。调整了半天，看来修炼还是太过浅薄，甭说中央之帝了，连脚尖都够不着。

同时医生讲我肝火太旺，如此还是与老庄的要求相距甚远。"日凿一窍，七日而浑沌死。"本来中央之帝活得好好的，结果让南海之帝、北海之帝用好意给灭掉了。一句话，无欲则刚，与其认为在帮助别人，不如明确实际上是自己的私心，只是我们喜欢抢占道德制高点而已。

骗人的人可恶，被骗的人实则同样可恶，只是主动、被动而已。私念一动自然有可乘之机，所以，还是自己反省则好。

人心难测，无欲则无祸，这样讲的话，庄子还是有他的道理的，只是世间几人可以做到？

用制度、规章去驱动人们向善，再加上教育，可能如此会有好的结果。万事万物，如此而已，因果而已。

外 篇

骈拇

原文

骈拇①枝指出乎性哉，而侈②于德；附赘县疣，出乎形哉而侈于性；多方乎仁义而用之者，列于五藏哉，而非道德之正也。是故骈于足者，连无用之肉也；枝于手者，树无用之指也；骈枝于五藏之情者，淫僻于仁义之行，而多方于聪明之用也。

注释

①骈拇：指脚的大拇指与二拇指连在一起。
②侈：多余。

老马释途

开始进入外篇，据说不一定是庄子本人所著，但是从古到今都有一个现象，会把一些流传的言语、语句放到某位名人的名下，这样似乎更容易传播，并被大家所熟知。

"骈拇"本身是人身体的一种特殊情况，非正常状态，但庄子认为存在即合理，自然而然就是正常，不需要作为什么，否则都是多余。"枝于手者，树无用之指也。"如果手上多长了一只手指，那就是无用的手指。没有添加，没有多余的才是最好的。

如此，世界就美好了。"淫僻于仁义之行，而多方于聪明之用也。"就像推行仁义，实则没有价值，这就是一种滥用小聪明。

按庄子的思想，基本上不需要创新，也不需要奋斗，似乎是一种老人哲学。但又似乎大道至简，也是一种老道哲学。因为从终点来讲好像没有什么问题。这可能也是中国人较为保守的思想发源。

灿烂的快乐确实会相伴于深沉的悲伤，情绪激动带来的可能是冲动。但也发现无为似乎在暗示为一切，也是物极必反吗？只是庄子似乎真的无为了。

原文

是故骈于明者，乱五色，淫文章，青黄黼黻之煌煌①非乎？而离朱是已。多于聪者，乱五声，淫六律，金、石、丝、竹、黄钟、大吕之声非乎？而师旷是已！枝于仁者，擢②德塞性以收名声，使天下簧鼓以奉不及之法非乎？而曾、史是已！骈于辩者，累瓦、结绳、窜句，游心于坚白同异之间，而敝跬③誉无用之言非乎？而杨、墨是已！故此皆多骈旁枝之道，非天下至正也。

注释

①煌煌：光辉炫目的样子。
②擢（zhuó）：拔。
③敝跬（kuǐ）：费力疲惫的样子。

老马释途

继续讲有为即为多余，多余害处多多。仍然在延续一贯的思想，并且进一步否定圣人们提出的仁义，应该是冲着儒家学说来的。

"枝于仁者，擢德塞性以收名声，使天下簧鼓以奉不及之法非乎？"多余的仁义，相当于为了塞真性，而获取好的名声，使天下人去做实际上做不到的礼法，着实是有点儿多余了。

问题来了，仁义确实不易做到。问题是无欲无为就容易做到吗？发现先哲们希望我们做到的事几乎没有几个人可以做到。所以先哲们依然是先哲，百姓仍然是百姓。该怎么讲就怎么讲，该怎么做就怎么做。披张皮，虚伪可能就这样出现了。

为什么不按照普通人能做到的标准来要求大家认识世界，管理好行为举止，非要设定一个无为或仁义礼法的标准，让大家高不可攀呢？还是先哲们认为这并非一件难事？

我一直在思考上面的问题，恰当的思路似乎应该是顺应人之天性，引导或驱动，让他们走向善意，让社会奔向幸福和谐。不过，一想又不妥，似乎又有为了，但着实发现有为比无为要容易得多。

原文

彼至正者，不失其性命之情①。故合者不为骈，而枝者不为跂；长者不为有余，短者不为不足。是故凫胫虽短，续之则忧；鹤胫虽长，断之则悲。故性长非所断，性短非所续，无所去忧也。意仁义其非人情乎！彼仁人何其多忧也。

且夫骈于拇者，决②之则泣；枝于手者，龁③之则啼。二者，或有余于数，或不足于数，其于忧一也。今世之仁人，蒿④目而忧世之患；不仁之人，决性命之情而饕贵富。故意仁义其非人情乎？自三代以下者，天下何其嚣嚣也？

注释

①情：实。
②决：剔开。
③龁（hé）：咬。
④蒿（hāo）：愁苦的样子。

老马释途

"彼至正者,不失其性命之情。"所谓的真理,就是不违反万物的规律,问题是无为是否是人性的规律?如此来看,可能庄子也始料未及。

这几天有人问我,东西方哲学哪一个更靠近真理,我说都还没有靠近。继续问,那什么是真理,我讲还在寻找中。纵观东西方哲学史,各有各理,各讲各论,实在找不出哪一个是"至正者",只是各说各话吧。

所以庄子很容易得出结论,找出其他方面的问题,因为大家都是观点,而非"观全"。渺小人类,确实想得太多,要得太多了。

"故意仁义其非人情乎?自三代以下者,天下何其嚣嚣也?"所以讲仁义并非人所固有之情,所以才自从三代以来,天下纷纷扰扰,但问题是无为是人固有之情吗?显然不是。

如此,天下纷扰应为常态,当今世界还不是如此吗?其实大家都在寻找自己的利益,与其讲历史、讲道理,不如点破了,就是讲利益,如何共赢而非零和。

社会的本质是利益,利益是我们的真正需求。如此,似乎又太血腥了,但历史好像一直在如此重复。如此,如何让大家追求利益而不血腥,依靠修养、修炼,还是制度、法度?

原文

且夫待钩绳规矩而正者,是削其性者也;待绳约[1]胶漆而固者,是侵其德者也;屈折礼乐,呴俞仁义,以慰天下之心者,此失其常然也。天下有常然。常然者,曲者不以钩,直者不以绳,圆者不以规,方者不以矩,附离不以胶漆,约束不以纆[2]索。故天下诱然皆生,而不知其所以生;同焉皆得,而不知其所得。故古今不二,不可亏也。则仁义又奚连连如胶漆纆索而游乎道德之间为哉!使天下惑也!

注释

①约：绳子。
②纆（mò）：绳索。

老马释途

庄子讲出了自己认为的常态："常然者，曲者不以钩，直者不以绳，圆者不以规，方者不以矩，附离不以胶漆，约束不以纆索。"讲的是常态不是什么，而没有讲是什么。用一句话概括就是自然而然，不干涉，不作为。弯曲的不是用了曲尺，笔直的不是用了墨线，圆的不是用了圆规，方的不是用了角尺，固定不用胶粘，约束不用绳索。问题来了，不用如何知道直圆方曲呢？一句话，无为就是了。

一再强调一切都要自然而然，"古今不二，不可亏也"。也就是讲自己的道理从古到今都是如此，无外乎强调自己是真理罢了。

问题来了，经常也要求自己无为、坦然，难道这不是种有为吗？真正的无为应该是无意为之，而非有意为之。问题是人人有意、人人有想法、人人有情绪、人人有观点，这可如何是好？

深深呼吸一下，让自己淡定一番，似乎要迈向入定。问题是这深深呼吸似乎又是有为了，真是纠结，看来还是道行不够。

如此，似乎我们更缺乏凡人哲学、平常人要求，不是成为圣人，而是成为自己眼中的自己，而不是圣人眼中的人。如此，不会开心、快乐，也不会悲伤、无奈，只要我们想清楚，这一切都会合理存在，干涉的好处与坏处往往会同时来临。

原文

夫小惑易方①，大惑易性。何以知其然邪？自虞氏招仁义以挠天下也，天下莫不奔命于仁义。是非以仁义易其性与？故尝试论之：自三代以下者，天下莫不以物易其性矣。小人则以身殉利，士则以身殉名，大夫则以身殉家，圣人则以身殉天下。故此数子者，事业不同，名声异号，其于伤性以身为殉，一也。臧与谷，二人相与牧羊而俱亡其羊。问臧奚事，则挟策②读书；问谷奚事，则博塞以游。二人者，事业不同，其于亡羊均也。伯夷死名于首阳之下，盗跖死利于东陵之上。二人者，所死不同，其于残生伤性均也。奚必伯夷之是而盗跖之非乎？天下尽殉也：彼其所殉仁义也，则俗谓之君子；其所殉货财也，则俗谓之小人。其殉一也，则有君子焉，有小人焉；若其残生损性，则盗跖亦伯夷已，又恶取③君子小人于其间哉！

注释

①易方：迷失方向。易，变换，颠倒。
②策：古代书简。
③取：分别。

老马释途

"小人则以身殉利，士则以身殉名，大夫则以身殉家，圣人则以身殉天下。"百姓为利益而牺牲，士人为名声而牺牲，大夫为家族荣耀而牺牲，圣人为天下而牺牲。但这本质上并没有什么区别，也没有什么高低贵贱，却是在做伤害本性的事。大公即大私，大私即大公，莫要谈什么高尚，也不要谈什么不入流，本质没有什么区别。

如此，也就颠覆了儒家的是非观，也就没有什么善恶对错了，不反对什么也不支持什么，想如何就如何。我有点怀疑这是否是庄子的意思，当真这样的话，无为似乎也多余了。

但又强调，"夫小惑易方，大惑易性"。小的迷惑让人迷失方向，大的迷惑让人丧失本性，似乎认清世界才是根本。想得有些头痛，发现真理本身就是一件苦差事。

最后只能无奈地讲，没有什么救世主，有的话也就是自己。

原文

且夫属①其性乎仁义者，虽通②如曾、史，非吾所谓臧③也；属其性于五味，虽通如俞儿，非吾所谓臧也；属其性乎五声，虽通如师旷，非吾所谓聪也；属其性乎五色，虽通如离朱，非吾所谓明也。吾所谓臧者，非所谓仁义之谓也，臧于其德而已矣；吾所谓臧者，非所谓仁义之谓也，任其性命之情④而已矣；吾所谓聪者，非谓其闻彼也，自闻而已矣；吾所谓明者，非谓其见彼也，自见而已矣。夫不自见而见彼，不自得而得彼者，是得人之得而不自得其得者也，适⑤人之适而不自适其适者也。夫适人之适而不自适其适，虽盗跖与伯夷，是同为淫僻也。

余愧乎道德，是以上不敢为仁义之操，而下不敢为淫僻之行也。

注释

①属：从属。

②通：精通。

③臧：善，好。

④性命之情：自然本性。

⑤适：安适。

老马释途

这一段内容基本上是庄子向内求的观点，所谓的仁义礼仪都是外在的，不是完美的。"吾所谓臧者，非所谓仁义之谓也，任其性命之情而已矣。"所谓的善与美好并不是仁义，而是保持自己的真性情而已。如此，活出自我才是美好，这样来讲，应该是个人主义的代表。这似乎和中国后续的历史截然不同，活出自我，自我修炼似乎成为少数人关起门来的事情，并未被大众所接受。

"吾所谓聪者，非谓其闻彼也，自闻而已矣；吾所谓明者，非谓其见彼也，自见而已矣。"所谓的聪明不是听到别人的事情，而是自省；所谓的明白也不是看清楚别人，而是自知者明。一切的根源在自己，在内心，在内部，而非外求。建议人们自省、自察、自明。

修身养性的道家思想就这样形成了，小到个人的自省，大到国家的休养生息，无外乎顺其自然，自然而然。

强扭的瓜不甜，但真的不扭，可能就没有甜瓜了，其至会走向一个极端了，正确姿势是该扭就扭，不该扭就不扭。

马蹄

原文

马，蹄可以践霜雪，毛可以御风寒。龁草饮水，翘足而陆，此马之真性也。虽有义台路寝，无所用之。及至伯乐，曰："我善治马。"烧之，剔之，刻之，雒之①，连之以羁馽②，编之以皁栈③，马之死者十二三矣。饥之，渴之，驰之，骤之，整之，齐之，前有橛饰之患，而后有鞭筴之威，而马之死者已过半矣。陶者曰："我善治埴④，圆者中规，方者中矩。"匠人曰："我善治木，曲者中钩，直者应绳。"夫埴木之性，岂欲中规矩钩绳哉？然且世世称之曰："伯乐善治马而陶、匠善治埴、木。"此亦治天下者之过也。

注释

①雒（luò）之：给马戴笼头。
②羁（jī）：带嚼子的马络头。絷（zhí）：用来绊住马前足的绳索。
③皂（zào）：马槽。栈：马棚。
④治埴（zhí）：烧制陶器。埴，黏土。

老马释途

用马的故事来比喻，应该返璞归真，不应该画蛇添足。马本来自由自在，"翘足而陆"，结果因为出现了伯乐，且善治马，差不多把马给折腾死了。人们还不断传颂伯乐多好多好，实则是治理惹的祸，讲白了就是没事找事。

认为陶匠、木匠的所有工作实则是多余的，并非有什么价值，是"治天下者之过也"。幸亏我们没有按照庄子的意思去做，否则我们现在还在古代，也不会有什么先进的技术和现代的生活。问题来了，这些技术和生活是否是我们真的需要的？到今天，这仍然是一个争议的热点，不过不可否认的是，从人性的角度来讲，我们更喜欢去探索未知，更喜欢有为。很多的无为，都是在大有为之后，大彻大悟才开始无为，这可能是一个讽刺。

即使庄子看清楚了遥远的未来，但缺乏让人们接受的逻辑。思想真正的价值不在于是非对错，而在于是否让人们接受或驱动你们走向真正的善和美好，即使这个过程可能是令人不愿接受的。

真正的世界恰恰是大众的有为和少数人的无为，或有为后的无为，这应该不是庄子的本意。看来只有适应人性，才能影响人性，直接去违背人性，得到的往往是满身伤痕。

原文

吾意善治天下者不然。彼民有常性，织而衣，耕而食，是谓同德。一而不党，命曰天放，故至德之世，其行填填①，其视颠颠②。当是时也，山无蹊隧，泽无舟梁；万物群生，连属其乡；禽兽成群，草木遂长。是故禽兽可系羁而游，鸟鹊之巢可攀援而窥。夫至德之世，同与禽兽居，族与万物并，恶乎知君子小人哉？同乎无知，其德不离；同乎无欲，是谓素朴。素朴而民性得矣。

及至圣人，蹩躠③为仁，踶跂④为义，而天下始疑矣。澶漫⑤为乐，摘僻为礼，而天下始分矣。故纯朴⑥不残，孰为牺尊！白玉不毁，孰为珪璋！道德不废，安取仁义！性情不离，安用礼乐！五色不乱，孰为文采！五声不乱，孰应六律！夫残朴以为器，工匠之罪也；毁道德以为仁义，圣人之过也！

注释

① 填填：悠闲稳重的样子。
② 颠颠：质朴纯真的样子。
③ 蹩躠（bié xiè）：跛者走路的样子，引申为费劲的样子。
④ 踶跂（zhì qǐ）：用心的样子。
⑤ 澶（chán）漫：放纵安逸。
⑥ 纯朴：原始的木料。

老马释途

庄子描述了一幅他认为美好的画面，来证明自己的思想，似乎是人性本善的逻辑。"同乎无知，其德不离。"人人都没有聪明智慧，人的本性可以保留。"同乎无欲，是谓素朴。"大家都没有私欲，也就是朴素，这才是人之本性。

问题是这个逻辑是怎么来的，庄子并没有讲，更多的是美好的愿望。庄子所在的年代世道纷乱，并不太平，所以这种描述是大家所喜欢和向往的。问题是没有验证，更多的是自己认为，并以此来证明所有有为都是多余的，只有无所作为才是大道。问题是从我们自己的体验来看，似乎这更多的是想象。一个没有私欲的人应该也很难有其他，包括善，而这恰恰是庄子没有面对的，也可能是只有这样的圣人才是能参透的。

"夫残朴以为器,工匠之罪也;毁道德以为仁义,圣人之过也。"这是所谓的那些圣人的问题。让大家归顺自然、无为,实际上和让大家全力以赴一样困难,这本身都不是件容易的事情。只有经过修炼方可获得,也就决定了人生在世,十有八九为痛苦之事了。顺应人性,一起向善应是我们的选择,只是怎么做呢?

原文

夫马,陆居则食草饮水,喜则交颈相靡,怒则分背相踶。马知已此矣。夫加之以衡扼,齐之以月题,而马知介倪、闉扼、鸷曼、诡衔、窃辔①。故马之知而能至盗者,伯乐之罪也。夫赫胥氏之时,民居不知所为,行不知所之,含哺而熙②,鼓腹而游。民能以此矣!及至圣人,屈折礼乐以匡天下之形,县跂仁义以慰天下之心,而民乃始踶跂好知,争归于利,不可止也。此亦圣人之过也。

注释

①介倪、闉(yīn)扼、鸷(zhì)曼、诡衔、窃辔:都是指马不听使唤,诡计多端地进行反抗的状态。闉扼,曲着脖子想摆脱车轭。鸷曼,抵触车幔。

②熙:通"嬉",游戏。

老马释途

进一步谈伯乐之罪与圣人之过。"夫马,陆居则食草饮水,喜则交颈相靡,怒则分背相踶。"马居于陆地吃草饮水,高兴的时候大家摩擦脖颈,生气的时候则背对背互踢。这也就是马的本性了,最后让伯乐一折腾,反而令马丧失本性,就是伯乐的罪过。

"及至圣人,屈折礼乐以匡天下之形,县跂仁义以慰天下之心,而民乃始踶跂好知,争归于利,不可止也。"这实际是圣人的错误,因为圣人弄出什么礼乐来匡扶天下,结果是争归于利,停不下来。人们都以仁义为借口，行自私自利的事情。

庄子认为这都是圣人们弄的礼仁等导致的结果，实际上这何尝不是人与生俱来的东西，圣人只是试图用礼乐去改变而已，只是没有达到圣人们想要的效果，都是违反人性的做法。也包括了庄子的无为，因为这都是人的天性中所没有的，所以问题还是出现在了对人性的判断上。

依人性而为，引导、驱动大家向善，不要试图改变人性。顺人性者昌，逆人性者亡，这应该是问题的根本。

如此，人真的还是很固执的，都这么多年了，似乎改变极其微小。虽然科技进步了不少，社会变迁很多，人的情感、情绪依旧停留在过去。

胠箧

原文

将为胠箧、探囊、发匮之盗而为守备，则必摄缄縢、固扃鐍①，此世俗之所谓知也。然而巨盗至，则负匮、揭箧、担囊而趋，唯恐缄縢、扃鐍之不固也。然则乡之所谓知者，不乃为大盗积者也？

注释

①扃鐍（jiōng jué）：门窗或箱柜上用来加锁的部件，相当于后来的锁钥。

老马释途

进入《胠箧》，开篇很直接："然则乡之所谓知者，不乃为大盗积者也？"既然是这样，早前一些聪明的做法，不就是适得其反？本来是防盗用的，结果反而帮了小偷，真让人始料未及。

讲白了就是，做了很多事，表面上实现了我们的目的，实际也会产生很多不愿意面对的事情，还不如无为。从这个角度讲，庄子的观点并没有什么问题，因为所有人的结果并不会有什么不同。所有事情的结果，如果从足够长的时间跨度去看，并没有什么区别。如此，庄子一直在终点等我们。

问题是人们并不喜欢自己的结果，离开这个世界，中间的过程，甚至是挣扎，往往是人们更希望要的。

君子爱财，众人惜命，这本是天性，实在不是容易改变的。不过，老庄的时空观跨度应该足够长。如此，也具备巨大意义，只是小范围使用，反而变成了悲观。

万事万物都有死亡的一天，都有生命周期，大道似乎永存，这本身也是一种矛盾，纠结、争论就是常态了。

原文

故尝试论之：世俗之所谓知者，有不为大盗积者乎？所谓圣者，有不为大盗守者乎？何以知其然邪？昔者齐国邻邑相望，鸡狗之音相闻，罔罟①之所布，耒耨②之所刺，方二千余里。阖四竟之内，所以立宗庙社稷，治邑屋州闾乡曲者，曷尝不法圣人哉？然而田成子一旦杀齐君而盗其国，所盗者岂独其国邪？并与其圣知之法而盗之。故田成子有乎盗贼之名，而身处尧舜之安。小国不敢非，大国不敢诛，十二世有齐国。则是不乃窃齐国并与其圣知之法以守其盗贼之身乎？

注释

①罔罟（wǎng gǔ）：都是网。网鸟的叫罔，网鱼的叫罟。
②耒耨（lěi nòu）：都是耕作工具。耒，犁上的木把。耨，锄草的工具。

老马释途

看来庄子有些生气了，因为窃国者经常存在。这也是件看似奇怪，实则正常的事情。

最后来反问:"则是不乃窃齐国并与其圣知之法以守其盗贼之身乎?"大盗窃取了国家,也窃取了律法,并且用此来守卫他的身份,而这个身份实际上是盗贼的身份。

有人讲,这个社会由10%的精英、10%的无赖、80%的乌合之众组成,同时又发现两个10%可能会物极必反,所以如此想来,窃国者也就正常不过了。

结论也就明确了,什么是精英,什么是无赖,没有多大意义,关键在于应该什么也不要干,自然而然也就是圣人之道了。

吵了半天,最后实际也没有什么意义,放到终点确实也就是如此了。大家很难按照庄子的思想去思考,或者只会拿此说事,人人都是窃国者了。

原文

尝试论之:世俗之所谓至知者,有不为大盗积者乎?所谓至圣者,有不为大盗守者乎?何以知其然邪?昔者龙逢斩,比干剖,苌弘胣①,子胥靡,故四子之贤而身不免乎戮。故跖之徒问于跖曰:"盗亦有道乎?"跖曰:"何适而无有道邪?"夫妄意室中之藏,圣也;入先,勇也;出后,义也;知可否,知也;分均,仁也。五者不备而能成大盗者,天下未之有也。"由是观之,善人不得圣人之道不立,跖不得圣人之道不行。天下之善人少而不善人多,则圣人之利天下也少而害天下也多。故曰:唇竭而齿寒,鲁酒薄而邯郸围,圣人生而大盗起。掊②击圣人,纵舍盗贼,而天下始治矣!

注释

①胣(chǐ):剖腹剖肠。
②掊(pǒu):打倒。

老马释途

"善人不得圣人之道不立，跖不得圣人之道不行。"不管是善人还是大盗，都是通晓圣人之道的。大盗也要具备五个条件：圣、勇、义、知、仁，否则成为不了大盗。

只有"掊击圣人，纵舍盗贼，而天下始治矣！"打倒圣人，把盗贼放了，天下也就安稳了。所有这些问题都是有圣人才造成的，回归本身，无为而治，世界就美好了。

可能庄子也没有想到，自己提倡打倒圣人却被后世很多人奉为圣人，真是有些讽刺了。关于圣人的很多内容确实也有问题，因为很多的修炼本身是违背人性的，所以很多的要求大家也不会遵循，或者以遵循的名义在创造虚伪，以伟大的名义在实现自己的私心，以无欲的名义在完成欲望，以利他的名义在完成自己的私欲。

如此，庄子的很多观点也很有道理，本来是一个简单的世界，因为人欲而复杂，所以提醒大家摒弃圣人之学，破除圣人之规。问题是大部分人需要规矩去依靠，没有规矩，放飞自我，实际上比遵循圣人之道更加困难，这需要一个个独立的灵魂。真正的自我独立是太多人一辈子难以企及的，这和成为圣人之道的难度不相上下。

如此，庄子的思想是最早的自由主义、个人主义的萌芽。有意思，值得我们再去探索。

原文

夫川竭而谷虚，丘夷而渊实。圣人已死，则大盗不起，天下平而无故①矣。圣人不死，大盗不止。虽重圣人而治天下，则是重②利盗跖也。为之斗斛以量之，则并与斗斛而窃之；为之权衡以称之，则并与权衡而窃之；为之符玺以信之，则并与符玺而窃之；为之仁义以矫之，则并与仁义而窃之。何以知其然邪？彼窃钩者诛，窃国者为诸侯。诸侯之门而仁义存焉，则是非窃仁义圣知邪？故逐于大盗、揭诸侯、窃仁义并斗斛权衡符玺之利者，虽有轩冕之赏弗能劝，斧钺之威弗能禁。此重利盗跖而使不可禁者，是乃圣人之过也。

故曰："鱼不可脱于渊，国之利器不可以示人。"彼圣人者，天下之利器也，非所以明天下也。

注释

①故：意外。
②重：增益。

老马释途

进一步明确抨击圣人。"圣人已死，则大盗不起，天下平而无故矣。圣人不死，大盗不止。"圣人死了，世界也就太平了，问题是圣人真的有很多吗？好像也没几个，大盗似乎也没有停止。

圣人之道，国家机器，算是我们这么多年留下的成绩，问题是这些东西并没有解决我们的幸福问题。我们还在路上，找出问题并不困难，体会艰难也不是难事，找到自由幸福的道路似乎没有看到可能性。

"'鱼不可脱于渊，国之利器不可以示人。'彼圣人者，天下之利器也，非所以明天下也。"把圣人比作天下的利器，而那些利器是不可示人的。都是这些圣人把世界搞得乌烟瘴气，没有圣人就好了，所有的问题乃圣人之过也。越来越发现，直面人性与正确认识人性才是一切问题的根本，而这恰恰是最难的。"不识庐山真面目，只缘身在此山中。"

如此，对世界的研究，对万物的探索，对宇宙的观察都不是根本，真正的根本应该是人本身，与其向别处寻找根源，不如向我们自己开刀，向我们自己的内心询问。

"圣人不死，大盗不止。"圣人已死，大盗实际也会不止。盗在心中，不在心外，似乎是过去的另一个流派。

原文

故绝圣弃知，大盗乃止；擿①玉毁珠，小盗不起；焚符破玺，而民朴鄙；掊斗折衡，而民不争；殚残天下之圣法，而民始可与论议；擢乱六律，铄绝竽瑟，塞瞽旷之耳，而天下始人含其聪矣；灭文章，散五采，胶离朱之目，而天下始人含其明矣。毁绝钩绳而弃规矩，攦②工倕之指，而天下始人有其巧矣。故曰：大巧若拙。削曾、史之行，钳杨、墨之口，攘弃仁义，而天下之德始玄同矣。彼人含其明，则天下不铄矣；人含其聪，则天下不累③矣；人含其知，则天下不惑矣；人含其德，则天下不僻矣。彼曾、史、杨、墨、师旷、工倕、离朱者，皆外立其德，而以爚④乱天下者也，法之所无用也。

注释

① 擿（zhì）：同"掷"，扔掉。
② 攦（lì）：折断。
③ 累：忧患。
④ 爚（yuè）：炫耀。

老马释途

"故绝圣弃知，大盗乃止。"总而言之没有圣人，没有智慧，大盗就没有了，社会就和谐了。

一句话，圣人们的折腾，智慧的挖掘都是没有意义的，都是多余的动作。大道归零，一切顺其自然，人们也就幸福了。

"人含其知，则天下不惑矣；人含其德，则天下不僻矣。"所有人都不要自以为是，这样天下就不会出现什么疑惑、疑虑；所有人都保持原有状态，天下也就不会有什么邪恶之事了。总而言之，保持拙，保持本真初心，一切都会幸福美好的，如此，暗示的是"人之初，性本善"的意义了。

如此,我们也就没有什么事情了,这似乎是件很困难的事情,只是表面上看起来比较轻松。

最难的不是为,而是不为,庄子的这个要求对于太多人来讲是不可完成的。虽然表面上很简单,实则是很复杂的一件事。人生在世不为点儿事,总是觉得白活了,这可能也是庄子始料未及的吧。

原文

子独不知至德之世乎?昔者容成氏、大庭氏、伯皇氏、中央氏、栗陆氏、骊畜氏、轩辕氏、赫胥氏、尊卢氏、祝融氏、伏牺氏、神农氏,当是时也,民结绳而用之,甘其食,美其服,乐其俗,安其居,邻国相望,鸡狗之音相闻,民至老死而不相往来。若此之时,则至治已。今遂至使民延颈举踵,曰"某所有贤者",赢粮而趣之,则内弃其亲而外去其主之事;足迹接乎诸侯之境,车轨结乎千里之外,则是上好知①之过也。上诚好知而无道,则天下大乱矣!

注释

① 好知(hàozhì):推崇才智。

老马释途

"邻国相望,鸡狗之音相闻,民至老死而不相往来。"这应该是庄子治世流传甚广的描述,小国寡民也就是治世了,人民也就幸福了。"甘其食,美其服,乐其俗,安其居。"这也就是最好的状态了。"若此之时,则至治已。"也就是人类的大同盛世了,现在这么多问题,主要是因为"上诚好知而无道",统治者喜欢技巧而没有道德,就会天下大乱。

纯朴天真,就会有德,这应该是最好的状态,不需要圣人谆谆教导,并且认为远古时代是幸福时代。

庄子的美好愿景我们好像也没有经历，也无法确定人性之恶毒。对于庄子认为世界之混乱是由人们过分治理造成的，我们也没有办法论证庄子对上古判断的是非曲直。

更多的可能是老先生对现实的不满而想象出来的，也有可能是对未来的美好愿望。从企业来看，以德治企，无为而为只可能是结果，很难是开始。更多的严刑峻法可能用作开始更合适一点，主要是无为而为，非凡人所能达也。

原文

何以知其然邪？夫弓、弩、毕、弋、机变之知多，则鸟乱于上矣；钩饵、罔罟、罾笱①之知多，则鱼乱于水矣；削格②、罗落、置罘③之知多，则兽乱于泽矣；知诈渐毒、颉滑坚白、解垢同异之变多，则俗惑于辩矣。故天下每每大乱，罪在于好知。故天下皆知求其所不知，而莫知求其所已知者；皆知非其所不善，而莫知非其所已善者，是以大乱。故上悖日月之明，下烁山川之精，中堕四时之施，惴耎④之虫，肖翘⑤之物，莫不失其性。甚矣，夫好知之乱天下也！自三代以下者是已，舍夫种种之机而悦夫役役之佞，释夫恬淡无为而悦夫啍啍⑥之意，啍啍已乱天下矣！

注释

①罾（zēng）：用竿子支撑的形如伞状的鱼网。笱（gǒu）：用作捕鱼的竹笼。
②削格：用来支撑兽网的桩子。
③置罘（ǎn fú）：捕兽的网。
④惴耎（zhuì ruǎn）：虫动的样子，此处指附地而生的小虫。
⑤肖翘：轻微的样子，指飞在空中的小虫。
⑥啍啍（zhūn）：通"谆谆"，不停地说教的样子。

老马释途

"故天下每每大乱，罪在于好知。"天下的大乱往往是因为人们追求智慧、技巧，这往往是问题的开始。"皆知非其所不善，而莫知非其所已善者，是以大乱。"大家都不赞同他认为不好的东西，而不会不赞同他认为好的东西，因为有是是非非了，天下也就大乱了。

而这一切都是圣人们定下的礼仪标准造成的，本没有什么需要争论的，本没有什么是非曲直，是因为受人们的"啍啍已乱天下矣"，就是说是没完的说教造成的。

庄子一直不认为人性中本就有阴暗狠毒，所有这些东西都是圣人们造成的，把单纯的老百姓弄复杂了，问题也就随之而来了。

问题是庄子也"啍啍"半天，反对圣人们的礼仪标准本身也是一种标准，可能他自己也没有料到，后世基本上也是把他当作圣人的。这对于庄子来讲也是一种讽刺吧，不过也比较符合物极必反的逻辑。这就是人们所讲的努力地活成了自己讨厌的模样，最终往往会和自己讨厌的人在一起共度余生。看起来有些可笑，而这恰恰是我们最容易看到的世间百态。看来没有什么是真理，更多的还是在路上，所以大家都还有机会，加油努力吧！

在宥

原文

闻在宥天下，不闻治天下也。在之也者，恐天下之淫其性也；宥之也者，恐天下之迁其德也。天下不淫其性，不迁其德，有治天下者哉？昔尧之治天下也，使天下欣欣焉人乐其性，是不恬也；桀之治天下也，使天下瘁瘁焉人苦其性，是不愉也。夫不恬不愉，非德也。非德也而可长久者，天下无之。

老马释途

进入了《在宥》章节,提倡人们自然而然,一以贯之地在谈这种思想。开篇即点题,"闻在宥天下,不闻治天下也"。只听说过任由天下发展,没有听说天下要靠治理的,这与我们的现实情况相距颇远。

进一步强调:"天下不淫其性,不迁其德,有治天下者哉?"如果天下人不超越原有的性情,不改变自然而然,哪有什么治天下之说。但是现代科学又证明了熵的存在。熵即无用能量,任何物体不外在干涉就会产生熵,而这种熵的增加最后会让这个物体丧失能量,即熵增,为此需要熵减。这就是开放与外在交互,需要外力干涉,这似乎在社会中、事物中、组织中一再被证明,与庄子的无为而治大相径庭。

问题不过也存在,外在干涉从短期来说一般是向善、向上的,正向的,但是放到足够长的时间维度去看,好像庄子往往是有道理的。从这个角度来讲,庄子的思想貌似无为,实际上长期来讲可能是大为,也就是讲,庄子是位长期主义者。

原文

人大喜邪,毗①于阳;大怒邪,毗于阴。阴阳并毗,四时不至,寒暑之和不成,其反伤人之形乎!使人喜怒失位,居处无常,思虑不自得,中道不成章,于是乎天下始乔诘卓鸷②,而后有盗跖、曾、史之行。故举天下以赏其善者不足,举天下以罚其恶者不给。故天下之大不足以赏罚。自三代以下者,匈匈焉终以赏罚为事,彼何暇安其性命之情哉!

注释

①毗(pí):损伤。
②乔诘:骄傲自大。乔,骄。诘,挑剔别人的过错。卓鸷:超群不凡。鸷,性情猛烈的鸟,比喻超凡。

老马释途

"人大喜邪,毗于阳;大怒邪,毗于阴。"人们过度高兴,过度生气,会损伤阴气、阳气,这样就会伤害自己。总而言之,心如止水、平平静静就可以成大事,否则都是多余的动作。

实际上,最难的不是喜,也不是怒,而是自然平静。我们大部分情况都处于不好的情绪当中,而庄子很希望大家正正常常,顺其自然。

猛然发现,庄子让我们做了件最简单的事情,但同时又是最复杂的事情。本来平静如水,非要惊涛骇浪,似乎人们生下来就想不平凡,而所有的不平凡在庄子眼里都是瞎折腾。

"故天下之大不足以赏罚",天下再大也不足以用来惩恶扬善,换句话讲,这是一条不通的路,正确的方向应该是顺其自然。

总而言之,无为即为大为,但人的天性总想做些什么,这也是件麻烦、郁闷的事情了。

原文

而且说明邪,是淫于色也;说聪邪,是淫于声也;说仁邪,是乱于德也;说义邪,是悖于理也;说礼邪,是相于技也;说乐邪,是相于淫也;说圣邪,是相于艺也;说知邪,是相于疵也。天下将安其性命之情,之八者,存可也,亡可也。天下将不安其性命之情,之八者,乃始脔卷狯囊[1]而乱天下也。而天下乃始尊之惜之。甚矣,天下之惑也!岂直过也而去之邪,乃齐戒以言之,跪坐以进之,鼓歌以儛之,吾若是何哉!

注释

[1] 脔(luán)卷:拘束不伸展的样子。狯(cāng)囊:喧嚷纷争的样子。

老马释途

我在思考：庄子怎么考虑得这么全面、长远？是否会觉得众生太过平庸？这样下去，如果庄子活到现在，不知道是否会气出心脏病？

"而天下乃始尊之惜之。甚矣，天下之惑也！"但是天下的人竟然遵从圣人的言论与礼节，这基本没有什么价值，天下的人竟然迷惑到如此地步。进一步否定圣人之为，提倡无为。

问题的关键在于圣人们的礼节，为什么会被大家采纳、信奉，原因非常简单，因为这满足了大家的需求，而庄子谈的问题在很大程度上是违背人性的，而只有适应人性的才会被大部分人采纳。

告诫大家应该如何如何，这本身是违背人性的，基本很难落地，因为绝大部分人是俗人，虽然也可能有圣人的梦想，或许这就是悖论。

是否有一种顺应人性，又能影响到圣人之道上的做法呢？这可能才是正解，没有谁会愿意改变，但为了自己的利益，为了自己的梦想，舒舒服服地到达是大家都希望的。

原文

故君子不得已而临莅天下，莫若无为。无为也，而后安其性命之情。故贵以身于为天下，则可以托天下；爱以身于为天下，则可以寄天下。故君子苟能无解其五藏，无擢其聪明，尸居①而龙见，渊默而雷声，神动而天随，从容无为，而万物炊累焉。吾又何暇治天下哉！

注释

①尸居：寂然不动的样子。

老马释途

"故君子不得已而莅临天下，莫若无为。"强调的还是无为才是治理国家的大道，这样推理下去，"从容无为，而万物炊累焉。吾又何暇治天下哉！"从容无为，万物自然而然，像炊烟一样，万物和谐，根本不需要治理的。

自然而然难道就会顺其自然？就会向善？这也可能是大家未必认同的，现实生活中，自然而然的恶往往会带来很大的伤害，虽然也可能被度化，但付出的成本却是极其高昂。当然严刑峻法也未必可以带来善，甚至产生了新一轮的麻烦，按下葫芦起来瓢，问题在于认为生命短暂的众人选择了按下葫芦，瓢的事情就交给自己未必看到的后来人了。

生命的意义，生与死的界定当紧密相关，老庄认为生死本一物，是生命的不同阶段也就正常不过了，这也是我们的死穴，坐个飞机都怕得要死，还讲什么生和死本一物。

原文

崔瞿问于老聃曰："不治天下，安藏人心？"

老聃曰："女慎，无撄人心。人心排下而进上，上下囚杀[1]，绰约柔乎刚疆，廉刿[2]雕琢。其热焦火，其寒凝冰，其疾俯仰之间而再抚四海之外。其居也渊而静，其动也县而天。偾骄[3]而不可系者，其唯人心乎！昔者黄帝始以仁义撄人之心，尧、舜于是乎股无胈，胫无毛，以养天下之形，愁其五藏以为仁义，矜其血气以规法度。然犹有不胜也。尧于是放讙兜于崇山，投三苗于三峗，流共工于幽都，此不胜天下也。夫施及三王而天下大骇矣。下有桀、跖，上有曾、史，而儒墨毕起。

"于是乎喜怒相疑，愚知相欺，善否相非，诞信相讥，而天下衰矣；大德不同，而性命烂漫矣；天下好知，而百姓求竭矣。于是乎釿锯制焉，绳墨杀焉，椎凿决焉。天下脊脊大乱，罪在撄人心。故贤者伏处[4]大山嵁岩[5]之下，而万乘之君忧栗乎庙堂之上。今世殊死者相枕也，桁杨[6]者相推也，刑戮者相望也，而儒墨乃始离跂攘臂乎桎梏之间。意，甚矣哉！其无愧而不知耻也甚矣！吾未知圣知之不为桁杨接槢[7]也，仁义之不为桎梏凿枘也，焉知曾、史之不为桀跖嚆矢[8]也！故曰：'绝圣弃知，而天下大治'。"

注释

①囚杀：拘囚杀害。

②刿（guì）：割。

③偾（fèn）骄：奋发骄纵，形容不可禁制的势态。

④伏处：隐遁。

⑤嵁（kān）岩：深岩。

⑥桁（háng）杨：加在脚上和颈上的刑具。

⑦接槢（jiē xí）：接合枷锁的横木。

⑧嚆（hāo）矢：响箭，比喻先声。

老马释途

"不治天下，安藏人心?"开篇给老子提了一个问题：不去治理天下，人心如何才能向善？引来了老子下文的一系列论述，还是要说明无为才可治，人心才可向善。

认为人心朴真，不乱是一切的基础，就是人心向善。从尧舜禹到夏商周，所有问题都是人心乱了造成的结果，不管是开心还是悲伤，都是乱心之举，对社会、对自身都没有好处，喜怒哀乐本身就是罪魁祸首。

"天下脊脊大乱，罪在撄人心。"天下出现这些乱糟糟的情况，就是人心被扰乱导致的。心如止水，一切也就回归本真，天下大治了。因为人心乱，一切都乱了，如此，庄子似乎是相信"心"的，问题是心意往往随万物动，这本身是人性的规律。真正可以不动的，往往是动过后的回归，乱后之治，如果一个小朋友从小就无为、心静，那就变成一个小老头了，难道这就是向善之举？

饱汉子不知饿汉子饥，如此，庄子身处乱世，看尽世态炎凉，才建议大家静心、无为。讲得中肯，听着很难领会，心随物往，也算是人性的弱点吧。

《庄子》

原文

黄帝立为天子十九年，令行天下，闻广成子在于空同之山，故往见之，曰："我闻吾子达于至道，敢问至道之精。吾欲取天地之精，以佐五谷，以养民人。吾又欲官阴阳，以遂群生，为之奈何？"广成子曰："而所欲问者，物之质也；而所欲官者，物之残也。自而治天下，云气不待族而雨，草木不待黄而落，日月之光益以荒矣。而佞人之心翦翦者，又奚足以语至道！"黄帝退，捐①天下，筑特室，席白茅，间居三月，复往邀之。

注释

①捐：抛弃。

老马释途

黄帝做了十九年天子，一直在思考治世之道，去请教广成子，如何才能风调雨顺，百姓安居乐业。

广成子一句话，点醒了黄帝，"而所欲问者，物之质也；而所欲官者，物之残也"。你想了解的是，什么是万物的根本，但是你问的问题不在点上，问的是万物的残渣，也就是一些没有价值的东西。黄帝顿悟，回去独居悟道去了，大概谈的是这么个情节。一句话，无为才是有价值的，所有的为、努力往往毫无意义，讲过来讲过去，还是在强调老庄的思想。

不管是对话还是故事，都在不断地阐明、强调一个思想——顺其自然，并无严密的逻辑推导，也无充分的证据，更多的是自认为，是观点。然而从思想的角度找了些证据，甚至编了一些内容，更易让大家理解、接受，有点儿深入浅出的味道。

如果讲老庄完全出世也未必完全正确，他们只是宣扬出世思想，并无言行一致，这也可能是一个缺憾。如此，老庄的思想比孔孟的思想更难落地，更难普及，只能成为少数人的价值观。

平庸才能普及，卓越往往寡众，这也是自然而然的吧。

原文

广成子南首而卧，黄帝顺下风，膝行而进，再拜稽首而问曰："闻吾子达于至道，敢问治身，奈何而可以长久？"广成子蹶然而起，曰："善哉问乎！来！吾语女至道。至道之精，窈窈冥冥；至道之极，昏昏默默。无视无听，抱神以静，形将至正。必静必清，无劳女形，无摇①女精，乃可以长生。目无所见，耳无所闻，心无所知，女神将守形，形乃长生。慎女内②，闭女外③，多知为败。我为女遂于大明之上矣，至彼至阳之原也；为女入于窈冥之门矣，至彼至阴之原也。天地有官，阴阳有藏。慎守女身，物将自壮。我守其一，以处其和，故我修身千二百岁矣，吾形未常衰。"黄帝再拜稽首，曰："广成子之谓天矣！"

广成子曰："来，余语女：彼其物无穷，而人皆以为有终；彼其物无测，而人皆以为有极。得吾道者，上为皇而下为王；失吾道者，上见光而下为土。今夫百昌④皆生于土而反于土。故余将去女，入无穷之门，以游无极之野。吾与日月参光，吾与天地为常。当我，缗乎！远我，昏乎！人其尽死，而我独存乎！"

注释

① 摇：扰乱。
② 内：精神。
③ 外：耳目。
④ 百昌：百物。

老马释途

黄帝继续向广成子讨教，这次广成子讲得更加透彻了，"必静必清，无劳女形，无摇女精，乃可以长生"。平心静气，没有身体劳累，没有动摇精气神，就可以长生不老了，谈的是长生，实际是治国理政，仍是无为而大为。

"彼其物无穷，而人皆以为有终；彼其物无测，而人皆以为有极。"宇宙无穷，而人以为有尽头；万物高深不可知，而人们以为是有边界的。用有限的眼光来看无限的万物，显然得不出正确的结论；用有限的手段去治理无限，显然抓不住根本，徒劳而已，只会把事情弄糟。

正解仍是无为，需要心如止水，那么就需要克服人性的很多弱点，不被外界所诱惑，那就需要强大的内心，独立的人格，自由的思想。显然这不是人的天性，因为我们生下来就有一颗孤独的内心，希望得到大家的认可，甚至希望被爱和尊崇。这是人的天性，而拥有独立人格、自由思想的过程本身又是一件逆人性的举动，当然也可以理解为人们成长的路径。

在这些方面，西方哲学实际已经做了尝试，通过制度、组织去驱动，并且以个人为出发点、为中心，找到自己也就找到了世界。而这个过程只是少数人的专利，大部分人也只成为组织的组成部分。忘记真理，放弃真理，关注自己的一少许，也未尝不是幸福之举。这恰恰是大部分人的选择，也就给了国家、企业等存在的价值，告别孤独，在组织中找到依赖与满足。

原文

云将东游，过扶摇之枝而适遭鸿蒙。鸿蒙方将拊脾雀跃而游。云将见之，倘然止，贽然[1]立，曰："叟何人邪？叟何为此？"鸿蒙拊脾雀跃不辍，对云将曰："游！"云将曰："朕愿有问也。"鸿蒙仰而视云将曰："吁！"云将曰："天气不和，地气郁结，六气不调，四时不节。今我愿合六气之精以育群生，为之奈何？"鸿蒙拊脾雀跃掉头曰："吾弗知！吾弗知！"云将不得问。又三年，东游，过有宋之野而适遭鸿蒙。云将大喜，行趋而进曰："天忘朕邪？天忘朕邪？"再拜稽首，愿闻于鸿蒙。鸿蒙曰："浮游不知所求，猖狂不知所往，游者鞅掌[2]，以观无妄。朕又何知！"云将曰："朕也自以为猖狂，而民随予所往；朕也不得已于民，今则民之放也。愿闻一言。"

鸿蒙曰："乱天之经，逆物之情③，玄天弗成，解兽之群而鸟皆夜鸣，灾及草木，祸及止虫。意，治人之过也！"云将曰："然则吾奈何？"鸿蒙曰："意，毒哉！仙仙④乎归矣。"云将曰："吾遇天难，愿闻一言。"

鸿蒙曰："意！心养。汝徒处无为，而物自化。堕尔形体，吐尔聪明，伦与物忘，大同乎涬溟⑤。解心释神，莫然无魂。万物云云，各复其根，各复其根而不知；浑浑沌沌。终身不离。若彼知之，乃是离之。无问其名，无窥其情，物固自生。"云将曰："天降朕以德，示朕以默。躬身求之，乃今也得。"再拜稽首，起辞而行。

注释

①赘（zhì）然：不动的样子。

②鞅掌：放任随意。

③情：本性。

④仙仙：轻举的样子。

⑤涬（xìng）溟：混混沌沌的状态。

老马释途

云将东游，碰到鸿蒙，有几段对话。云将一直想知道治理国家的方法和正确手段，鸿蒙认为云将没有抓到根本，本身连这个问题都是多余的。

"乱天之经，逆物之情，玄天弗成。"你的治理实际打乱了规则，违背了万物本来的规律，不能顺其自然，这样的治理完全是多余的。结论是"汝徒处无为，而物自化"。如果什么也不干，万物会自然而然地演化，这就是最好的状态。

所以无为即可，"无问其名，无窥其情，物固自生"。不要问，也不要窥测，物固自生，也就是自然而然发展，这就是最好的。

庄子指明了方向，也讲清了做法。强大内心才是完成这些事情的前提，脆弱的我们需要用远大的梦想支撑自己，用努力奋斗的行为来填充我们的空虚，并且受到大家的赞扬，因为这本身就在为社会创造价值。而按庄子的逻辑，这本身是一些没用的行为。

"天生我材必有用"，没有用总是不甘，虽然有时候也想偷偷懒，但劳动作为我们的重要需求，总是喜欢的时候多。

原文

世俗之人，皆喜人之同乎己而恶人之异于己也。同于己而欲①之，异于己而不欲者，以出乎众为心也。夫以出乎众为心者，曷常出乎众哉？因众以宁②所闻，不如众技众矣。而欲为人之国者，此揽乎三王之利而不见其患者也。此以人之国侥幸也，几何侥幸而不丧人之国乎？其存人之国也，无万分之一；而丧人之国也，一不成而万有余丧矣。悲夫，有土者之不知也。

注释

①欲：喜爱。
②宁：坚信。

老马释途

"世俗之人，皆喜人之同乎己而恶人之异于己也。"庄子像一位心理学家，开始分析人的想法。大部分人都喜欢别人与自己一样，而讨厌别人与自己不同，并且都希望"出乎众为心也"，希望出人头地。看来庄子对人性还是非常了解的，这也是人性的基本逻辑：一辈子总想做点儿事，有所成就有所为。

并且庄子认为这样的追求完全是徒劳的，认为谁也不会比别人强太多，大多的这种行为是没有意义的。讲白了还是无为靠谱。

最后的结论仍然是无为而治，不过显然的问题是，这是违背人性的。似乎庄子并没有过多去深入，如此，成功与成就都是多余的，这也就像庄子讲的得道了。问题是，这种道很多人并不想得。

如果真正顺其自然，为什么不顺人性所为，而要顺自然之道呢？这本身就是矛盾的，这又何苦呢？难道人性不符合自然而然吗？那什么才是自然呢？看来还是要继续求索了。

原文

夫有土者，有大物也。有大物者，不可以物。物而不物，故能物物。明乎物物者之非物也，岂独治天下百姓而已哉！出入六合，游乎九州，独往独来，是谓独有。独有之人，是谓至贵。大人之教，若形之于影，声之于响。有问而应之，尽其所怀，为天下配。处乎无响①，行乎无方②。挈③汝适复之挠挠④，以游无端，出入无旁，与日无始。颂论形躯，合乎大同，大同而无己。无己，恶乎得有有！睹有者，昔之君子；睹无者，天地之友。

注释

①无响：寂静无声。
②无方：不固定方向。
③挈（qié）：携带。
④挠挠：纷乱的样子。

老马释途

"物而不物，故能物物。"拥有万物但是不被万物掌握与影响，这样才能拥有万物。只有这样的人才能叫圣人，只有修炼到这个程度，才是庄子讲的得道，也才是"独有之人，是谓至贵"，称之为至高无上之人。

可想而知，应该没有几个人能达到。回顾我们上下几千年的文明轨迹，如此的也就是几个人，这就很难是百姓之道，圣人之道只能是个别之道了。这个方向大家应该都认同，问题是一直达不到目标，是否很多人就会放弃呢？是否会讲与做是两套，虚伪就顺其自然出现了？这是庄子未必预料到的。

"睹有者，昔之君子；睹无者，天地之友。"无是超越有的，只有无才能永恒，有往往是阶段性的。我们发现优秀的组织真正的战斗力，最后还是无，还是无形的精神，这似乎也印证了庄子的判断。

原文

贱而不可不任^①者，物也；卑而不可不因^②者，民也；匿而不可不为者，事也；粗而不可不陈^③者，法也；远而不可不居者，义也；亲而不可不广者，仁也；节而不可不积者，礼也；中^④而不可不高者，德也；一而不可易者，道也；神而不可不为者，天也。故圣人观于天而不助，成于德而不累，出于道而不谋，会^⑤于仁而不恃，薄^⑥于义而不积，应于礼而不讳^⑦，接于事而不辞，齐于法而不乱，恃于民而不轻，因于物而不去。物者莫足为也，而不可不为。不明于天者，不纯于德；不通于道者，无自而可。不明于道者，悲夫！

何谓道？有天道，有人道。无为而尊者天道也；有为而累者，人道也。主者，天道也；臣者，人道也。天道之与人道也，相去远矣，不可不察也。

注释

①任：依凭。
②因：随从。
③陈：施行。
④中：平庸。
⑤会：符合。
⑥薄：接近。
⑦讳：拘束。

老马释途

　　这一段内容应该是普通人可以去研究的，甚至是可以去学习，并可能学会的。这也是庄子讲的为数不多的可以落地的内容，从普通人角度理解的干货，但又可能离道甚远。

　　"物者莫足为也，而不可不为。"万事万物都不能强求，但是又不得不干。这也是庄子看清了众生，只是要无为而为，顺其自然，而这种依道而为比逆道而为本身更加困难。所以庄子也感叹："不明于道者，悲夫！"不明白道的人，真是可悲呀。问题是大部分人是可悲的，所以真正的成功者、优秀人物实际上是少之又少的，这个现实是必须要去认清的，也不要有什么意外惊喜的想法。

　　企业里的平庸之辈，如何完成伟大之事？这才是常态，是值得思考的。所谓的能人异士只是符合组织的要求，非常适合而已。如此，他变成了人才，并非他自己是关键，适合的组织位置可能更加有价值，换个位置也许是个蠢才。为了听起来好听，也就变成了"天生我材必有用。"

天地

原文

　　天地虽大，其化均也；万物虽多，其治一也；人卒虽众，其主君也。君原于德而成于天，故曰：玄古①之君天下，无为也，天德而已矣。以道观言而天下之君正，以道观分而君臣之义明，以道观能②而天下之官治，以道泛观而万物之应备。故通于天下者，德也；行于万物者，道也；上治人者，事也；能有所艺者，技也。技兼于事，事兼于义，义兼于德，德兼于道，道兼于天。故曰：古之畜天下者，无欲而天下足，无为而万物化，渊静而百姓定。《记》曰:"通于一而万事毕,无心得而鬼神服。"

注释

①玄古:远古。
②能:能力。

老马释途

"天地虽大,其化均也;万物虽多,其治一也。"这是庄子思想很重要的前提条件,讲出了平衡之道,万物归一之道,深刻地影响了中国文化,也可以理解中国文化的整体性、全局性,包括医学都是顺着这个路数。问题是,证据是什么?似乎不需提供,认为即可以。

"古之畜天下者,无欲而天下足,无为而万物化,渊静而百姓定。"总而言之,无欲、无为,静则一切顺利,自然而然。为、动则平添麻烦,制造事端。如此,我们好像都是麻烦制造者了。

"通于一而万事毕,无心得而鬼神服。"通晓大道,无欲无求也就万事大吉,没有什么困难与问题了。

应该讲有为也是为了无为,努力也是为了大同。可怜的是,绝大部分时间我们都在奔波,似乎当我们离开这个世界的时候才会消停,这也好像是我们的宿命。停下笔,还得去忙,有点儿无奈。人在江湖,身不由己,这才是我们的常态,辜负庄子他老人家了。

原文

夫子曰:"夫道,覆载万物者也,洋洋乎大哉!君子不可以不刳①心焉。无为为之之谓天,无为言之之谓德,爱人利物之谓仁,不同同之之谓大,行不崖异②之谓宽,有万不同之谓富。故执德之谓纪,德成之谓立,循于道之谓备,不以物挫志之谓完。君子明于此十者,则韬乎其事心之大也,沛乎其为万物逝也。若然者,藏金于山,藏珠于渊;不利货财,不近贵富；不乐寿，不哀夭；不荣通，不丑穷；不拘一世之利以为己私分，不以王天下为己处显。显则明，万物一府，死生同状。"

注释

①刳（kū）：挖空。
②崖异：突出而与众不同

老马释途

"夫道，覆载万物者也，洋洋乎大哉！"道是一切，一切是道，道载万物。高度提炼的道，是一切的本源，而庄子认为的道，就是无为，自然而然。

并且形成了自己的一些主张，"无为为之之谓天，无为言之之谓德"。无为即自然，顺天而为，应该总结得非常明确了。我们后世也经常引用这些言语，并以此为标准。我发现道理很重要，道理的传播方式也很重要。庄子的文笔非常有影响力，也容易流传，除了本身的价值外，看来表现形式也很重要。这可能庄子并不认同，而实际上却产生了作用。

"显则明，万物一府，死生同状。"死、生并一物，何必去区分，显赫、知名都实际没什么价值，因为最终都是一样的。问题是，庄子忽略了人在获得名利时的开心、快乐的感受，很多人实际上就是为了这种成就感，这种快感，这才是人性。当然，快乐后的悲伤往往伴随而来，从长远讲，还是逃不出老庄的"五指山"。

原文

夫子曰："夫道，渊乎其居也，漻①乎其清也。金石不得，无以鸣。故金石有声，不考不鸣。万物孰能定之！夫王德之人，素逝而耻通于事，立之本原而知通于神，故其德广。其心之出，有物采之②。故形非道不生，生非德不明。存形穷生，立德明道，非王德者邪？荡荡乎！忽然出，勃然动,而万物从之乎!此谓王德之人。视乎冥冥,听乎无声。冥冥之中,独见晓焉;无声之中,独闻和焉。故深之又深而能物焉,神之又神而能精焉。故其与万物接也,至无而供其求,时骋而要其宿,大小、长短、修远。

注释

①漻(liáo):清澈的样子。
②采:求,这里指对外物的探取。

老马释途

这一段又描述"道"了,认为道是万物之本源,一切由此决定。看了《庄子》,会觉得众生皆无知,有知有觉的人太少了。问题是大家还觉得有知,觉得很聪明。这可能也是大家的悲哀,不知道自己不知道的人确实有太多。问题是,这种皇帝的新装如果点破,并没有几个人会接受,可能会受到耻笑与攻击。

这往往会形成一个局面,假话会受到认可,真话反而会受到批评。只有大家真的发现问题了,吃亏了,可能才会如梦方醒,但紧接着会陷入另一个循环。"众人皆醉我独醒",也是一件较为痛苦的事情。

"故其与万物接也,至无而供其求,时骋而要其宿,大小、长短、修远。"所以讲不管什么情况下道与万物相融,是一切的基础。但显然这与人性的表现是相违背的,这也可能注定了人类的痛苦,或者这本来就是人生。

如此,庄子可能就释然了,问题是如何让一群普通人完成伟业,应该是我们要去探讨的,这就需要组织了。

原文

黄帝游乎赤水①之北,登乎昆仑之丘而南望。还②归,遗其玄珠③。使知④索之而不得，使离朱⑤索之而不得，使喫诟⑥索之而不得也。乃使象罔⑦，象罔得之。黄帝曰："异哉！象罔乃可以得之乎？"

注释

①赤水：虚拟的水名。
②还：通作"旋"，随即，不久。
③玄珠：玄妙的珍珠，喻指道。
④知：杜撰的人名，寓含才智、智慧的意思。
⑤离朱：人名，寓含善于明察的意思。
⑥喫（chī）诟：杜撰的人名，寓含善于闻声辩言的意思。
⑦象罔：杜撰的人名，寓含无心的意思。

老马释途

庄子编了一个黄帝的故事，说明了一个问题。无心、无智、无视的象罔可以找到黄帝遗失的物品，智力超群的人、能说会道的人、明察秋毫的人，却都没有找到。只是想告诉我们，无才是道，无为才是大道。

总而言之，变着法地向我们说明无为的价值，来说服我们。问题在于，只靠说服教育似乎很难达到目的，或者说似乎是不够的。还需要更强有力地推动，那就可能是基于人性的制度。但在这方面，庄子显然是反对的。不过现实好像恰恰证明了庄子的不足之处，教育一个人的难度相当大，大部分人还是归于无效果。试图改变一个人就是枉然，能改变自己才是高人。

只有自己才能改变自己，别人只能是提醒，组织的推动就是核心了。个人的软弱与无能令人印象深刻，很少有庄子这样讲的可修炼成所谓圣人的，组织的价值就显得很重要了。

原文

尧之师曰许由，许由之师曰啮缺，啮缺之师曰王倪，王倪之师曰被衣。

尧问于许由曰："啮缺可以配天乎？吾藉①王倪以要之。"许由曰："殆哉，圾乎天下！啮缺之为人也，聪明睿知，给数以敏，其性过人，而又乃以人受天。彼审乎禁过，而不知过之所由生。与之配天乎？彼且乘人而无天。方且本身而异形，方且尊知而火驰，方且为绪使，方且为物絯②，方且四顾而物应，方且应众宜，方且与物化而未始有恒。夫何足以配天乎？虽然，有族，有祖，可以为众父，而不可以为众父父。治，乱之率也，北面之祸也，南面之贼也。"

注释

① 藉：借助。
② 絯（gāi）：束缚。

老马释途

讲了一群师傅、师傅的师傅，结论是聪明智慧的人不能当王，只有无为才可，无为可能也就是我们俗话讲的大智若愚。

"虽然，有族，有祖，可以为众父，而不可以为众父父。"也就是可以成为将，而不可成为帅。似乎在微观上来讲，和我们日常组织的角色较为接近。聪明人从来不缺，有为的人也从来不稀少，但是"傻笨"之人太少，无为忍住不乱为的人太稀少，这才是实际情况。如此，引导大家向善的组织、体制才是关键，当然也包括庄子的教育。

我接触过不少企业家与高管，明显发现人与人的差距巨大。而这个差距实际上、根本上是由思想、认知、观点决定的，只是随着时间的变化，变成了运气、出生、技能的差异，最后成为级别、财富、社会地位的差异。而这个认知思想的转变颇为困难，尤其通过说服教育来转变很难，更为有效的是利益、人性的驱动与顺水推舟。

当然，教育也是需要的，只是似乎仅仅教育却不够。

原文

尧观乎华①。华封②人曰:"嘻,圣人!请祝圣人,使圣人寿。"尧曰:"辞③。""使圣人富。"尧曰:"辞。""使圣人多男子④。"尧曰:"辞。"封人曰:"寿、富、多男子,人之所欲也。女独不欲,何邪?"尧曰:"多男子则多惧,富则多事,寿则多辱。是三者,非所以养德⑤也,故辞。"

封人曰:"始也我以女为圣人邪,今然君子也。天生万民,必授之职。多男子而授之职,则何惧之有?富而使人分之,则何事之有?夫圣人,鹑居而鷇⑥食,鸟行而无彰。天下有道,则与物皆昌;天下无道,则修德就闲。千岁厌世,去而上仙,乘彼白云,至于帝乡。三患莫至,身常无殃,则何辱之有?"封人去之。尧随之,曰:"请问。"封人曰:"退已!"

注释

①华:地名。
②封:守护疆界。
③辞:谢绝,推辞。
④男子:男孩子。
⑤所以养德:调养无为之德的办法。
⑥鷇(kòu):初生小鸟。

老马释途

通过对话来讲道理,似乎成为先哲们的通用做法,不管是《理想国》还是《庄子》这种作法都较为普遍。尧与封人的对话在深入探讨何为"无为"。

"多男子则多惧,富则多事,寿则多辱。"尧讲得非常有道理,名多是非多,财多问题多,子女多忧惧多,长寿麻烦多,所以没有必要去争取。似乎无为了,实际上有意去放弃,也是为,并非无为。这实际上在很多时候是误解,无为非不作为,而是顺其自然,这经常被众人混淆,后一段就讲清楚了这件事情。

"天下有道，则与物皆昌；天下无道，则修德就闲。"天下太平昌盛，那么就与万物一起昌盛；天下纷乱动荡，那么就修身养性。

也就是讲顺其自然，顺势就是无为，顺势而为也为无为。似乎在透露这个含义，如此的话，确实不太好界定，分歧较大，不同的题义也就产生了。

道法自然，该为无为，无为与有为本为一物，只是同时并存而已。自然而然，顺乎天道，既是无为，也是有为。有点糊涂，得继续深入学习。

原文

尧治天下，伯成子高①立为诸侯。尧授舜，舜授禹，伯成子高辞为诸侯而耕。禹往见之，则耕在野。禹趋就下风②，立而问焉③，曰："昔尧治天下，吾子立为诸侯。尧授舜，舜授予，而吾子辞为诸侯而耕。敢问其故何也？"子高曰："昔尧治天下，不赏而民劝④，不罚而民畏。今子赏罚而民且不仁，德自此衰，刑自此立，后世之乱自此始矣！夫子阖⑤行邪？无⑥落吾事！"俋俋乎⑦耕而不顾。

注释

①伯成子高：杜撰的人名。

②下风：下方。

③焉：用同"于之"。

④劝：劝勉。

⑤阖：通作"盍"，怎么不。

⑥无：毋，不要。

⑦俋（yì）俋乎：用力耕地的样子。

老马释途

"昔尧治天下，不赏而民劝，不罚而民畏。"也就是讲尧治理天下，不行赏赐而人民非常勤勉，没有惩罚但是人民却很是敬畏。这似乎和我们现行的管理理论与实践格格不入。

因为人的天性是趋利避害的，所以才奖罚分明，但是显然与庄子的无为差异甚大，无为才是最好的为。不过，如果人性确是如此，确是趋利避害，那么顺其自然就应该是制定奖罚。如此，分歧的关键还是在于对人性的假设。

这也是历代先哲的争论观点：人性本善或恶，不善不恶，既善又恶。目前来看，既善又恶似乎是共识，人是天使和魔鬼的综合体，这种观点应该正在被更多人接受。

如何激发人的善意，如何限制人性中的恶意，应该是治理、管理中探讨的问题。如此，似乎也是顺其自然，关键在于，有时候为是顺其自然，有时候无为是顺其自然，为与无为不好判断，道法自然才是关键。

原文

泰①初有无，无有无名；一②之所起，有一而未形③。物得④以生，谓之德；未形者有分，且然无间，谓之命；留动而生物，物成生理⑤，谓之形；形体保神，各有仪则，谓之性。性修反德，德至同于初。同乃虚，虚乃大。合喙鸣。喙⑥鸣合，与天地为合。其合缗缗⑦，若愚若昏，是谓玄德，同乎大顺。

注释

①泰：同"太"。
②一：指出现存在的初始形态。
③未形：没有形成形体。
④得：自得。
⑤生理：生命的机理。
⑥喙（huì）：鸟兽的嘴。
⑦缗（mín）缗：没有踪迹。

老马释途

天地宇宙的探索,在庄子这里变成了寥寥数语,简单了也就归真了,也就心静了。

"泰初有无,无有无名。"一切来源于无,什么也没有,"本来无一物,何处惹尘埃"。有一次坐飞机,飞机颠簸得厉害,我心中甚是恐惧,恐惧什么呢?怕死?想想这几句话,心里就平静了少许。功利心、生死劫,实在不太容易跨过,这也是我们一直纠结的。实际上也没有什么用,该如何就如何,顺其自然最好。

"一之所起,有一而未形。"万物来源于一,混一也没有什么形状,也不太好描述,只能暂且如此,靠悟性了。问题是庄子如何得知,是臆测吗?总之来源不明。

"同乃虚,虚乃大。"心底无私天地宽,虚了,没了,也就大了。只是人们希望物质生活、精神生活一起丰富、升级,这也就产生问题了。适可而止,顺其自然,也就回归大道了。"其合缗缗,若愚若昏,是谓玄德,同乎大顺。"不露踪迹,好像又愚又昏,好似返朴归真,也就是真正的大道。

想起来有点儿可笑,为什么怕飞机颠簸,自然而然,不过如此。

原文

夫子①问于老聃曰:"有人治道若相放②,可不可,然不然。辩者有言曰:'离③坚白,若县寓。'若是则可谓圣人乎?"老聃曰:"是胥④易技系、劳形怵心者也。执留⑤之狗成思,猿狙⑥之便自山林来。丘,予告若,而所不能闻与而所不能言。凡有首有趾⑦无心无耳者众,有形者与无形无状而皆存者尽无。其动止也,其死生也,其废起也,此又非其所以也。有治在人,忘乎物,忘乎天,其名为忘己。忘己之人,是之谓入于天。"

注释

①夫子：这里指孔丘。
②放：逆背。
③离：分析。
④胥：通作"谞"，指具有一定智巧的小吏。
⑤执留：即竹鼠。
⑥猨狙：猿猴。
⑦有首有趾：头脚俱全，指业已成形。

老马释途

"其动止也，其死生也，其废起也，此又非其所以也"。运动或禁止，死亡还是生存，衰弱还是兴盛，这都是出于自然，有其自然的道，是不可知的。换句话讲，我们所有的行为与动作，实际上并不会改变这些规律，没有多大的实际意义。站在宇宙的高度看，庄子似乎很有道理，站在渺小的个人角度看，就大相径庭了。

人家对你太好，无须感动；人家对你太坏，也无须生气。如此也就心平气和了，显然与人性不符。修炼实际上就是修剪、历练人之本性，也一定不会是舒服的享受了。

"忘己之人，是之谓入于天。"忘掉自己，也就与天地融合为一，就成了人们口中的圣人。这应该是我们努力的方向，如此，没有有为，很难无为。

如此，好像应顺其自然。依道而为，并非不作为，任凭自然发生，这好像是道中之义。

当然，大家认为的顺其自然各不相同，也就成了难题，如果真正明确了，可以测量了，也就科学了。划科而学，但一定程度上是有偏见的，吾等应该继续上下而求索吧。

《庄子》

原文

将闾葂见季彻①曰:"鲁君谓葂也曰:'请受教。'辞不获命②。既已告矣,未知中否③,请尝荐④之。吾谓鲁君曰:'必服⑤恭俭,拔⑥出公忠之属而无阿私,民孰敢不辑⑦!'"季彻局局然⑧笑曰:"若夫子之言,于帝王之德犹螳螂之怒臂以当车轶⑨,则必不胜任矣。且若是,则其自为处危⑩,其观台多物,将往投迹者众。"

将闾葂觋觋然⑪惊曰:"葂也汒⑫若于夫子之所言矣!虽然,愿先生之言其风也。"季彻曰:"大圣之治天下也,摇荡民心,使之成教易俗,举灭其贼心而皆进其独志。若性之自为,而民不知其所由然。若然者,岂兄尧、舜之教民,溟涬然弟之哉?欲同乎德而心居矣。"

注释

①将闾葂(miǎn)、季彻:均为人名。
②获命:获得允诺。
③中否:说对了还是没说对。
④荐:进献。
⑤服:亲身实践。
⑥拔:举荐,提拔。
⑦辑:和睦。
⑧局局然:俯身而笑的样子。
⑨轶:通作"辙",车轮印。
⑩自为处危:让自己处于高危的境地。
⑪觋(xī)觋然:惊恐的样子。
⑫汒(máng):愚昧无知。

老马释途

顺其自然,心底无私,天地自然宽。而自私又是人的天性,这本身就是一种矛盾，如果一个人能修炼到如此境界，大公无私了也就有成就了。换句话讲，也就大私了，因为将会受到众人的爱戴，而这恰恰是每个人所希望得到的"认同"。

二位的一段对话，讲了两种做法，境界高低在庄子这里非常明确。"必服恭俭，拔出公忠之属而无阿私，民孰敢不辑！"对鲁国君王讲，自己要谦恭、俭让，选出真正忠诚的臣下去管理国家，这样百姓和谐，国泰民安。

另一位观点完全不同。"大圣之治天下也，摇荡民心，使之成教易俗，举灭其贼心而皆进其独志。若性之自为，而民不知其所由然。"圣人治理国家，让人民自由，多多教化，这样他们会自发驱使自己向善。随性而为，社会和谐，大家自己也并不知道是什么原因。

显然，庄子更赞成道法自然，教化人心，不支持制定制度，控制驱动。自然而然从来比被逼无奈更有价值，更有效率。问题是生活中绝大部分情况，人向善恰恰是被逼的，当然会从无奈变成习惯，人的可塑性还是很强的。

原文

子贡南游于楚，反于晋，过汉阴，见一丈人方将为圃畦，凿隧而入井，抱瓮而出灌，搰搰然①用力甚多而见功寡。子贡曰："有械于此，一日浸百畦，用力甚寡而见功多，夫子不欲乎？"为圃者卬②而视之曰："奈何？"曰："凿木为机，后重前轻，挈水若抽，数③如泆汤，其名为槔。"为圃者忿然作色而笑曰："吾闻之吾师，有机械者必有机事，有机事者必有机心。机心存于胸中，则纯白不备；纯白不备，则神生不定；神生不定者，道之所不载也。吾非不知，羞而不为也。"子贡瞒然惭，俯而不对。

有间，为圃者曰："子奚为者邪？"曰："孔丘之徒也。"为圃者曰："子非夫博学以拟圣，於于以盖众，独弦哀歌以卖名声于天下者乎？汝方将忘汝神气，堕汝形骸，而庶几乎！而身之不能治，而何暇治天下乎！子往矣，无乏吾事！"

《庄子》

注释

①搰（hú）搰然：用力的样子。
②卬：亦作"仰"，抬起头。
③数：频繁，引申为快速。

老马释途

子贡南游又遇到了高手，有一番对话，令其自愧不如。当然，这些虚拟的故事还是在向人们表达道家的思想。

一老人浇菜笨拙，子贡忍不住上前给出建议，没有想到人家是这样子讲的："有机械者必有机事，有机事者必有机心。"也就是讲，使用这些机械之类的物品，必然会有机巧之类的事情，有机巧之类的事情就必然会有投机的心思。因此，宁愿笨拙也不屑于使用先进的机械设备。

最后的总结就更加清楚了，"而身之不能治，而何暇治天下乎！"你自己都不能调理好自己，只会夸夸其谈，又怎么可能治理好天下呢？原因就是抛弃了自己的精神和身体，如此，走正道、行正事，不投机取巧，自然而然就是答案了。

原文

子贡卑陬①失色，顼顼然②不自得，行三十里而后愈。其弟子曰："向之人何为者邪？夫子何故见之变容失色，终日不自反邪？"曰："始吾以为天下一人耳，不知复有夫人也。吾闻之夫子，事求可，功求成。用力少见功多者，圣人之道。今徒不然。执道者德全，德全者形全，形全者神全。神全者，圣人之道也。托生与民并行而不知其所之，忙乎淳备哉！功利机巧必忘夫人之心。若夫人者，非其志不之，非其心不为。虽以天下誉之，得其所谓，謷③然不顾；以天下非之，失其所谓，傥然④不受。天下之非誉，无益损焉，是谓全德之人哉！我之谓风波之民。"

反于鲁，以告孔子。孔子曰："彼假修浑沌氏之术者也。识其一⑤，不知其二⑥；治其内，而不治其外。夫明白入素，无为复朴，体性抱神，以游世俗之间者，汝将固惊邪？且浑沌氏之术，予与汝何足以识之哉？"

注释

① 卑陬（zōu）：惭愧不安的样子。
② 顼（xū）顼然：低垂着头的样子。
③ 謷（ào）：通作"傲"，孤高。
④ 侗然：无动于衷的样子。
⑤ 识其一：意思是懂得自古不移、纯真合一的道理。
⑥ 不知其二：意思是不了解顺合时势、适应变化的道理。

老马释途

接上文，听了老人的一番话，子贡思考了半天，很受刺激。最后得出结论："执道者德全，德全者形全，形全者神全。神全者，圣人之道也。"循道之人才会有德行，德行完整的人，身形才能完整，这样人的精神才会健全，这才是圣人之道。也就是循道、执道才是核心，由虚入实，由德全到形全。

本质的东西在道，而不在形，在内涵而不在表面，内心的修炼还是最重要了。"天下之非誉，无益损焉，是谓全德之人哉！"无论天下的人怎么评论，是批评还是赞誉，他都无所谓，不为之动，这就叫德行完整的人了。换句话讲，对功过是非都无所谓，与自己的内心在一起，而这个"心"就是道了。

孔子向子贡说明，这是一批修行人，求内心，不求利。这让子贡感受到了力量，从这个角度来看庄子蛮唯心的。

一个人、一个组织都是类似的，心正气清，一切就敞亮了。底层逻辑才是核心，表现出来的都是表面而已，只是大部分人不愿意用心去研究底层而已。

原文

谆芒将东之大壑,适遇苑风于东海之滨。苑风曰:"子将奚之?"曰:"将之大壑。"曰:"奚为焉?"曰:"夫大壑之为物也,注焉而不满,酌焉而不竭。吾将游焉。"

苑风曰:"夫子无意于横目之民乎?愿闻圣治。"谆芒曰:"圣治乎?官施而不失其宜,拔举而不失其能,毕见其情事而行其所为,行言自为而天下化。手挠顾指,四方之民莫不俱至,此之谓圣治。""愿闻德人。"曰:"德人者,居无思,行无虑,不藏是非美恶。四海之内共利之之谓悦,共给之之谓安。怊①乎若婴儿之失其母也,傥乎若行而失其道也。财用有余而不知其所自来,饮食取足而不知其所从,此谓德人之容。""愿闻神人。"曰:"上神乘光,与形灭亡,此谓照旷。致命尽情,天地乐而万事销亡,万物复情,此之谓混冥。"

注释

①怊(chāo):惆怅。

老马释途

通过苑风与谆芒的对话来介绍圣人之治、德人之治与神人之治,来讨论国君应该如何治理国家。似乎并未谈及必然要存在国家这样的组织,自然也就必然存在治理国家了。

像企业等一样,存在似乎是必然,个人是渺小的,基本上要通过组织去实现个人的各种目标。但每一个人似乎又想独立地去干些什么,我发现孤独的灵魂与身体都是需要去处的。庄子从头到尾都懒得去讨论这个问题,认为人都应是国中之人、治下之人。

圣人治国,"官施而不失其宜,拔举而不失其能"。就是设置官府等机构,选拔贤能之人而让大家安居乐业。德人之治,"四海之内共利之之谓悦，共给之之谓安"。四海之内共利而喜悦，共享财富而安定，有点儿大同的意思。神人之治，"上神乘光，与形灭亡，此谓照旷"。精神超脱一切，和所有的万物一起消失，就叫普照万物。

显然社会上还是圣人之治，庄子认为应该并非如此，应为德人之治或神人之治，要从思想和精神上去解决问题，不治而治，自然而然。

原文

门无鬼与赤张满稽观于武王之师。赤张满稽曰："不及有虞氏乎！故离此患也。"门无鬼曰："天下均治而有虞氏治之邪？其乱而后治之与？"

赤张满稽曰："天下均治之为愿，而何计以有虞氏为！有虞氏之药疡[①]也，秃而施髢[②]，病而求医。孝子操药以修慈父，其色燋然[③]，圣人羞之。至德之世，不尚贤，不使能，上如标枝，民如野鹿。端正而不知以为义，相爱而不知以为仁，实而不知以为忠，当而不知以为信，蠢动而相使不以为赐。是故行而无迹，事而无传。"

注释

①疡（yáng）：头疮。
②髢（dí）：假发。
③燋（qiáo）然：憔悴的样子，表示忧虑。

老马释途

天下太平的时候还需要人治理吗？还是等天下大乱了才去治理？话外音是，太平时是不需要去治理的，大乱了才会去治理，也只会越来越乱。

"至德之世，不尚贤，不使能。"盛德的时代，不崇尚贤才，不使用能人，一切自然而然，这才是庄子所希望的治世之道，否则都是多余的。

不过，庄子并没有再向前一步，干脆否定国家之内组织存在的意义，如此的话，庄子就成了个人主义者了。

生活中往往是这样子存在的，因为某个问题的解决，而使贤能显现了出来。为了显示自己的能力，有些人甚至会制造一些问题出来。这可能也是圣人始料未及的，本来就没有什么，只是人为地在玩一些游戏。但这恰恰是人们生存的常态，因为充满能量的人们需要去奋斗、去释放，否则很难静下来。而创造问题与解决问题不过是消耗人们能量的游戏罢了，能够有实在意义可能也就这样子了。看透这些的老庄让我们无为，但是没有看透人们需要去使用能量。就像成年人看到小朋友在玩积木盖房子，搭出心中理想的家，成年人会觉得如此徒劳，还如此开心、快乐，实在是可笑。问题是成年人小的时候，何尝不是如此呢？如此看来，庄子是历经风霜之人吧。

原文

孝子不谀其亲，忠臣不谄其君，臣子之盛也。亲之所言而然，所行而善，则世俗谓之不肖子；君之所言而然，所行而善，则世俗谓之不肖臣。而未知此其必然邪？世俗之所谓然而然之，所谓善而善之，则不谓道谀之人也。然则俗故严于亲而尊于君邪？谓己道人，则勃然作色；谓己谀人，则怫然作色。而终身道人也，终身谀人也，合譬饰辞聚众也，是终始本末不相坐。垂衣裳，设采色，动容貌，以媚一世，而不自谓道谀；与夫人之为徒，通是非，而不自谓众人，愚之至也。知其愚者，非大愚也；知其惑者，非大惑也。大惑者，终身不解；大愚者，终身不灵。三人行而一人惑，所适者犹可致也，惑者少也；二人惑则劳而不至，惑者胜也。而今也以天下惑，予虽有祈向，不可得也。不亦悲乎！

老马释途

"孝子不谀其亲，忠臣不谄其君，臣子之盛也。"真正的孝子不会奉承自己的亲人，真正忠诚的人不会谄媚自己的国君，这就是做孝子和人臣的最高境界。讲得简单，实际上真正能了解的人很少，这一点庄子也清楚，所以才有下面的说法。

"大惑者，终身不解；大愚者，终身不灵。"一辈子也不会醒悟的人多的是，也就是大惑大愚之人。问题是这样子的人有必要去教化吗？去教化这样的人不就是典型的对牛弹琴，不是牛有问题，而是弹琴之人大愚了。

所以庄子有了这样的感叹："而今也以天下惑，予虽有祈向，不可得也。不亦悲乎！"今天天下的人都糊涂，即使他祈求教化，实际上也是达不到目标的，这是件多么悲哀的事情呀！如此，庄子是明知不可为而为之，到底是不得其法，还是执着令人感动呢？

实际上把事情的成败寄托于某个人，本身就是一件危险的事情。如果真的有这样值得信赖的人，还是要珍惜，不要去考验他。应该用组织去确保，人实际只是一个组织的组成部分，但你不可直接告诉众人，大家听了不会开心的。

原文

大声不入于里耳，《折杨》《皇荂》①，则嗑然而笑。是故高言不止于众人之心，至言不出，俗言胜也。以二缶钟惑，而所适不得矣。而今也以天下惑，予虽有祈向，其庸可得邪！知其不可得也而强之，又一惑也！故莫若释之而不推。不推，谁其比忧！厉之人夜半生其子，遽取火而视之，汲汲然唯恐其似己也。

百年之木，破为牺尊，青黄而文之，其断在沟中。比牺尊于沟中之断，则美恶有间矣，其于失性一也。跖与曾、史，行义有间矣，然其失性均也。且夫失性有五：一曰五色乱目，使目不明；二曰五声乱耳，使耳不聪；三曰五臭熏鼻，困惾②中颡；四曰五味浊口，使口厉爽；五曰趣舍滑心，使性飞扬。此五者，皆生之害也。而杨墨乃始离跂自以为得，非吾所谓得也。夫得者困，可以为得乎？则鸠鸮之在于笼也，亦可以为得矣。且夫趣舍声色以柴其内，皮弁鹬冠搢笏绅修以约其外，内支盈于柴栅，外重缪缴③，睆睆然④在缪缴之中而自以为得，则是罪人交臂历指而虎豹在于囊槛，亦可以为得矣。

《庄子》

> **注释**
>
> ①《折杨》《皇荂（fū）》：《折杨》《皇荂》都是通俗的乐曲名。
> ②囷慒（zōng）：闷塞。
> ③缴（zhuó）：绳。
> ④睆（huàn）睆然：极目望远的样子。

老马释途

"是故高言不止于众人之心，至言不出，俗言胜也。"所以高雅的语言不会留在众人心里，只有流俗会在人们的心中。似乎这描述的是早期的真理掌握在少数人手里。

"而今也以天下惑，予虽有祈向，其庸可得邪！"大部分人都是迷惑的，所以追求真相是没有意义的，没有价值的。看来庄子也陷入了"众人皆醉我独醒"的状态，如此，再去让大家追求真理就没有什么价值了。

实际上很多人不关注真相，更不关注人类的未来，也不管什么思想，他们关注的是利益，绝大部分也只关注物质利益，离精神层面还相距甚远，如此也就能理解为什么圣人难出了。

如此，从利益出发，似乎更符合人性。非要戴个圣人的帽子，高尚的标签，最后只会产生虚伪的人了。如此，是否也就简单了？当然，也可能有很多问题，实际上这起码是普通人之路，而非圣人之路，可能更适合人们的口味，只是不太好听，不太冠冕堂皇，甚至有点儿所谓的世俗，真是让人难以取舍。

天道

原文

　　天道运而无所积，故万物成①；帝道运而无所积，故天下归；圣道运而无所积，故海内服。明于天，通于圣，六通四辟于帝王之德者，其自为也，昧然②无不静者矣。圣人之静也，非曰静也善，故静也；万物无足以铙③心者，故静也。水静则明烛须眉，平中准，大匠取法焉。水静犹明，而况精神！圣人之心静乎！天地之鉴也；万物之镜也。夫虚静、恬淡、寂漠、无为者，天地之平④而道德之至，故帝王、圣人休焉。休则虚，虚则实，实则伦矣。虚则静，静则动，动则得矣。静则无为，无为也则任事者责矣。无为则俞俞⑤，俞俞者忧患不能处，年寿长矣。夫虚静、恬淡、寂漠、无为者，万物之本也。明此以南乡，尧之为君也；明此以北面，舜之为臣也。以此处上，帝王天子之德也；以此处下，玄圣素王之道也。以此退居而闲游，江海山林之士服；以此进为而抚世，则功大名显而天下一也。静而圣，动而王，无为也而尊，朴素而天下莫能与之争美。

注释

①成：生成。
②昧然：昏昏然，不知不觉的样子。
③铙：通"挠"，扰乱。
④平：准则。
⑤俞俞：即"愉愉"，从容愉快的样子。

老马释途

进入《天道》,讲的是何为自然规律,也就是道。"天道运而无所积,故万物成;帝道运而无所积,故天下归;圣道运而无所积,故海内服。"天道运行成就万物,帝王统治依道而行,天下归附,圣人依道而行,四海之内人心皆服。总而言之,天道是一切的钥匙,依道而行,皆可。

进一步明确天道,"夫虚静、恬淡、寂漠、无为者,天地之平而道德之至,故帝王、圣人休焉"。虚静、寂静,无为是天地准绳,是道德修养的最高水准,所以帝王、圣人都是如此。看来老庄对帝王要求很高,实际上很多帝王也是庸庸之辈。

"静而圣,动而王,无为也而尊,朴素而天下莫能与之争美。"无为为圣,保持朴素,那么天下没有什么东西能与之媲美。无为为尊,朴素为美,自然而然,自为天道。

虚空之道,自然之道,和人欲做斗争。自然而然,顺其自然,似乎就是大道了。

原文

夫明白于天地之德者,此之谓大本大宗,与天和者也。所以均调天下,与人和者也。与人和者,谓之人乐;与天和者,谓之天乐。

庄子曰:"吾师乎!吾师乎!赍万物而不为戾[①],泽及万世而不为仁,长于上古而不为寿,覆载天地、刻雕众形而不为巧,此之谓天乐。故曰:'知天乐者,其生也天行,其死也物化。静而与阴同德,动而与阳同波。'故知天乐者,无天怨,无人非,无物累,无鬼责。故曰:'其动也天,其静也地,一心定而王天下;其鬼不祟,其魂不疲,一心定而万物服。'言以虚静,推于天地,通于万物,此之谓天乐。天乐者,圣人之心,以畜天下也。"

注释

① 戾（lì）：高。

老马释途

"与人和者，谓之人乐；与天和者，谓之天乐。"能够与人和谐相处的，称为人乐；能够与天和谐相处的，称为天乐。还是要顺其自然。

"言以虚静，推于天地，通于万物，此之谓天乐。"进一步解释说明天乐，要与虚静、与天地和谐，与万物通达，虚静还是根本。无形、虚空才是根本，实实在在的往往只是表现而已。

"天乐者，圣人之心，以畜天下也。"天乐的人，就是用圣人的心来培养天下。如此来看，虚、空、静也就是根本。如此也就无为了，就遵循天道了，一切就会自然发生，和谐、圆满。

不过一个组织，比如一个企业，建一套制度规范的目的是让组织自动发生，自然演进，为了无为。这样的话，是否也是统一的呢？难就难在对庄子思想的理解也有不同层面，也就产生了后世的不同流派。

原文

夫帝王之德，以天地为宗，以道德为主，以无为为常。无为也，则用天下而有余；有为也，则为天下用而不足。故古之人贵夫无为也。上无为也，下亦无为也，是下与上同德，下与上同德则不臣；下有为也，上亦有为也，是上与下同道，上与下同道则不主。上必无为而用天下，下必有为为天下用，此不易之道也。故古之王天下者，知虽落天地，不自虑也；辩虽雕万物，不自说也；能虽穷海内，不自为也。天不产而万物化，地不长而万物育，帝王无为而天下功。故曰莫神于天，莫富于地，莫大于帝王。故曰帝王之德配天地。此乘天地驰万物，而用人群之道也。

本在于上，末在于下，要在于主，详在于臣。三军五兵之运，德之末也；赏罚利害，五刑之辟，教之末也；礼法度数，形名比详，治之末也；

钟鼓之音，羽旄①之容，乐之末也；哭泣衰绖②，隆杀之服，哀之末也。此五末者，须精神之运，心术之动，然后从之者也。末学者，古人有之，而非所以先③也。君先而臣从，父先而子从，兄先而弟从，长先而少从，男先而女从，夫先而妇从。夫尊卑先后，天地之行也，故圣人取象焉。天尊地卑，神明之位也；春夏先，秋冬后，四时之序也。万物化作，萌区有状，盛衰之杀，变化之流也。夫天地至神，而有尊卑先后之序，而况人道乎！宗庙尚亲，朝廷尚尊，乡党尚齿，行事尚贤，大道之序也。语道而非其序者，非其道也；语道而非其道者，安取道哉！

注释

①旄：兽毛。
②衰绖（dié）：都指丧服。绖，麻冠带。
③先：根本。

老马释途

"上必无为而用天下，下必有为为天下用，此不易之道也。"君王一定无为才可以治理天下，臣子有为，为天下尽心尽力，这是天经地义的规律。也就是讲庄子的无为是君王的选项，圣人的选项并非一般大众、臣子的选项，臣子应该有为，如此结合才可治理好天下。

如此，我们要分开解读了。一个国家要安居乐业、人民幸福，君王应无为，臣子应有为，在企业就是老板不为，组织要为。问题是臣子为何要为，如果也学老庄思想无为，对国家是否是喜事？要臣子为，就靠无为即可吗？庄子这里没讲太多，因为顺其自然即可。这个自然是大众的自然，非圣人的自然，那就是利用人欲了，而非灭人欲。都成圣人了，也就没有圣人了，需要审视。

"天不产而万物化，地不长而万物育，帝王无为而天下功。"上天没有干什么，但万物生长；大地也没干什么，却孕育了万物；帝王无为则天下大治。如此，劝诫当权者无为，从这个角度来看，《庄子》应是一本统治者读的书，而不是百姓读的书。当然，想当统治者的百姓也可以，问题是当统治者真的比当百姓幸福吗？也未必，只是人们想罢了，真想的也未必多。

"夫天地至神，而有尊卑先后之序，而况人道乎！"天和地是神圣的，但也有先后、尊贵次序，更何况是人呢？人道无外乎天道，天人合一也就是最高境界了，这样也就把长幼、贵贱、先后给规律化了。一定程度上是在替统治者讲话，这当然也是《庄子》能流传下来的重要原因。

老庄思想成为皇帝们的修炼之学，儒家思想成为国家的制度礼法，法家思想成为人们的行事策略，也就成为大部分人的选择了。想一套，讲一套，做一套，是一套也是多套，够辛苦的。

原文

是故古之明大道者，先明天而道德次之，道德已明而仁义次之，仁义已明而分守次之，分守已明而形名次之，形名已明而因任次之，因任已明而原省次之，原省已明而是非次之，是非已明而赏罚次之。赏罚已明而愚知处宜，贵贱履位，仁贤不肖袭情。必分其能，必由其名。以此事上，以此畜下，以此治物，以此修身；知谋不用，必归其天，此之谓太平，治之至也。

故书曰："有形有名。"形名者，古人有之，而非所以先也。古之语大道者，五变而形名可举，九变而赏罚可言也。骤而语形名，不知其本也；骤而语赏罚，不知其始也。倒道而言，迕①道而说者，人之所治也，安能治人！骤而语形名赏罚，此有知治之具，非知治之道；可用于天下，不足以用天下，此之谓辩士，一曲之人也。礼法数度，形名比详，古人有之，此下之所以事上，非上之所以畜下也。

注释

①迕（wǔ）：反。

老马释途

通晓大道的人,应该如此治理国家,则天下太平。这是庄子给的顺序及推演,应该讲影响深远,直到今天我们都在不自觉或自觉地使用。

"先明天而道德次之,道德已明而仁义次之,仁义已明而分守次之,分守已明而形名次之,形名已明而因任次之,因任已明而原省次之,原省已明而是非次之,是非已明而赏罚次之。"完整的顺序是天道、道德、仁义、职责、形名、责任、考察、是非、赏罚,天道为根,赏罚为叶,其他为枝干,如此,还是个系统工程。

逻辑一贯到底:道为本源,无为而大为。仁义、形名、赏罚也是需要的,只是没有花费太多笔墨去细化,导致很多人误入歧途,无为到等待天上掉馅饼。当然,如果仁义、是非、赏罚等都齐全了,天上还真会掉下馅饼。

现实中的情况是领导从是非、赏罚开始,最后到天道、无为,将自己获得的东西交给了别人或组织,直接无为。这可能理解错庄子的思想了。结论是"此下之所以事上,非上之所以畜下也",就是臣子侍奉帝王,不是帝王养育百姓。如此看来是人民为大家服务,当然大家也在为人民服务。

原文

昔者舜问于尧曰:"天王①之用心何如?"尧曰:"吾不敖无告,不废②穷民,苦③死者,嘉孺子而哀妇人。此吾所以用心已。"舜曰:"美则美矣,而未大也。"尧曰:"然则何如?"舜曰:"天德而出宁,日月照而四时行,若昼夜之有经④,云行而雨施矣。"尧曰:"胶胶扰扰乎!子,天之合也;我,人之合也。"夫天地者,古之所大也,而黄帝尧舜之所共美也。故古之王天下者,奚为哉?天地而已矣。

注释

①天王：天子。
②废：遗弃。
③苦：哀怨。
④经：常则，规律。

老马释途

尧与舜的一段对话，阐明了治理国家的不同层面，这是《庄子》里经常用到的做法。"尧曰：吾不敖无告，不废穷民，苦死者，嘉孺子而哀妇人。"认为这是他用心的方式，不亏待百姓，不抛弃穷民，为死者苦，善待孩子，怜爱妇人，做得还可以，但比起舜来差一大截。

"天德而出宁，日月照而四时行。"像自然规律，日月交替，四季更替，这才是大道。一句话来讲，舜是"天之合也"，尧是"人之合也"，一个自然而然与天道相吻合，一个只是人事相吻合，不在一个水平上。

治理国家的最高境界，无外乎"天地而已矣"，也就是效仿天地的无为而治，点出了作者的主题思想。

且来总结一下，一个组织必源于一个本源，而这个本源是一种思想，一种无形，无而已。如此才是根本，才能长久，否则是一套规范，如仁义、赏罚等。上不为而下为，形成一个有效的组织，为了一个共同的幸福追求，这几乎是所有组织的共性。关键在于无生有，如何让大家感受到，有所求，如何让大家充满向往。

而一直往却未必能至，如此也就是组织的生命意义了。永远有得到的，有永远得不到的，这似乎是组织与大家的动力。既有有的意义，又有无的价值，也就圆满了。

原文

孔子西藏书于周室。子路谋曰："由闻周之征藏史有老聃者，免而归居，夫子欲藏书，则试往因焉。"孔子曰："善。"

往见老聃，而老聃不许，于是繙①十二经以说。老聃中其说，曰："大谩，愿闻其要。"孔子曰："要在仁义。"老聃曰："请问，仁义，人之性邪？"孔子曰："然。君子不仁则不成，不义则不生。仁义，真人之性也，又将奚为矣？"老聃曰："请问，何谓仁义？"孔子曰："中心物恺，兼爱无私，此仁义之情也。"老聃曰："意，几乎后言！夫兼爱，不亦迂乎！无私焉，乃私也。夫子若欲使天下无失其牧②乎？则天地固有常矣，日月固有明矣，星辰固有列矣，禽兽固有群矣，树木固有立矣。夫子亦放德而行，循道而趋，已至矣；又何偈偈③乎揭仁义，若击鼓而求亡子焉？意，夫子乱人之性也！

注释

① 繙（fān）：反复。
② 牧：养育。
③ 偈偈：用尽气力的样子。

老马释途

孔子与老子的一段对话，基本上否定了孔子的仁义礼智信，认为这些内容都多此一举，并且"夫子乱人之性也"，相当于是"若击鼓而求亡子"，像是敲着鼓去追一个逃跑的人，只会越追越远。

这也是庄子一贯的思想，反对制定什么圣人之法，那样反而会把问题复杂化。"放德而行，循道而趋，已至矣。"按照自然规律去行事，顺其自然，一切都好了。自然就是道。道是什么呢？显然，孔子认为仁义是符合道的，只是老子认为应该顺应天地，人们不需要做太多的无用之功。

"天地固有常矣，日月固有明矣，星辰固有列矣，禽兽固有群矣，树木固有立矣。"天地、日月、星辰、禽兽、树木都有自己的道，自然发生，不去干涉即好。问题是顺应其是否是另一种干涉，也是一种有作为呢？如何做与选择不做本质上似乎也是一回事，并且是最难的一种为，因为这需要管住自己的欲望。

殊不知静比动更难，不做比做更困难，不讲话比讲话更难整，因为我们生来是带着梦想、希望及欲望来的。

原文

士成绮见老子而问曰："吾闻夫子圣人也，吾固不辞远道而来愿见，百舍重趼①而不敢息。今吾观子，非圣人也。鼠壤而余蔬，而弃妹之者，不仁也，生熟不尽于前，而积敛无崖。"老子漠然不应。

士成绮明日复见，曰："昔者吾有刺②于子，今吾心正却矣，何故也？"老子曰："夫巧知神圣之人，吾自以为脱焉。昔者子呼我牛也而谓之牛，呼我马也而谓之马。苟有其实，人与之名而弗受，再受其殃。吾服也恒服，吾非以服有服。"士成绮雁行避影，履行遂进而问，"修身若何？"老子曰："而容崖然，而目冲然，而颡頯然，而口阚然③，而状义然，似系马而止也。动而持④，发也机，察而审，知巧而睹于泰，凡以为不信⑤。边竟有人焉，其名为窃。"

注释

①趼（jiǎn）：通"茧"，脚掌因走路摩擦而生成的硬皮。
②刺：讽刺。
③阚（hǎn）然：张口动唇的样子。
④持：矜持。
⑤信：信实。

老马释途

又是一段与老子的对话，来说明道家的顺其自然，对于别人的评说无动于衷，心如止水，这实际上是最难的，唯有修炼才能做到。

有一次坐飞机，因为天气原因，飞机在空中盘旋近一个小时不能降落，我的第一反应是心里一紧。众人皆如此，老庄实非众人可为，这本身就是一件令人沮丧的事情。思想传给大家，是希望被大家理解、接受并应用，还是只度有缘人？不知道庄子是否有意识到这个问题。

士成绮批评了半天老子，老子没搭腔。到了第二天再次沟通时，老子讲："昔者子呼我牛也而谓之牛，呼我马也而谓之马。"也就是讲你说我是什么就是什么，也没有什么好辩解的。"吾服也恒服，吾非以服有服。"说明顺应外物是自然的，不是为了顺应才顺应。讲白了，这是一种修炼，在暗示他已心无旁骛。

但是后面一句话，还是讲出了士成绮这种人，"其名为窃"。好像老子还是有批评的意思的，因为还是在试图说服别人，其实有些自相矛盾了，也或许是本人误读。

原文

夫子曰："夫道，于大不终，于小不遗，故万物备。广广乎①其无不容也，渊乎其不可测也。形德仁义，神之末也，非至人孰能定之！夫至人有世②，不亦大乎！而不足以为之累。天下奋棅而不与之偕，审乎无假而不与利迁，极物之真，能守其本，故外天地，遗万物，而神未尝有所困③也。通乎道，合乎德，退仁义，宾礼乐，至人之心有所定矣。"

注释

①广广乎：虚旷无人的样子。
②有世：据有天下。
③困：困扰。

老马释途

进一步讲述"道"的含义，不太容易理解，如果太容易理解就不是道了。越来越发现掌握真理的只能是少数人，大部分人所追求的往往不是根本。所以先贤们讲了些似是而非的内容,能否理解就看本人造化了,只要大家觉得都清楚就好了。

所以庄子讲,"广广乎其无不容也,渊乎其不可测也"。也就是讲道是一切,无所不容,也无比深远,深远到深不可测。

比如共同富裕,大部分人都喜欢和希望。问题是所有人理解的并不相同,尤其是懒人,不努力奋斗的人,更希望共同富裕。真正富裕的人肯定是希望自己非常富裕,别人也富裕,但不是都非常富裕。都是首富也就都是穷人了。

每一个人心中的富裕意义完全不同,还是"心"讲了算。"通乎道,合乎德,退仁义,宾礼乐,至人之心有所定矣。"只要通晓道,其他都不需要,至人的内心也就这样了。需要数学出面,将此变得可衡量,否则永远只能在心中。

原文

世之所贵道者书也,书不过语,语有贵也。语之所贵者意也,意有所随。意之所随①者,不可言传也,而世因贵言传书。世虽贵之,我犹不足贵也,为其贵非其贵也。故视而可见者,形与色也;听而可闻者,名与声也。悲夫,世人以形色名声为足以得彼之情!夫形色名声果不足以得彼之情,则知者不言,言者不知,而世岂识之哉?

桓公读书于堂上。轮扁斫轮于堂下,释椎凿而上,问桓公曰:"敢问,公之所读者何言邪?"公曰:"圣人之言也。"曰:"圣人在乎?"公曰:"已死矣。"曰:"然则君之所读者,古人之糟魄已夫!"桓公曰:"寡人读书,轮人安得议乎!有说则可,无说则死。"轮扁曰:"臣也以臣之事观之。斫轮,徐则甘而不固,疾②则苦而不入。不徐不疾,得之于手而应于心。口不能言,有数存焉于其间。臣不能以喻臣之子,臣之子亦不能受之于臣,是以行年七十而老斫轮。古之人与其不可传也死矣,然则君之所读者,古人之糟魄已夫!"

> **注释**
>
> ①随：寄寓。
> ②疾：急。

老马释途

天道为何，似乎讲得越来越清楚了，基本上书上的言语表达的都不是本质。

"悲夫，世人以形色名声为足以得彼之情！"这是最可悲的一件事情，人们用形、色、名、声来获得事物本质，只会舍本逐末，因为"知者不言，言者不知，而世岂识之哉？"知道的不讲，讲的都不知道，大家只能靠自己了。而自己又很难突破这一点，基本上碌碌无为，难获得正解。

因此，信仰、组织就显得很重要了，而这只是来自人们的梦想与追求，实际上是离题甚远。但这不重要，众人要的是梦想与希望，是实惠，并非真理。这也是很多王者明白的道理，带领众人走向一个不可实现的未来或成为英雄，或成为骗子，仅此而已。一念之差，一念成仁，一念成魔。

"古之人与其不可传也死矣，然则君之所读者，古人之糟魄已夫！"古人讲的东西已随古人走了，大家要学是精华，因为语言本身就改变了本意，道不可道，可道则非道。

经营人心，经营欲望，经营梦想，也就产生了精英，同时产生了无赖，唯一的区别是心底是否至善，可靠的应该是组织的至善保证，不应该是某个人的善意与怜爱。

天运

原文

"天其运乎？地其处乎？日月其争于所乎？孰主张①是？孰维纲是？孰居无事推而行是？意者其有机缄而不得已邪？意者其运转而不能自止邪？云者为雨乎？雨者为云乎？孰隆施是？孰居无事淫乐而劝是？风起北方，一西一东，有上彷徨，孰嘘②吸是？孰居无事而披拂是？敢问何故？"巫咸䂮③曰："来！吾语女。天有六极五常，帝王顺之则治，逆之则凶。九洛之事，治成德备，监照下土，天下戴之，此谓上皇。"

注释

① 主张：主宰。
② 嘘：吐气。
③ 䂮（shào）：借用为"招"字，招呼。

老马释途

这里开始讲天运，具有一定的实践性，谈的还是依道而为，自动自发。一开始就是"天其运乎？地其处乎？"，天和地都是自然而然地运行吗？按照自己的逻辑，接下来又问了一大堆，意思已经很明显了，要依道而行，顺势而为，自然发生。

最后总结："天有六极五常，帝王顺之则治，逆之则凶。"告诉帝王应该如何治理国家，看来一种思想想要推广，需要帝王介入才能普及，也就难免会讲很多帝王之道了。也就是讲，天本身有自己的六合和五行，顺应它则可治国，将国家管理好，如果违背这些规律，就会招来凶险。顺之则天下戴之，此谓上皇。那就是百姓爱戴，可称之为"上皇"。

顺应规律，依天而行，人力是有限的，似乎结论已经很明显了。问题是：人心是否是道呢？如果人心亦是道，亦是万物，是否依人心会更具体、清晰？天地规律总有些琢磨不透，值得我们思考。

原文

商大宰荡问仁于庄子。庄子曰："虎狼，仁也。"曰："何谓也?"庄子曰："父子相亲，何为不仁！"曰："请问至仁。"庄子曰："至仁无亲。"大宰曰："荡闻之，无亲则不爱，不爱则不孝。谓至仁不孝，可乎？"

庄子曰："不然。夫至仁尚矣，孝固不足以言之。此非过①孝之言也，不及②孝之言也。夫南行者至于郢，北面而不见冥山，是何也？则去③之远也。故曰：以敬孝易，以爱孝难；以爱孝易，以忘亲难；忘亲易，使亲忘我难；使亲忘我易，兼忘天下难；兼忘天下易，使天下兼忘我难。夫德遗尧舜而不为也，利泽施于万世，天下莫知也，岂直太息④而言仁孝乎哉！夫孝悌仁义，忠信贞廉，此皆自勉以役其德者也，不足多也。故曰：至贵，国爵并焉；至富，国财并焉；至愿，名誉并焉。是以道不渝。"

注释

①过：责备。
②不及：没有关系。
③去：离开。
④太息：长叹息，忧虑的表现。

老马释途

庄子曰："虎狼，仁也。"猛地一看似乎有问题，仔细分析，虎狼也会父子相亲，也是可以仁的。当然，"至仁无亲"讲的是大道，非个体私情。

物极必反，大公即大私，大私即大公。如此来看，善亦有恶行，恶亦可能有善行。

真正的公是大道，无私、无欲、无我。"故曰，至贵，国爵并焉；至富，国财并焉；至愿，名誉并焉。"最为珍贵的，可以不用国王的爵位；最为富有的，再大的财富可以不要，这才是至富；最大的心愿，名声、荣誉都可以不要，这才是真正的至高境界，这才是掌握大道的人。

跳出三界外，不在五行中，似乎才是真正的大道。不要被财富、荣誉、私心所掌控。

这样的高标准只有少数人才能做到，大部分人也只是参与者、跟随者。到底是活成得大道之人，还是普通人，这本身就是个课题。

人人都有圣贤心，只是弱小达不到，人分上中下也就自然而然了，唯一的平等应该是心中的感受吧。

原文

北门成问于黄帝曰："帝张咸池之乐于洞庭之野，吾始闻之惧，复闻之怠，卒闻之而惑，荡荡默默①，乃不自得。"

帝曰："汝殆其然哉！吾奏之以人，徵之以天，行之以礼义，建之以大清。夫至乐者，先应之以人事，顺之以天理，行之以五德，应之以自然。然后调理四时，太和万物。四时迭起，万物循生。一盛一衰，文武伦经。一清一浊，阴阳调和，流光其声。蛰虫始作，吾惊之以雷霆。其卒无尾，其始无首。一死一生，一偾一起，所常无穷，而一不可待。汝故惧也。

注释

①荡荡默默：形容迷惑的样子。荡荡，恍恍惚惚。默默，昏昏暗暗。

老马释途

接下来谈的都是音乐，实际上讲的是规律，讲的是大道，听得人一会

《庄子》

儿开心，一会儿恐惧。

"吾奏之以人，征之以天，行之以礼义，建之以大清。"用人情来演奏音乐，遵循规律，用礼仪来进行落实，用天道来建设，可想而知大道无处不在，一切都是道。

没有恐惧，也不会有勇气；没有大道，也不会有细枝末节；没有小事，也就没有大事；没有平常人，也就不会有圣人。依规而行，顺其自然，这应该也是朴素的太极思想。

因地制宜，从实际出发，按照规律才是行事的大道。"所常无穷，而一不可待。汝故惧也。"变化的方式无穷无尽，没有什么规律可循，自然你也就恐惧了。因为对未来的不可测才会产生恐惧，而这恰恰也是令人兴奋的地方，当然，需要你的勇气去面对及参与。

一曲音乐道出了世间大道，依规而循，万事大吉，逆天而行，自然辛苦。这好似道家的最高境界，但也恰好成为逃避主义者的借口，甚至由无欲变成了纵欲主义。

原文

"吾又奏之以阴阳之和，烛之以日月之明。其声能短能长，能柔能刚，变化齐一，不主故常。在谷满谷，在阬满阬。涂郤守神，以物为量。其声挥绰，其名高明。是故鬼神守其幽[1]，日月星辰行其纪。吾止之于有穷，流之于无止。予欲虑之而不能知也，望之而不能见也，逐之而不能及也。傥然立于四虚之道，倚于槁梧而吟：'目知穷乎所欲见，力屈乎所欲逐，吾既不及，已夫！'形充空虚，乃至委蛇。汝委蛇，故怠。

注释

[1]幽：幽昧的地方。

老马释途

"吾止之于有穷，流之于无止。"把乐曲停留在有限的意境，乐声的寓意却流传于无限,描述了一种状态的有限,而状态背后的无限,这往往是常常见到的,感受到的只是一小部分,感受不到的才会更令我们惊讶,这本就是规律。

我们的小智慧也只能"倘然立于四虚之道,倚于槁梧而吟"。这种描述水平很高超,讲出了我们的微不足道。站在没有尽头、深不可测的交叉路口,靠在几案咏叹。这个场景很真实,就像是人类的处境,又像是每一个人的处境。恐惧似乎也就再正常不过了。与其讲是对结果的确定,不如讲是对过程的不确定。因为结果实际是确定的,只是需要我们赋予不同的含义而已。

"汝委蛇,故怠。"如果顺应了自然的变化,自然而然也就不会恐惧了,也就平静了。没有改变什么,只是我们面对未来的态度有变化而已。其实,什么也没有发生变化,只是我们的情绪感知不同而已。

如此,我们会更加深刻地理解,我即一切,一切即我。道一直存在,不管我们做什么,道并不会有什么变化。天道如此,天运如此,我们的认知与情绪才是关键。

原文

"吾又奏之以无怠之声,调之以自然之命。故若混逐丛生,林乐而无形,布挥①而不曳,幽昏而无声。动于无方,居于窈冥,或谓之死,或谓之生;或谓之实,或谓之荣。行流散徙,不主常声。世疑之,稽于圣人。圣也者,达于情而遂于命也。天机不张而五官皆备。此之谓天乐,无言而心说。故有焱氏为之颂曰:'听之不闻其声,视之不见其形,充满天地,苞裹六极。'汝欲听之而无接焉,而故惑也。

"乐也者,始于惧,惧故祟;吾又次之以怠,怠故遁;卒之于惑,惑故愚;愚故道,道可载而与之俱也。"

注释

①布挥:张扬。

老马释途

继续谈音乐，讲天道。"天机不张而五官皆备。此谓之天乐"，听不到，看不见，却充满了天地，五官都具备，这就叫天乐。

讲得很宏观，所以不好领悟，更不好落地。讲得微观，好理解，直接可以落地，问题往往就多了，也可能会脱离本质，这恰恰是基本规律。

由此，也就可以理解道了，可道则非道，道为无形，浑然、混沌往往就接近本质了。

"愚故道，道可载而与之俱也。"无知、浑然也就接近于大道了，就可融会贯通了。

这也就是物极必反了，残缺不全应该是本质，完美只能是梦想、美好愿望而已。如此来看，大部分人习惯性认为人生的不如意应该是常态。真正的开心、快乐只是一小部分。

当然，真正清楚了残缺的价值、苦难的背面，人们也就没有什么遗憾的了，就只剩下开心快乐了。

原文

孔子西游于卫。颜渊问师金①曰："以夫子之行为奚如？"师金曰："惜乎，而夫子其穷哉！"颜渊曰："何也？

师金曰："夫刍狗之未陈也，盛以箧衍，巾以文绣，尸祝②齐戒以将之。及其已陈也，行者践其首脊，苏者取而爨之而已。将复取而盛以箧衍，巾以文绣，游居寝卧其下，彼不得梦，必且数眯焉。今而夫子亦取先王已陈刍狗，聚弟子游居寝卧其下。故伐树于宋，削迹于卫，穷于商周，是非其梦邪？围于陈蔡之间，七日不火食，死生相与邻，是非其眯邪？③

"夫水行莫如用舟，而陆行莫如用车。以舟之可行于水也，而求推之于陆，则没世不行寻常。古今非水陆与？周鲁非舟车与？今蕲行周于鲁，是犹推舟于陆也！劳而无功，身必有殃。彼未知夫无方之传，应物而不穷者也。

注释

①师金：鲁国的太师。
②尸祝：巫师。
③箧：竹箱子。衍："筸"的假借字，筸是圆形的竹箱子。

老马释途

孔子准备西游于卫，颜渊问师金去的可能情况，他似乎并不看好。

"夫水行莫如用舟，而陆行莫如用车。"走水路应该用船，陆地上行走应该使用车，这本就是规律。自然而然，依自然规律来行事即可，其他一切都是多余的。

"彼未知夫无方之传，应物而不穷者。"这是在批评这种多余的行为，不懂得事物变化没有限定，只能顺应万物的无穷无尽，否则一切均为枉然。

如此，孔子的一切行为都是多余的，自然即可。

再悲惨的时候，也会有幸福的时刻；再幸福的时候，也会有悲惨的时刻。如此看来，顺其自然也没有什么不好的，这可能也是庄子真的看透了吧。

原文

"且子独不见夫桔槔者乎？引之则俯，舍之则仰。彼，人之所引，非引人者也。故俯仰而不得罪于人。故夫三皇五帝之礼义法度，不矜于同而矜于治。故譬三皇五帝之礼义法度，其犹柤梨橘柚邪！其味相反而皆可于口。

"故礼义法度者，应时而变者也。今取猨狙而衣以周公之服，彼必龁啮挽裂，尽去而后慊①。观古今之异，犹猨狙之异乎周公也。故西施病心而矉其里,其里之丑人见之而美之,归亦捧心而矉其里。其里之富人见之,坚闭门而不出;贫人见之,挈妻子而去走。彼知矉美而不知矉之所以美。惜乎,而夫子其穷哉!

> **注释**
> ①慊(qiè):满意。

老马释途

孔子西游于卫的最后两段,延续了前文的意思,只是进一步细化,讲得更加清晰。

"故夫三皇五帝之礼义法度,不矜于同而矜于治。"三皇五帝的礼义法度,不是因为相同而有价值,是因为能够更好地治理国家而有价值。也就是讲并没有什么标准,是因时因地而变。

"故礼义法度者,应时而变者也"。因时而变,顺其自然,礼仪法度也会变来变去,规律不变,形式一定不同。换句话讲,定这些礼法意义不大,依道而行,也就是大道了,否则都是瞎折腾。"彼知矉美而不知矉之所以美",实际上讲了一个东施效颦的故事,知其然而不知其所以然,而已。

依道而行,无穷变化而已,任其自然适应应该是正确选择,所有的有为都是多余的动作。

遗憾的是这只成为少数人的修行依据,众人还是选择了奋斗,体会奋斗有为中的痛苦与收获的喜悦。虽然最终没有什么价值,画蛇添足而已,只是这个脚画起来就一直没有停过。人过留名,雁过留声而已。问题是留给谁呢?显然,还是留给自己,为了这种感受与感觉,以及心中的满足感。虽然知道这只是一种无形的感觉,但这恰好成为我们的不懈追求。

原文

孔子行年五十有一而不闻道,乃南之①沛见老聃。老聃曰:"子来乎?

吾闻子，北方之贤者也，子亦得道乎？"孔子曰："未得也。"老子曰："子恶乎求之哉？"曰："吾求之于度数，五年而未得也。"老子曰："子又恶乎求之哉？"曰："吾求之于阴阳，十有二年而未得。"

老子曰："然。使②道而可献，则人莫不献之于其君；使道而可进，则人莫不进之于其亲；使道而可以告人，则人莫不告其兄弟；使道而可以与人，则人莫不与其子孙。然而不可者，无它也，中无主而不止，外无正而不行。由中出者，不受于外，圣人不出；由外入者，无主于中，圣人不隐。名，公器也，不可多取。仁义，先王之蘧庐③也，止可以一宿而不可久处。觏④而多责。

"古之至人，假道于仁，托宿于义，以游逍遥之虚，食于苟简之田，立于不贷之圃。逍遥，无为也；苟简，易养也；不贷，无出也。古者谓是采真之游。

"以富为是者，不能让禄；以显为是者，不能让名。亲权者，不能与人柄⑤。操之则栗，舍之则悲，而一无所鉴，以窥其所不休者，是天之戮民也。怨恩取与谏教生杀，八者，正之器也，唯循大变无所湮者为能用之。故曰：正者，正也。其心以为不然者，天门弗开矣。"

注释

①之：往。

②使：假使。

③蘧（qú）庐：旅店。

④觏（gòu）：见。

⑤柄：权位。

老马释途

这是一段孔子请教老子的描述，在《庄子》中看过好几段孔子请教庄子的文章，似乎两人不是一个水平的。实际上在中国文化中的影响二者应该是不相上下的，文中这样安排可能难免有些门户之见吧。

孔子讲自己"求之于度数，求之于阴阳"，但是都没有找到什么是

"大道"。接下来就是老子的长篇大论了,无外乎还是一贯的思想。

首先讲道,孔子的这种情况是正常的,道不可献,道不可告人,"然而不可者,无它也,中无主而不止,外无正而不行"。不能这样做的原因是,道在内心不可停留,对外也没有对应,所以也不能推行。讲来讲去,一句话,"道可道,非常道"。

"逍遥,无为也;苟简,易养也。"无拘无束便是无为,生活简单便容易生存,无为、简单才是大道。进一步告诉人们应简单,大道至简,只是让我们觉得所有的行为都是多余的。

最后总结道:"故曰:'正者,正也。其心以为不然者,天门弗开矣。'"所谓正,就是让人端正,内心只有认可这些内容才行,否则天门不开。一句话,佛不度无缘之人,信其有则有,信其无则无。

原文

孔子见老聃而语仁义。老聃曰:"夫播糠眯目,则天地四方易位矣;蚊虻噆[①]肤,则通昔不寐矣。夫仁义憯[②]然乃愤吾心,乱莫大焉。吾子使天下无失其朴,吾子亦放风而动,总德而立矣!又奚杰然若负建鼓而求亡子者邪?夫鹄不日浴而白,乌不日黔[③]而黑。黑白之朴,不足以为辩;名誉之观,不足以为广。泉涸,鱼相与处于陆,相呴以湿,相濡以沫,不若相忘于江湖。"

孔子见老聃归,三日不谈。弟子问曰:"夫子见老聃,亦将何规哉?"孔子曰:"吾乃今于是乎见龙!龙,合而成体,散而成章,乘乎云气而养乎阴阳。予口张而不能嗋[④],予又何规老聃哉?"子贡曰:"然则人固有尸居而龙见,雷声而渊默,发动如天地者乎?赐亦可得而观乎?"遂以孔子声见老聃。

注释

① 嗜（zǎn）：叮咬。
② 憯（cǎn）：通"惨"，毒害。
③ 黔：染黑。
④ 嗋（xié）：合。

老马释途

继续孔子与老子的对话，谈的还是无为而治，老子认为，"夫仁义憯然乃愤吾心，乱莫大焉"。孔子谈的仁义给人的毒害很大，而且这样容易令人糊涂，这些事情完全多余。

显然，提倡仁、义、礼、智、信的儒家在这段文字里基本被道家否定了，顺其自然，不要做多余的动作，这样似乎才是最好的。

进一步强调，"吾子使天下无失其朴，吾子亦放风而动，总德而立矣！又奚杰然若负建鼓而求亡子者邪？"如果我们想要天下不丧失质朴，就应该是顺应规律，没有必要去谈什么德，否则就是多此一举，就像敲着鼓去追赶逃亡的人，还是顺其自然，自然而然。

问题是，谈仁义容易还是无为容易呢？答案是显然的，难的不是很有成就，而是一切都顺其自然，不要刻意去做什么。这本身就是灭人欲，何其困难呀，不让追求成就一点儿存在感都没有。

原文

老聃方将倨①堂而应，微曰："予年运而往矣，子将何以戒我乎？"子贡曰："夫三皇五帝之治天下不同，其系声名一也。而先生独以为非圣人，如何哉？"

老聃曰："小子少进！子何以谓不同？" 对曰："尧授舜，舜授禹。禹用力而汤用兵，文王顺纣而不敢逆，武王逆纣而不肯顺，故曰不同。"

老聃曰："小子少进！余语汝三皇五帝之治天下：黄帝之治天下，使民心一，民有其亲死不哭而民不非也。尧之治天下，使民心亲，民有为其亲杀其杀而民不非也。舜之治天，使民心竞②。民孕妇十月生子，子生五月而能言，不至乎孩而始谁，则人始有夭矣。禹之治天下，使民心变，人有心而兵有顺，杀盗非杀人。自为种而'天下'耳。是以天下大骇，儒墨皆起。其作始有伦，而今乎妇女，何言哉！余语汝：三皇五帝之治天下，名曰治之，而乱莫甚焉。三皇之知，上悖日月之明，下睽山川之精，中堕四时之施。其知憯于蛎虿③之尾，鲜规之兽，莫得安其性命之情者，而犹自以为圣人，不可耻乎？其无耻也？"子贡蹴蹴然立不安。

注释

① 倨：通"踞"，坐。
② 竞：争。
③ 蛎虿（lì chài）：尾巴有毒的虫。

老马释途

老子把三皇五帝的治理批评了个遍，一句话：大家没有什么不同，所有的治理都是多余，没有价值，反而带来了一系列问题，把人心搞坏了，把社会风气搞坏了。

"余语汝，三皇五帝之治天下，名曰治之，而乱莫甚焉。"名义上是治理国家，实际上是把国家搞乱了。下一句又具体分析是怎么乱的，"三皇之知，上悖日月之明，下睽山川之精，中堕四时之施"。也就是说，三皇的心智，向上遮掩了日月之光，向下又违背山川的根本，中间毁坏了四时的正常循环。离题万里，破坏了根本，应该顺其自然，而非改变这些内容。

老子一直讲的是无为。2021年5月20日，贝壳创始人逝世，年仅50岁。大家各种感叹，众多企业家惋惜。想想自己折腾企业这么多年，一定要注意健康，否则意义何在？打工人群看个热闹，亦觉得不值。似乎努力就会早亡，养生就会长寿，漠然，顺其自然吧。人力确实有限，惊天地泣鬼神，真的有必要？

原文

孔子谓老聃曰："丘治①《诗》《书》《礼》《乐》《易》《春秋》六经，自以为久矣，孰知其故矣，以奸②者七十二君，论先王之道而明周、召之迹，一君无所钩用。甚矣夫！人之难说也？道之难明邪？"

老子曰："幸矣，子之不遇治世之君！夫六经，先王之陈迹也，岂其所以迹哉！今子之所言，犹迹也。夫迹，履之所出，而迹岂履哉？夫白鶂③之相视，眸子不运而风化；虫，雄鸣于上风，雌应于下风而风化。类自为雌雄，故风化。性不可易，命不可变，时不可止，道不可壅。苟得于道，无自而不可；失焉者，无自而可。"

孔子不出三月，复见曰："丘得之矣。乌鹊孺，鱼傅沫，细要者化，有弟而兄啼。久矣，夫丘不与化为人！不与化为人，安能化人！老子曰："可。丘得之矣！"

注释

①治：研习。
②奸（gān）：求，求官禄。
③白鶂（yì）：一种水鸟。

老马释途

这个内容，显然是后来人描述的，讲到了儒家，讲得基本上孔子像是老子的学生，显然有些夸大了。

老子认为六经基本上多余，只是"夫迹，履之所出，而迹岂履哉？"，脚印是鞋踩出来的，难道脚印就是鞋吗？答案显然不是，并且认为所有这些都是行不通的。

"苟得于道，无自而不可；失焉者，无自而可。"假如是得道的，遵循道的，那么都是可以的。如果是失道的，那一定是行不通的。换句话讲，孔子这套东西是行不通的，显然这是老子的想法，并且文中描述孔子深以为然。

可惜的是老庄不在世了，如果在的话就会发现从汉朝开始，基本上是独尊儒术，延续至今。

如此，儒家思想还是有它自身的价值的，百花齐放才是道吧。道本也不是简单的一种模式，应该是万物万种，当然，足够顶层的提炼也可是"一"吧。

刻意

原文

刻意尚行，离世异俗，高论怨诽，为亢而已矣。此山谷之士，非世[1]之人，枯槁[2]赴渊者之所好也。语仁义忠信，恭俭推让，为修而已矣。此平世之士，教诲之人，游居学者之所好也。语大功，立大名，礼君臣，正上下，为治而已矣。此朝廷之士，尊主强国之人，致功并兼者之所好也。就薮泽[3]，处闲旷，钓鱼闲处，无为而已矣。此江海之士，避世之人，闲暇者之所好也。吹呴呼吸，吐故纳新，熊经鸟申，为寿而已矣。此道引之士，养形之人，彭祖寿考[4]者之所好也。

若夫不刻意而高，无仁义而修，无功名而治，无江海而闲，不道引而寿，无不忘也，无不有也。淡然无极，而众美从之。此天地之道，圣人之德也。

注释

①非世：非毁时世。

②枯槁：毁坏身体。

③薮（sǒu）泽：湖泽。

④寿考：高寿。

老马释途

《刻意》谈起修炼与成长，更多的是站在个人角度谈道、守道。

讲了几种不同的选择与表现，比如："此朝廷之士，尊主强国之人，致功并兼者之所好也。"这样的人是朝廷之人，尊主强国，希望自己能建功立业。比如："此江海之士，避世之人，闲暇者之所好也。"显然，这又是一个问题了，喜好闲暇的人避世，远离红红火火的环境。总而言之，各有所好，各有所选，但好像都不是庄子支持的。那么，庄子支持的、倡导的又是什么呢？

"若夫不刻意而高，无仁义而修，无功名而治，无江海而闲，不道引而寿，无不忘也，无不有也。淡然无极，而众美从之。"实际上讲出了庄子的意思，不刻意修心可以高洁，不倡导仁义但能自然修身，不追求功名，天下自然而然治理得当。总而言之，无为而治，顺天道，美好自然发生。

不修而修，不仁而仁，不闲而闲，不美而美，一切依道，就是遵循天道。灭人欲，存天理，还是在强调这些内容，问题是不修难过修，这本身就成了少部分人的刻意了。

原文

故曰，夫恬惔寂漠，虚无无为，此天地之平而道德之质也。

故曰，圣人休焉，休则平易矣，平易则恬惔矣。平易恬惔，则忧患不能入，邪气不能袭，故其德全而神不亏。

故曰，圣人之生也天行①，其死也物化。静而与阴同德，动而与阳同波。不为福先，不为祸始。感而后应，迫而后动，不得已而后起。去知与故，循天之理。故无天灾，无物累，无人非，无鬼责。不思虑，不豫谋。光矣而不耀，信矣而不期。其寝不梦，其觉无忧。其生若浮，其死若休。其神纯粹，其魂不罢。虚无恬惔，乃合天德。

注释

①天行：顺从天理而行。

老马释途

"夫恬惔寂漠，虚无无为，此天地之平而道德之质也。"恬淡、宁静、无为是天地平衡、道德修养的最高境界，实际上也是最难境界。

越来越发现，为不难，无为才难。人性中的追求、奋斗、欲望是与生俱来的，这一点庄子可能并没有特别意识到，一直在强调无为，当然认识到了这些行为将是灾祸等的来源。

"平易恬惔，则忧患不能入，邪气不能袭，故其德全而神不亏。"已经讲得很清楚了，问题是做到何其难。"去知与故，循天之理。"抛弃这些智巧和世故，遵循自然规律就好了。

循天理是一件多么难的事情，何况天理难测，只在大家心中，不同理解，不同践行，如此令人遗憾。

只能讲天妒英才，"顺其者昌，逆其者亡"。短短几十年的人生岁月，实属着急。除非我们把生与死同等看待，也只有庄子讲的"妻亡而鼓而歌"，实属不易。

原文

故曰，悲乐者，德之邪也；喜怒者，道之过也；好恶者，德之失也。故心不忧乐，德之至也；一而不变，静之至也；无所于忤，虚之至也；不与物交，憀之至也；无所于逆，粹之至也。

故曰，形劳而不休则弊，精用而不已则劳，劳则竭。水之性不杂则清，莫动则平；郁闭①而不流，亦不能清，天德之象也。

故曰，纯粹而不杂，静一而不变，憀而无为，动而以天行，此养神之道也。

注释

①郁闭：滞积。

老马释途

"悲乐者，德之邪也；喜怒者，道之过也；好恶者，德之失也。"继续讲"为"的坏处，悲欢是背离德行的，喜怒是违反大道的，好恶是失德的过失。意思是，无喜怒、悲欢、好恶，才是得道的人。看来，这又是严重违反人的本性的。违背人性才能得道，让我有点儿困惑：这是无为还是要大为呢？因为要违背人性，怎能讲无为？如此，道非人道，而为宇宙之道，我等从人出发的人，如何跳出三界外，着实是个难事。

"无所于逆，粹之至也。"不与任何事物相违背，才是最高的境界。问题是与人性相背是否有问题呢？显然，庄子没有讲这个问题。逍遥与自由本就是人性的追求，只是通往如此美妙的景象，往往道路险阻，只有经得住考验，才是"养神之道也"。

可能也是物极必反，想要无为要大大作为，想要作为，要大大无为。对反即同根，矛盾即统一，似乎非人力能实现。各种组织的出现似乎带来些许希望，但又设置了众多障碍。

为也难，无为更难，人生就是难。这也似乎给了我们一个不好的预测，好处是难的多了，一切就不难了，何必纠结。

《庄子》

原文

夫有干越之剑者,柙而藏之,不敢用也,宝之至也。精神四达并流,无所不极,上际[①]于天,下蟠[②]于地,化育万物,不可为象,其名为同帝。纯素之道,唯神是守。守而勿失,与神为一。一之精通,合于天伦。野语有之曰:"众人重利,廉士重名,贤人尚志,圣人贵精。"故素也者,谓其无所与杂也;纯也者,谓其不亏其神也。能体纯素,谓之真人。

注释

① 际:会合。
② 蟠:遍及。

老马释途

进一步说明朴素,说明道,解释无为。"众人重利,廉士重名,贤人尚志,圣人贵精。"把人分为四种,绝大部分的平常人重视私利与利益,清廉的人更重视名声,贤能的人崇尚志向与追求,圣人更看重朴素的精神。而这恰好是人在不同阶段的不同需求。

如此看来,圣人也有所求,那就是朴素的精神。唯一遗憾的是,大部分人还是重利的。如此,庄子还是接地气的,既然知道这种情况,为什么非要成为圣人呢?这实际上是大部分人的现实选择。道德高尚了,而实际上大部分人的治理却失去了。

如此,是否针对众人重利,驱动大家幸福,社会和谐是否会更有价值呢?

"能体纯素,谓之真人。"真正能体会到"素"的人也就是真人了,这可能是极少数人的追求,极个别人的境界。非要人人成为圣人,人人是成功者,本身就是背道而驰的。是否活出自我,各得其所,才是顺其自然,自然而然吧。

缮性

原文

缮性于俗学，以求复其初；滑欲于俗思，以求致①其明；谓之蔽蒙之民。

古之治道者，以恬养知。知生而无以知为也，谓之以知养恬。知与恬交相养，而和②理出其性。夫德，和也；道，理也。德无不容，仁也；道无不理，义也；义明而物亲，忠也；中纯实而反乎情，乐也；信行容体而顺乎文，礼也。礼乐偏行，则天下乱矣。彼正而蒙已德，德则不冒③，冒则物必失其性也。

注释

①致：得到，获得。
②和：和顺。
③冒：覆盖。

老马释途

进入《缮性》篇章，开始谈谈养生。"古之治道者，以恬养知。"古代修道的人，用恬静涵养智慧。不太清楚庄子的依据是什么，他一直认为古代好，当代乱，所以建议复古，认为以前的吻合道，是和谐，是顺其自然。

"彼正而蒙已德，德则不冒，冒则物必失其性也。"每个人都端正自己，修炼德行，就不会冒犯别人了。德行不好就可能会丧失本性，如此，还是假定本性是善的，是好的。

实际上本性是善是恶还真不太好讲，世界上这么多事，如果没有人弄出来，还真可能天下太平。弄出这么多事，是讲有为之过，而非人性之恶，实际上也没有什么证据。

由此，庄子的思想在一定程度上和孟子的人性假设是相同的，如此顺其自然也就万事大吉了。显然，这个问题仍然需要讨论，或已被否定了。

原文

古之人，在混芒之中，与一世而得澹漠焉。当是时也，阴阳和静，鬼神不扰，四时得节，万物不伤，群生不夭，人虽有知，无所用之，此之谓至一。当是时也，莫之为而常自然。

逮德下衰，及燧人、伏羲始为天下，是故顺而不一。德又下衰，及神农、黄帝始为天下，是故安而不顺。德又下衰，及唐、虞始为天下，兴治化之流，深浇①淳散朴，离道以善，险德以行，然后去性而从于心。心与心识，知而不足以定天下，然后附之以文，益之以博。文灭质，博溺心，然后民始惑乱，无以反其性情而复其初。

由是观之，世丧道矣，道丧世矣，世与道交相丧也。道之人何由兴乎世？世亦何由兴乎道哉？道无以兴乎世，世无以兴乎道，虽圣人不在山林之中，其德隐矣。隐，故不自隐。

注释

①浇（jiāo）：扰乱，破坏。

老马释途

总之，庄子认为远古时期是最好的时期，民智未开，一片蛮夷自然景象，很多问题都是后面折腾出来的。"当是时也，莫之为而常自然。"当时，人们什么也不需要去做，都可以保持自然而然，此之谓至一，也就是最完美的情形。

后面的问题,庄子认为是这样来的,"文灭质,博溺心,然后民始惑乱,无以反其性情而复其初"。浮华损坏了质朴,博学淹没了内心,人们开始迷惑,并且没有办法回归本质,还是不动为好,无为为好。如此,人更吻合万物,而不符合万物之灵。

进一步描述"为"的坏处:"世与道交相丧也。道之人何由兴乎世?世亦何由兴乎道哉?"世俗与假道互相破坏,道也很难兴乎世,世界也很难振兴道了,也就是会沦落了。如此,无为为大,自然相通,人类社会的所谓进步举措都是多余的,是丧世之举。

因此,大部分人不会去践行老庄,除非经历了很多磨难、困难之后才会反省,才会把庄子搬出来,修心养性。这也是老庄思想很难大规模普及,更多的只能是作为阶段性的修炼的原因。当然,道家的历史及现实意义也很难消亡,毕竟有此庞大需求。

原文

古之所谓隐士者,非伏其身而弗见也,非闭其言而不出也,非藏其知而不发也,时命大谬也。当时命而不行乎天下,则反一无迹;不当时命而大穷乎天下,则深根宁极而待。此存身之道也。

古之存身者,不以辩饰知,不以知穷天下,不以知穷德,危然[1]处其所而反其性,己又何为哉!道固不小行,德固不小识。小识伤德,小行伤道。故曰:正己而已矣。乐全之谓得志。

古之所谓得志者,非轩冕之谓也,谓其无以益其乐而已矣。今之所谓得志者,轩冕之谓也。轩冕在身,非性命也,物之傥来,寄者也。寄之,其来不可圉[2],其去不可止。故不为轩冕肆志,不为穷约趋俗,其乐彼与此同,故无忧而已矣。今寄去则不乐,由是观之,虽乐,未尝不荒也。故曰,丧己于物,失性于俗者,谓之倒置之民。

注释

①危然:独立不倚的样子。
②圉(yǔ):御,抵挡。

老马释途

继续谈什么是古之隐士,基本上这就是高人的标准了,并且给出了保护自己、完善自己、修炼自己的标准。

"不当时命而大穷乎天下,则深根宁极而待。此存身之道也。"保存保护自己的道,就是在遇到困难时,应当固守根本,等待时机,显然是以不变应变好。"故曰:正己而已矣。乐全之谓得志。"所以讲能够保全自己的本性,这就可以讲是得志了。还是那个意思,无为而为。

显然,这与绝大部分人的选择是相反的,庄子也知道这一点。所以进一步强调:"故曰,丧己于物,失性于俗者,谓之倒置之民"。认为以下行为就是本末倒置,由于外物影响而丧失自己,由于统治而失去自己的本真。

本性为一切,无为为一切,自然为一切,这可能是庄子反复讲的内容。显然也未必尽然,一个组织很多时候实际上就是为了驱动个人而设计的。通过组织、制度,利用人的本性、好恶来达到组织的目的。但是就庄子来讲,显然组织也是多余的。

可惜的是,《庄子》中还有很多帝王之术,似乎对国家、对帝王并无不敬之语,看来有点奇怪。

秋水

原文

秋水时至,百川灌河。泾流之大,两涘渚崖之间,不辩牛马。于是焉河伯欣然自喜,以天下之美为尽在己。顺流而东行,至于北海,东面而视,不见水端。于是焉河伯始旋①其面目,望洋向若而叹曰:"野语②有之曰：'闻道百，以为莫己若者。'我之谓也。且夫我尝闻少仲尼之闻而轻伯夷之义者，始吾弗信。今我睹子之难穷也，吾非至于子之门则殆矣，吾长见笑于大方之家。"

注释

①旋：改变。
②野语：俗话。

老马释途

进入《秋水》篇，谈了山水，实际上讲的是认知的道理，谈的是人和人认知的差别。认知的巨大差别，自然会产生行为的差别，当然命运不同的差别，也就自然而然了。

"野语有之曰，'闻道百，以为莫己若者。'我之谓也。"俗话讲得好，听过上百条道理以后，认为就没有谁能在道理上讲过我了。这是河神再见到大海时的感叹，人外有人，天外有天，即使有一万条道理，实际上也不过如此，还是有人可以讲出另外的道理，这种争论本身也很难一以概之。

简单的一个寓言，指出了大家的无知与可笑，很多认知的辩论与讨论，实际上是不会有定论的，最后只是一个选择而已。接下来就是信、愿、行，既然选择了，那就相信，并且有意愿行动，如此才能达到所讲的知行合一，否则也只是空想一身本事，行动一无是处。

当然，认知是起点，这也是庄子讲的"道"，大部分人还是跟随者，只有极少的人会真正得"道"吧。

原文

北海若曰："井蛙不可以语于海者，拘于虚也；夏虫不可以语于冰者，笃于时也；曲士不可以语于道者，束于教也。今尔出于崖涘，观于大海，乃知尔丑，尔将可与语大理矣。天下之水，莫大于海，万川归之，不知何时止而不盈；尾闾泄之，不知何时已而不虚；春秋不变，水旱不知。此其过江河之流，不可为量数。而吾未尝以此自多者，自以比形于天地，而受气于阴阳，吾在于天地之间，犹小石小木之在大山也。方存乎见少，又奚以自多！计四海之在天地之间也，不似礨空①之在大泽乎？计中国之在海内，不似稊米②之在大仓乎？号物之数谓之万，人处一焉。人卒九州，谷食之所生，舟车之所通，人处一焉。此其比万物也，不似豪末之在于马体乎？五帝之所连，三王之所争，仁人之所忧，任士之所劳，尽此矣！伯夷辞之以为名，仲尼语之以为博，此其自多也，不似尔向之自多于水乎？"

注释

① 礨（léi）空：小穴。
② 稊（tí）米：像稗籽一样小的米。

老马释途

北海听到河神可以聊聊，接下来讲了一大段，并且讲了一个很有价值，但似乎"庄子们"并非如此的逻辑。"曲士不可以语于道者，束于教也。"井底之蛙，因为各种局限，不适合和他们谈道，因为他们自身的局限。但是老庄一直在和众人论道，实际上如今看来，绝大部分人还是"束于教"，有点儿浪费时间。

"而吾未尝以此自多者，自以比形于天地，而受气于阴阳，吾在于天地之间，犹小石小木之在大山也。"海神讲："我从来不敢自满，我是由天地阴阳之气而成，存在于天地间，就像在大山中的小石头一样微不足道。"换句话讲，在宇宙面前，在大道面前，他轻于羽毛，只有敬畏，依道而行。

这段内容认为三皇五帝、孔子等人也不过尔尔，这不像庄子的笔法，庄子应不会贬低这些人。不过讲了一个道理：一切应顺其自然，所有的一切都不过了了，多其不多，少其不少。

原文

河伯曰:"然则吾大天地而小毫末,可乎?"

北海若曰:"否。夫物,量无穷,时无止,分无常,终始无故。是故大知观于远近,故小而不寡,大而不多,知量无穷,证曏①今故,故遥而不闷②,掇而不跂,知时无止;察乎盈虚,故得而不喜,失而不忧,知分之无常也;明乎坦涂,故生而不说,死而不祸,知终始之不可故也。计人之所知,不若其所不知;其生之时,不若未生之时;以其至小求穷其至大之域,是故迷乱而不能自得也。由此观之,又何以知豪末之足以定至细之倪?又何以知天地之足以穷至大之域?

注释

①曏(xiàng):察明。
②闷:厌倦。

老马释途

北海海神成了大师,河神只能认真倾听,问天地最大,毫毛最小,是否如此。海神的回答很有哲理,实际上表达的就是庄子的思想和观点。

"夫物,量无穷,时无止,分无常,终始无故。"讲的是朴素的辩证法,世上的万物无边无际,没有明确界限,实乃无常。所以不能简单地讲大就是大,小就是小,坏就是坏。讲白了,不要因悲而悲,因喜而喜,也不要因祸而祸,因福而福,这些并无太明确的界限。

"明乎坦涂,故生而不说,死而不祸,知终始之不可故也。"生死本一物,中间无阻隔,顺其自然即可。如此格局和心胸,难怪古往今来少之又少,得道之人确实需要修行、修炼方可成为真人。

想想我们日常的火冒三丈,日常的万千纠结,顿觉渺小。老庄的深远可见一斑。人是万物的尺度,关键在于看透,而根源在于生死观。

原文

河伯曰:"世之议者皆曰:'至精无形,至大不可围。'是信情乎?"

北海若曰:"夫自细视大者不尽,自大视细者不明。夫精,小之微也;垺①,大之殷也,故异便。此势之有也。夫精粗者,期于有形者也;无形者,数之所不能分也;不可围者,数之所不能穷也。可以言论者,物之粗也;可以意致者,物之精也。言之所不能论意之所不能察致者,不期精粗焉。是故大人之行,不出乎害人,不多仁恩;动不为利,不贱门隶;货财弗争,不多辞让;事焉不借人,不多食乎力,不贱贪污;行殊乎俗,不多辟异;为在从众,不贱佞谄,世之爵禄不足以为劝,戮耻不足以为辱;知是非之不可为分,细大之不可为倪。闻曰:'道人不闻,至德不得,大人无己。'约分之至也。"

注释

①垺(fú):大,宏大。

老马释途

河神、海神继续对话,何为大小,何为是非,何为本质,讲得很是明了。混沌才是本质,才是道,非要分个白黑,分个是非,分个所以然,似乎是种妄想。

"夫自细视大者不尽,自大视细者不明。"从小的方面看大看不完,从大的方面看细看不清。大有所缺,细有所精,辩证法思想无处不在,因此也就没什么绝对大,没什么绝对小了,只是相对而已。

"知是非之不可为分,细大之不可为倪。"是非很难黑白分明,大小也很难有个边界。一句话,万事万物都是相对而已。

最后总结,"道人不闻,至德不得,大人无己"。得道之人不求名声,高尚之人不计得失,清寂之人可以忘掉自己。真如此,也就无悲欢离合了。听到至亲之人身体有恙,心情即难以畅顺,是修身不够,还是本该如此?七情六欲实为人之天性,庄子之道,讲白了就是无情、无意,无爱、无恨之徒,也就是大爱博情之人。一切自然,仅此而已,实属不易。

原文

河伯曰:"然则我何为乎?何不为乎?吾辞受趣舍,吾终奈何?"

北海若曰:"以道观之,何贵何贱,是谓反衍;无拘而志,与道大蹇①。何少何多,是谓谢施;无一而行,与道参差。严乎若国之有君,其无私德,繇繇②乎若祭之有社,其无私福;泛泛乎其若四方之无穷,其无所畛域。兼怀万物,其孰承翼?是谓无方。万物一齐,孰短孰长?道无终始,物有死生,不恃其成;一虚一满,不位乎其形。年不可举,时不可止;消息盈虚,终则有始。是所以语大义之方,论万物之理也。物之生也,若骤若驰,无动而不变,无时而不移。何为乎?何不为乎?夫固将自化。"

注释

① 蹇(jiǎn):阻塞,抵触。
② 繇(yóu)繇:通"悠悠",自得的样子。

老马释途

河伯对海王的请教,何为,何不为?自己该做什么呢?言外之意,做什么好像都没有意义,有点儿懵了的感觉。

海王讲:"以道观之,何贵何贱,是谓反衍。"从道的角度来讲,无所谓贵,也无所谓贱,无所谓好,也无所谓坏,只是循环往复而已。这几天在等待一个消息,很是煎熬,自觉应该一切顺其自然,为何如此?如此检验,实是差距太大,往往会用最坏的情况来做准备。好像突然间发生了什么,实际上只是此刻知晓而已,知或不知它都在那里,只是你怎么去看这个问题。

　　站在庄子的角度，顺其自然就好，自然也就不会焦虑了。兵来将挡，水来土掩，自然会发生最好的结果。

　　"年不可举，时不可止。"时间不会停止，会一直向前，既如此，何必纠结。终于明白，为何需要信仰，需要精神的港湾，人非圣贤，一粒尘土而已。"何为乎？何不为乎？夫固将自化。"什么该做，什么不该做呢？实际上一切会自然而然地发生改变，善哉，善哉！

原文

　　河伯曰："然则何贵于道邪？"

　　北海若曰："知道者必达于理，达于理者必明于权，明于权者不以物害己。至德者，火弗能热，水弗能溺，寒暑弗能害，禽兽弗能贼。非谓其薄之也，言察乎安危，宁于祸福，谨于去就，莫之能害也。故曰：天在内，人在外，德在乎天。知天人之行，本乎天，位乎得；蹢躅①而屈伸，反要而语极。"

　　河伯曰："何谓天？何谓人？"

　　北海若曰："牛马四足，是谓天；落马首，穿牛鼻，是谓人。故曰：无以人灭天，无以故灭命，无以得殉名。谨守而勿失，是谓反其真。"

注释

①蹢躅（zhízhú）：进退不定的样子。

老马释途

　　河神问道："然则何贵于道邪？"既然一直应顺其自然，干什么也没有什么意义，那了解道、看重道又有什么意义呢？说白了就是，一切应顺其自然，人们的行为是多余的，那么重视道是否也是多余的呢？

　　这实际上是走向了一个极端，对"无为"的误解，下文进一步说明。

"言察乎安危，宁于祸福，谨于去就，莫之能害也。"得道之人明察安危，冷静对待祸与福，谨慎地对待进与退。认为一切正常，自然可以平常心看待，那么就没有什么能伤害到他们了。也就是讲，无为可以是进，也可以是退，还可以是不进不退。一切应顺其自然，平常对待，慈悲心与富相处，与祸相交，也就自然理解并掌握"道"了。

最后总结，"谨守而勿失，是谓反其真"。谨慎地保留这些本性，这就是返璞归真，如此也就拥有了没有妄念的心力，没有妄为的自然之道。真就是力量，朴就是源泉。

常行坦荡之事，莫为窃窃之举，也就离得道不远了，如此，则心宁体健，万事如意了。

原文

夔①怜蚿②，蚿怜蛇，蛇怜风，风怜目，目怜心。

夔谓蚿曰："吾以一足趻踔③而行，予无如矣！今子之使万足，独奈何？"蚿曰："不然。予不见乎唾者乎？喷则大者如珠，小者如雾，杂而下者不可胜数也。今予动吾天机，而不知其所以然。"

蚿谓蛇曰："吾以众足行而不及子之无足，何也？"蛇曰："夫天机之所动，何可易邪？吾安用足哉！

蛇谓风曰："予动吾脊胁而行，则有似也。今子蓬蓬然起于北海，蓬蓬然入于南海，而似无有，何也？"风曰："然。予蓬蓬然起于北海而入于南海也，然而指我则胜我，我亦胜我。虽然，夫折大木、蜚大屋者，唯我能也，故以众小不胜为大胜也。为大胜者，唯圣人能之。"

注释

①夔（kuí）：传说中一种似牛而无角的野兽，独脚。
②蚿（xián）：百足虫。
③趻踔（chěn chuō）：跳着走。

老马释途

"夔怜蚿，蚿怜蛇，蛇怜风，风怜目，目怜心。"独脚的羡慕多脚的，多脚的羡慕没有脚的，无脚的又羡慕无形的，无形的风又羡慕眼睛，眼睛又羡慕内心，整个一个"围城"。讲了半天，实际上没有什么需要羡慕的，一切都是最好的安排，自然而然，自然最美，自己最美。

各自有各自的美妙，各自有各自的心酸，只是一个选择而已，无所谓祸，也无所谓福，万事万物一念而已。如此，庄子应该是中国较早的唯心主义者了，心决定一切。当然，根本的还是道，并无走到阳明心学那么彻底。

"故以众小不胜为大胜也。为大胜者，唯圣人能之。"不求小胜，才能求大胜，而这只有圣人才可以做到。庄子思想的有效性我们会看到，无用之处也会被我们看到，难点在于我们的悟性。一句话，全力即可，勿悔。

原文

孔子游于匡，宋人围之数匝，而弦歌不惙①。子路入见，曰："何夫子之娱也？"孔子曰："来，吾语女！我讳穷久矣，而不免，命也；求通久矣，而不得，时也。当尧、舜而天下无穷人，非知得也；当桀、纣而天下无通人，非知失也。时势适然。夫水行不避蛟龙者，渔人之勇也。陆行不避兕②虎者，猎夫之勇也。白刃交于前，视死若生者，烈士之勇也。知穷之有命，知通之有时，临大难而不惧者，圣人之勇也。由，处矣！吾命有所制③！"

无几何，将④甲者进，辞曰："以为阳虎也，故围之；今非也，请辞而退。"

注释

①惙：通"辍"，停止。
②兕（sì）：犀牛一类的野兽。
③制：制约。
④将：率领。

老马释途

孔子周游到匡，被一群人围住了，孔子在不停地弹琴朗诵，子路吓坏了，问孔子为何不急，像没有事情一样。

"知穷之有命，知通之有时，临大难而不惧者，圣人之勇也。"如果了解了自然规律，就没有什么可怕的了。顺利乃天时，困匡乃命中注定。如此，万事也就不纠结了。但好像这与孔子周游列国，不断地寻找济世的机会不同。

当然，最后的结果是围错了，孔子等人也是虚惊一场。如此，也算是圆满。现实生活中也会有很多这种情况，发现知易行难，总是觉得好事少，坏事多，这也可能就是人生的真相。如此，显得太过悲观了。

当然，如果真正理解了沧桑及其价值，可能也就没有什么悲观的了。顺其自然，自然也就心静了。喜也未必是好事，悲和喜本质上也是相通的，不喜不悲才是大道。

原文

公孙龙问于魏牟曰："龙少学先王之道长而明仁义之行；合同异，离坚白；然不然，可不可；困百家之知，穷众口之辩；吾自以为至达已。今吾闻庄子之言，忙焉异之。不知论之不及与？知之弗若与？今吾无所开吾喙，敢问其方。"

老马释途

又是一段对话，公孙龙问魏牟，表示自己有些迷糊，本来觉得自己还算有些学识，"然不然，可不可"。可以将黑的讲成白的，白的讲成黑的，黑白也能合二为一。但是看了庄子讲的东西有些糊涂了，换句话讲，还是段位不够吧。

实际上这应该是开始接触老庄学说的普遍感觉，也可以基本确定，这是后人为了给大家进一步解释说明老庄思想而增加的内容。

不同的维度，不同的风景，很多时候这也是我们互相争论的原因。但有一点是肯定的，维度也是由底层逻辑决定的，太多的发生条件不同，知识积累不同，认知自然会不同。再加上遭遇不同，自然会对世界有不同的看法。

庄子告诉我们的是，这些都不重要，世界还是那个世界，自然还是那个自然，没有什么需要我们纠结的。一切发生、发展都属于正常，包括一些不正常。也就是讲，兵来兵的法，水来水的法，顺其自然即可。遗憾的是，太多的人性违背，何其难也，问题是那又能如何呢？

原文

公子牟隐机大息，仰天而笑曰："子独不闻夫坎井之蛙乎？谓东海之鳖曰：'吾乐与！出跳梁乎井干之上，入休乎缺甃①之崖；赴水则接腋持颐，蹶泥则没足灭跗；还虷②、蟹与科斗，莫吾能若也！且夫擅一壑之水，而跨跱③坎井之乐，此亦至矣。夫子奚不时来入观乎？'东海之鳖左足未入，而右膝已絷矣，于是逡巡④而却，告之海曰：'夫千里之远，不足以举其大；千仞之高，不足以极其深。禹之时，十年九潦，而水弗为加益；汤之时，八年七旱，而崖不为加损。夫不为顷久推移，不以多少进退者，此亦东海之大乐也。'于是坎井之蛙闻之，适适然惊，规规然自失也。且夫知不知是非之竟，而犹欲观于庄子之言，是犹使蚊负山，商蚷驰河也，必不胜任矣！且夫知不知论极妙之言，而自适一时之利者，是非坎井之蛙与？且彼方跐黄泉而登大皇，无南无北奭然四解，沦于不测；无东无西，始于玄冥，反于大通。子乃规规然而求之以察，索之以辩，是直用管窥天，用锥指地也，不亦小乎？子往矣！且子独不闻夫寿陵馀子之学行于邯郸与？未得国能，又失其故行矣，直匍匐而归耳。今子不去，将忘子之故，失子之业。"

公孙龙口呿⑤而不合，舌举而不下，乃逸而走。

注 释

①甃（zhòu）：堆砌井壁的砖。
②虷（hán）：孑孓，蚊子的幼虫。
③跱（zhì）：盘踞。
④逡（qūn）巡：小心退却的样子。
⑤呿（qū）：嘴张开的样子。

老马释途

是上一篇对话的延续，进一步说明了公孙龙的无知，说明他并没有理解庄子思想的博大，自以为是而已，魏牟说明白了这个问题。

井底之蛙是没有办法想象到井口外的情况，用有限的看法去衡量庄子无限的思想，自然会不明就里。"无东无西，始于玄冥，反于大通。"说明庄子思想不分东西，四通八达，深入玄妙，自然还在辩术阶段的人是无法理解的。如此，颇似邯郸学步，东施效颦，最后公孙龙张口结舌逃跑了。

顺其自然虽为自然，但看法迥异，既然自然，那就任由发展，无须干涉，无为即可。有人会这样认为，但是自然有时需要干涉，干涉与介入才是自然而然。

一切自然，一切无为，既可认为没有为，也可认为可大为，这本身就不是一个维度能明白的事情，起码要三个维度以上，二维的黑白，只能是自寻烦恼。

《庄子》

原文

庄子钓于濮水，楚王使大夫二人往先焉曰："愿以境内累矣！"

庄子持竿不顾，曰："吾闻楚有神龟，死已三千岁矣，王巾笥①而藏之庙堂之上。此龟者，宁其死为留骨而贵乎？宁其生而曳尾于涂中乎？"二大夫曰："宁生而曳尾涂中。"庄子曰："往矣，吾将曳尾于涂中。"

注释

①笥（sì）：竹箱。此处为动词，装进竹箱。

老马释途

庄子在河边钓鱼，楚王派两位大臣去邀请他，庄子的回答告诉了我们什么是隐，什么是超然世外。如此，似乎世间国事就是多余。并且用神龟作为比喻。"此龟者，宁其死为留骨而贵乎？宁其生而曳尾于涂中乎？"问道，是愿意死后尊贵呢，还是活在泥水中呢？答案是，好死不如赖活着，并以此来拒绝楚使的邀请。

当然，这也就讲明了庄子的"隐"而不入世的主张，可惜的是，如果大家都去出世了，是否还有世间呢？如果都按庄子的逻辑，就回到原始社会了，显然这不是大部分人的梦想。即使有时候会有这样的想法，仅仅是一刹那的事情吧。

从哪里来，到哪里去，这是我们一直探讨的问题。按照庄子的意思，好像我们来都是多余的，似乎毫无必要。但现实情况是，人改变了世界，即使结局没有变化，但过程还是截然不同了。生老病死的规律没有被打破，但人类生命的普遍延长已是不争的事实，如此下去，长生也未必全无可能，这是否也是顺人性之自然呢？

原文

惠子相梁，庄子往见之。或谓惠子曰："庄子来，欲代之相。"于是惠子恐，搜于国中，三日三夜。

庄子往见之，曰："南方有鸟，其名为鹓鶵①，子知之乎？夫鹓鶵，发于南海而飞于北海；非梧桐不止，非练实②不食，非醴泉不饮。于是鸱得腐鼠，鹓鶵过之，仰而视之曰：'吓！'今子欲以子之梁国而吓我邪？"

注释

①鹓鶵（yuān chú）：像凤凰一类的鸟。

②练实：竹子的果实。

老马释途

惠子在梁国当宰相，听说庄子来到梁国，就非常紧张，一直在寻找庄子，担心他被梁国君主赏识而取代自己，这实则是人之常情。就像一家企业，如果没有强大的人力资源系统，希望靠部门负责人来培养团队，基本都是这个想法，基本上是"矮子"培养"矮子"，一个比一个矮。这不仅是经济利益问题，关键是"患不均"的问题，还是一个心理问题。

庄子找到惠子，讲了一通鸟的故事，实际上想讲的是，大家想法各异，他根本没有兴趣去"争"什么，让惠子放心。换句话讲，不争之人往往受大家爱戴。

问题是惠子多矣，庄子寡矣。高考当然决定不了一生，但这个阶段性的"争"又显得如此必要，起码是一种平等机会的表现。但看到孩子们的紧张、父母们的拼搏，如果庄子在世亦只能哑然，只是他老人家的语言会成为大部分人言不由衷的借口而已。

原文

庄子与惠子游于濠梁之上。庄子曰:"儵鱼出游从容,是鱼之乐也?"惠子曰:"子非鱼,安知鱼之乐?"庄子曰:"子非我,安知我不知鱼之乐?"惠子曰:"我非子,固[1]不知子矣;子固非鱼也,子之不知鱼之乐,全矣。"庄子曰:"请循[2]其本。子曰'汝安知鱼乐'云者,既已知吾知之而问我。我知之濠上也。"

注释

[1] 固:本来。
[2] 循:追溯。

老马释途

又是一段庄子、惠子的对话,也反映了世间百态,喻示了基本的逻辑。

"子非鱼,安知鱼之乐?"你不是鱼,如何能感受到鱼的开心快乐呢?鞋舒不舒服只有脚知道,如何能如此简单地判断?万事万物既简单又复杂,往往不是一面或两面,往往是多面的,是可以相互转化的,有时肯定的判断会显得唐突。

庄子马上反问道:"子非我,安知我不知鱼之乐?"你不是我,又怎么知道我不知道鱼的开心快乐呢?颇有辩论的意味,这样讲起来实际上是不会有大家都认可的答案的。这也就给了每一个人判断世界的机会,并且争论不休。因为确实难以找到一个固定的标准,或者只是一个没有标准的标准。

顺其自然,自然而然就成为最好的选择,实际上也就是没有选择。悲观的气味就很浓了,当然这也可能成为一个批评点。但从另一个角度来讲,这恰恰是豁达乐观的极致表现,一切自然,不纠结,无为而为天下,这似乎也是一种理解。

至乐

原文

天下有至乐无有哉？有可以活身者无有哉？今奚为奚据？奚避奚处？奚就奚去？奚乐奚恶？

夫天下之所尊者，富贵寿善也；所乐者，身安厚味美服好色音声也；所下者，贫贱夭恶也；所苦者，身不得安逸，口不得厚味，形不得美服，目不得好色，耳不得音声；若不得者，则大忧以惧。其为形①也亦愚哉。

夫富者，苦身疾作，多积财而不得尽用，其为形也亦外矣。夫贵者，夜以继日，思虑善否，其为形也亦疏矣。人之生也，与忧俱生，寿者惛惛，久忧不死，何苦也！其为形也亦远矣。烈士为天下见善矣，未足以活身。吾未知善之诚②善邪，诚不善邪？若以为善矣，不足活身；以为不善矣，足以活人。故曰："忠谏不听，蹲循勿争。"故夫子胥争之，以残其形，不争，名亦不成。诚有善无有哉？

注释

① 为形：保持形体。
② 诚：真诚。

老马释途

从本篇开始探讨"至乐"，也就是什么是最大的快乐。浅见以为仁者见仁，人与人的标准差别巨大，很难有统一标准。如此，这种讨论本身就很难有公认的结论了。

当然，庄子基本上是站在圣人的高度来谈的，在这一段也只是提出问题，并没有给出结论。"天下有至乐无有哉？"天下到底有没有最快乐的事情，到底什么才是快乐，什么才是痛苦，是财富，是名利？发现财富、名利可以带来快乐，但也会带来痛苦。"诚有善无有哉？"意思是这到底是好还是坏呢？换句话讲，"福兮祸所倚，祸兮福所伏"，相生相克，矛盾共存，真不是好抉择的。

这实际上也反映出了人们的患得患失，这是人们普遍的问题。规律已经很清楚了，接下来就是选择了，此刻开始，也成就了每个人不同的人生。

人间正道是沧桑，希望获得就要准备失去，正反两面必然同时存在。人生的选择注定将会是纠结的，只有一个办法，忘记、忽略这些纠结，就需要上更高一个层面与维度，这实际上就是庄子要告诉我们的意思，如此，也就超脱了，离得道也就不远了，空然、虚无也就成为信条了。

原文

今俗之所为与其所乐，吾又未知乐之果乐邪，果不乐邪？吾观夫俗之所乐，举群趣者，誙誙然①如将不得已，而皆曰乐者，吾未之乐也，亦未之不乐也。果有乐无有哉？吾以无为诚乐矣，又俗之所大苦也。故曰："至乐无乐，至誉无誉。"

天下是非果未可定也。虽然，无为可以定是非。至乐活身，唯无为几存。请尝试言之。天无为以之清，地无为以之宁，故两无为相合，万物皆化。芒乎芴乎②，而无从出乎！芴乎芒乎，而无有象乎！万物职职，皆从无为殖。故曰：天地无为也而无不为也，人也孰能得无为哉！

注释

①誙（kēng）誙然：一定要取得的样子。
②芒、芴：即"恍""惚"，形容无为的样子。

老马释途

庄子终于给出了结论，一以贯之的物极必反。"至乐无乐，至誉无誉。"最大的快乐就是没有快乐，最高的荣誉实际上就是没有荣誉。如此，适可而止，留有余地，也就逐渐成为人们的价值观，指导行为。追求极致也就成为追求死亡，这实际上就是人们最后的理性选择。

如此，也就没有准备成为圣人了，活出自己的精彩才是最好的。如此各安天命，岂不美哉。对于每个人来讲，也算是顺其自然最好的选择了。这实际上可能才是真正的无为，依照每一个人的不同标准的无为，而非真正的什么都无所为，这好像更符合实际情况。

庄子也很清楚，"故曰：天地无为也而无不为也，人也孰能得无为哉！"真正的无为了，就可以孕育万物，实际上也就是无不为了。只是众生没有几个人可以做到，这样的普通人满大街都是，圣人几千年来没有几个。一句话，欲望在作怪，因此满足了欲望，也就丧失了得道的机会。如此看来，庄子已经预料到了这一切，讲了这么多，也并不会改变什么。

原文

庄子妻死，惠子吊之，庄子则方箕踞鼓盆而歌。惠子曰："与人居，长子①，老身死，不哭亦足矣，又鼓盆而歌，不亦甚乎！"

庄子曰："不然。是其始死也，我独何能无概！然察其始而本无生，非徒②无生也而本无形，非徒无形也而本无气。杂乎芒芴之间，变而有气，气变而有形，形变而有生，今又变而之死，是相与为春秋冬夏四时行也。人且偃然寝于巨室，而我噭噭③然随而哭之，自以为不通乎命，故止也。"

注释

① 长子：生育子女。
② 非徒：不只。
③ 噭（jiào）噭：拟声词，表示哭声。

老马释途

这是庄子很经典的一段,实际上也是很有影响力的一段,也讲清楚了庄子的生死观,这恰好是很多问题的根源。无生无死,无是无非,无欲无求,无欲也就顺其自然了。

"庄子妻死,惠子吊之,庄子则方箕踞鼓盆而歌。"庄子的夫人去世了,惠子去吊唁,本来以为庄子很伤心的,出乎意料的是庄子正在敲盆而歌,完全是一副庆祝的模样,惠子很是惊讶。实际上这也是庄子的生死观,也就是很多问题的答案来源了。

"人且偃然寝于巨室,而我噭噭然随而哭之,自以为不通乎命,故止也。"人的生死像四季轮回,妻子去世就是一种很正常的行为,安稳地存在于天地之间,而我哭泣是不能通天命的,所以就不哭了。既然是四季变化,乃自然规律,也就没有悲喜之分了。

看透了生死也就看透了一切,实际上我们所有的恐惧、担心,甚至痛苦,都来源于此。生死通了,一切就通了;观生死了,也就观一切了。

原文

支离叔与滑介叔观于冥伯之丘、昆仑之虚,黄帝之所休。俄而柳生其左肘,其意蹶蹶[1]然恶之。支离叔曰:"子恶之乎?"滑介叔曰:"亡[2],子何恶!生者,假借也;假之而生生者,尘垢也。死生为昼夜。且吾与子观化[3]而化及我,我又何恶焉!"

注释

[1] 蹶(guì)蹶:惊动的样子。
[2] 亡:否。
[3] 观化:观察事物的变化。

老马释途

两位一起游玩,来了一段对话,滑介叔手臂上长了一个瘤子,支离叔问道:"子恶之乎?"你讨厌它吗?

如果正常情况,当然讨厌了,按照我们现在的逻辑,良性的都害怕,如果是恶性的,就要面对死亡了吧。如此,估计已经吓得半死了。少有人能够直面死亡,坦然以对的。

对话的内容,进一步明确了这个观点,死生为昼夜,生死就像白天与晚上正常交替而已。如此,自然也就没有什么担心的了,谈什么,也就淡定了。

万事万物的变化都是正常的,也就无所谓好坏,如此也就没什么担心的了,因此也就超脱了。

真正的问题在于心中所思所想,这是一切,一切是思与想,我思是世界,世界是我思,颇有如此的味道。

原文

庄子之楚,见空髑髅①,髐然②有形,撽③以马捶,因而问之,曰:"夫子贪生失理,而为此乎?将子有亡国之事,斧钺之诛,而为此乎?将子有不善之行,愧遗父母妻子之丑,而为此乎?将子有冻馁之患,而为此乎?将子之春秋故及此乎?"于是语卒,援髑髅,枕而卧。

夜半,髑髅见梦曰:"子之谈者似辩士。视子所言,皆生人之累也,死则无此矣。子欲闻死之说乎?"庄子曰:"然。"髑髅曰:"死,无君于上,无臣于下;亦无四时之事,从然④以天地为春秋,虽南面王乐,不能过也。"庄子不信,曰:"吾使司命复生子形,为子骨肉肌肤,反子父母妻子、闾里、知识,子欲之乎?"髑髅深矉蹙额曰:"吾安能弃南面王乐而复为人间之劳乎!"

注释

①髑髅（dú lóu）：死人的骨头。
②髐（xiāo）然：骨头干枯的样子。
③撽（qiào）：敲击。
④从然：从容自得的样子。

老马释途

庄子这一段内容把生死讲透了，也就讲透了无欲无求，如此才能顺其自然，解决了一个根本问题。

"援髑髅，枕而卧。"拿了个死人头，枕着就睡着了，睡梦中还和死人对了一番话，可见庄子已看透生死。生死只是人生中不同阶段的不同表现而已，本身也没有什么，很多问题是我们自己折腾出来的。

死人的一番话讲得更清楚了，"亦无四时之事，从然以天地为春秋"。四季不用操劳，没有什么麻烦，从容地生活着，认为即使皇帝也没有这么舒服。也就是说，宁愿选择死，也不选择退回到活着的状态。

如此，结论也就很清楚了，"吾安能弃南面王乐而复为人间之劳乎？"我怎么可以放弃像皇帝一样的好生活，而返回到人间的劳苦状态呢？生而劳苦，死为安逸，如果即然，何惧之有？无欲无求，无为也就自然而然了。

庄子的底层逻辑也就清楚了，对生死的认知，显然这是后人加上去的，或许猜透了庄子的意思。

原文

颜渊东之齐，孔子有忧色。子贡下席而问曰："小子敢问，回东之齐，夫子有忧色，何邪？"

孔子曰："善哉汝问！昔者管子有言，丘甚善之，曰：'褚①小者不可以怀大，绠②短者不可以汲深。'夫若是者，以为命有所成，而形有所适也，夫不可损益。吾恐回与齐侯言尧、舜、黄帝之道，而重以燧人、神农之言。彼将内求于己而不得，不得则惑，人惑则死。"

> **注释**
>
> ①褚（zhǔ）：装衣服的袋子。
> ②绠（gěng）：吊水的绳子。

老马释途

一段孔子与子贡的对话，实际上是孔子的担心，担心的是颜渊去了齐国以后会有不好的结果，原因是怕颜渊给齐国国君的建议未必能达到效果，最终迁怒于他。

"褚小者不可以怀大，绠短者不可以汲深。"布袋子太小，是不可以装比它大的东西的；绳子短了，是不可以把深埋的水拉上来的。一句话，顺其自然，适合的才是最好的，颜渊的建议可能很好，但是齐侯未必适合，就可能会出问题。

"彼将内求于己而不得，不得则惑，人惑则死。"也就是说，齐国国君做不到标准，就会认为是颜渊的问题，就会迁怒于他，颜渊就比较危险了。

还是在讲自然而然才是最佳选择，否则就是逆天而行。结果不是太好，实际问题就出现在了顺其自然的自然身上，不同的人有不同的观点，不同的认知，也就有不同的自然。如此，也就较为麻烦了。标准不同，都在符合标准，自然也就是不同的自然，不同的命运，不同的天下，仅存的公约数就是顺其自然。

原文

"且女独不闻邪？昔者海鸟止于鲁郊，鲁侯御而觞之于庙，奏《九韶》以为乐，具太牢以为膳。鸟乃眩视忧悲，不敢食一脔，不敢饮一杯，三日而死。此以己养养鸟也，非以鸟养养鸟也。夫以鸟养养鸟者，宜栖之深林，游之坛陆，浮之江湖，食之鳅鲦，随行列而止，委蛇而处。彼唯人言之恶闻，奚以夫𬢌𬢌③为乎！《咸池》《九韶》之乐，张之洞庭之野，鸟闻之而飞，兽闻之而走，鱼闻之而下入，人卒闻之，相与还而观之。鱼处水而生，人处水而死，彼必相与异，其好恶故异也。故先圣不一其能，不同其事。名止于实，义设于适，是之谓条达而福持。"

注释

③𬢌（náo）𬢌：喧闹的样子。

老马释途

举了一个例子，如何养鸟。"此以己养养鸟也，非以鸟养养鸟也。"用自己的方式去养鸟，鸟三日而亡，应该用鸟喜欢的方式养鸟，这才是最好的方式。

这讲的还是顺其自然，因人而异，因事而异。就像很多人孝顺老人，希望给老人更好的生活——年轻人认为的更好生活，实际上老年人反而不喜欢，不舒服。不同时代的人，不同的人，自然有不同的观点，也自然有不同的标准，自然有不同的风景。但站在庄子的高度来看，不过如此，全是瞎折腾，全是多余动作。

"名止于实，义设于适，是之谓条达而福持。"名义要符合实际，理、义的设置也要顺其自然。换句话讲，凡事要符合自然规律，遵从道。就像企业要制定制度，要研究人性，符合人性，才能驱动人性，走向正确的方向；才能够通达，福气才能够常在。

百门百派，千人千面，唯一的相同就是大家都有自己的观点，都有自己的逻辑。真正的价值不是要大家统一逻辑，真正的价值应该是不同的逻辑如何发生关系，如何共存，如何各得其所，如何各道相通，如何稳定相互的关系。这本身就不是件简单的事情，更多的是一种平衡而已。

原文

列子行，食于道从，见百岁髑髅，攓①蓬而指之曰："唯予与汝知而未尝死、未尝生也。若果养乎？予果欢乎？"

种有几，得水则为继，得水土之际则为蛙蠙之衣②，生于陵屯则为陵舄③，陵舄得郁栖则为乌足。乌足之根为蛴螬④，其叶为胡蝶。胡蝶胥也化而为虫，生于灶下，其状若脱，其名为鸲掇⑤。鸲掇千日为鸟，其名为干余骨。干余骨之沫为斯弥，斯弥为食醯⑥。颐辂⑦生乎食醯，黄軦⑧生乎九猷，瞀芮⑨生乎腐蠸。羊奚比乎不笋⑩，久竹生青宁；青宁生程，程生马，马生人，人又反入于机。万物皆出于机，皆入于机。

注释

①攓（qiān）：拔。
②蛙蠙（pín）之衣：指青苔。
③陵舄（xì）：车前草。
④蛴螬（qí cáo）：金龟子的幼虫，俗称地蚕、土蚕。
⑤鸲掇（qú duō）：干余骨的幼虫。
⑥食醯（xī）：食醋。
⑦颐辂（lù）：醋放久了生出的小虫。
⑧黄軦（kuàng）：虫名。
⑨瞀芮（mào ruì）：小蚊虫。
⑩不笋（sǔn）：不生笋的竹。

老马释途

列子在游玩的时候，看到了有很多死人的髑髅，讲了几句感慨的话："唯予与汝知而未尝死、未尝生也。若果养乎？予果欢乎？""我知道你没有生过，也没有死过"，因为在庄子看来，生死本一物，又有什么区分的价值呢？可谓看破生死，无比洒脱，当然也就谈不上悲伤与快乐了，也就无所谓了。

因为万事万物实际上是循环往复的，接下来举了一堆例子。相生相融的思想就比较清晰了，是互相转化的，这本身就是世界本身。既如此，也无须纠结，应该顺其自然，也无须悲喜，这本是题中之义。

结论也给得很是清楚，"万物皆出于机，皆入于机"。万物都起源于微妙的"机"，也最终又回返于微妙的"机"中；来于一粒尘埃，去时一粒尘埃而已。

可能产生两个结果，一个结果是放弃一切，选择悲观，出世而已；一种是积极有为，选择顺规律而行，迈向期望的美好，入世而已。恰好吻合老庄与孔孟的两种不同选择，所谓最好的选择应该是期望美好，而不以求不到为痛。期望幸福，不以不幸为悲伤，知道沧桑本是通常，不因为此而消极，笑对美好，喜纳悲伤，何其难也。唯有不断修炼，这真心不容易。

杂篇

寓言

原文

寓言十九，重言十七，卮言日出，和以天倪。寓言十九，藉外论之。亲父不为其子媒①。亲父誉之，不若非其父者也；非吾②罪也，人之罪也。与己同则应③，不与己同则反；同于己为是之，异于己为非之。重言十七，所以已言也，是为耆艾④。年先矣，而无经纬本末以期年耆者，是非先也。人而无以先人，无人道也；人而无人道，是之谓陈人。卮言日出，和以天倪，因以曼衍，所以穷年⑤。

注释

① 媒：做媒。
② 吾：指父亲。
③ 应：赞同。
④ 耆艾：长寿的人。
⑤ 穷年：终其天年。

老马释途

进入最后一篇《杂篇》，寓言就是不直接讲，而是用一种寄寓的方式来表达自己的观念。这是庄子普遍采用的方式，这也就容易产生一种结果，不同的人就会有不同的理解，当然都是自己喜欢的理解，争论也就无休无止了。

如此"悟"就产生了，不同的人有不同的悟，也就难免会缺乏科学精神，当然也就奠定了分歧的基础。

从使命到战略，从战略到组织，实际上一个体系顶层就基本成型了。使命或者思想是一切问题的开始，当然这只是一种选择，而这种选择往往是在长期实践中确定的。必然，不能改变，只能接受与发展。

寓言只是个开始，并不是结论，这往往是我们容易犯错误的地方，也是我们懒惰的地方。唯有不断发展才是根本。

原文

不言则齐，齐与言不齐，言与齐不齐也，故曰无言。言无言，终身言，未尝不言；终身不言，未尝不言。有自①也而可，有自也而不可；有自也而然，有自也而不然。恶乎然？然于然。恶乎不然，不然于不然。恶乎可，可于可。恶乎不可？不可于不可。物固②有所然，物固有所可，无物不然，无物不可。非卮言日出，和以天倪，孰得其久！万物皆种也，以不同形相禅，始卒若环，莫得其伦，是谓天均。天均者天倪也。

注释

①自：根由。
②固：本来。

老马释途

"不言则齐，齐与言不齐，言与齐不齐也，故曰无言。"言和不言都不能齐物，都不能准确表达，类同于"道可道，非常道"。如此，庄子把精神境界提高到一个很高的层面，既保证了它的真理性，也造成了它的玄妙性。当然也就制约了大家对这种智慧的理解与分享，产生了一种窃喜，也产生了一种忧虑。

足够宏观的庞大与高度，显示了智慧的超然，揭示了相互关联的自然与循环之道，阐明了背后的逻辑。

"物固有所然，物固有所可，无物不然，无物不可。"万事万物皆有然，皆有可，当然也就皆有不然、不可。谈的像是混沌，仍然超然世外，没有什么是绝对的，应该是关联的、相对的，没有什么是单独存在的意义。

"万物皆种也，以不同形相禅，始卒若环，莫得其伦，是谓天均。"万事万物都是可以相互转化的，没有什么是固定的，开始和结束在不断循环，很难掌握其中的规律，而这恰好就是道。而这恰好道出不同道的根源，值得我们一辈子去修行，去悟道，且不断尝试出不同的道。

原文

庄子谓惠子曰："孔子行年六十而六十化，始时所是，卒而非之，未知今之所谓是之非五十九非也。"惠子曰："孔子勤志服①知也。"庄子曰："孔子谢之矣，而其未之尝言。孔子云：'夫受才乎②大本，复灵以生。'鸣而当律，言而当法。利义陈乎前，而好恶是非直③服人之口而已矣。使人乃以心服，而不敢蘁④立，定天下之定。已乎已乎！吾且不得及彼乎！"

注释

① 服：用。
② 乎：于。
③ 直：只是。
④ 蘁（wù）：违逆，不顺从。

老马释途

庄子与惠子的一段对话，谈论的是孔子一生的成就，以及不断的提升、创新。"始时所是，卒而非之。"开始认为是肯定的事情，在后来结束的时候反而成了否定，没有什么东西是一成不变的。

"使人乃以心服，而不敢蘁立，定天下之定。"要使人们心服，还是要确定规矩，人们才会不违逆。这好像不太像庄子的意思，这恰好是众多统治者研究的问题。法治、规则、措施似乎是统治者的惯用手段。通过一种秩序的制定，来发挥人性的光芒，符合人的天性，实现好的愿景与生活。

当然，庄子认为自己也是如此，还不如孔子呢，也算是自谦了。大家都在建立秩序，甚至将其上升到了法律、道德，以此来驱动人们，当然也形成了伦理。而我们发现不管讲得多么好听，或者吃相多么难看，底层逻辑似乎是人们对利益的争夺，这也是庄子一直没有说明的内容。不知道什么原因，利益的分配，当然也包括名声才是根本要解决的问题。

当然，对于庄子来讲，这些不过是道中部分罢了，对于规则、道德、名利等的忧虑似乎成为不断改变的底层。没有最好的，只有不断变化的，好坏本就是一种认知而已。

原文

曾子再仕而心再化[①]，曰："吾及亲[②]仕，三釜而心乐；后仕，三千钟而不洎，吾心悲。"弟子问于仲尼曰："若参者，可谓无所县[③]其罪乎？"曰："既已县矣。夫无所县者，可以有哀乎？彼视三釜三千钟，如观雀蚊虻相过乎前也。"

注释

①化：变化。
②及亲：双亲在世的时候。
③县：通"悬"，系。

老马释途

一段父母在还是不在时的感悟。"家有一老，如有一宝。"很多人可能只有失去父母时才会感受到,才会真正长大,往往已经来不及了。所以曾参做官的心态发生了很大变化,"三釜而心乐",没有太厚的俸禄也很高兴;而父母不在后,"吾心悲",即使俸禄更丰厚了也心悲,并不开心。

"夫无所县者,可以有哀乎?"如果没有牵挂怎么会悲哀呢?讲白了,无人欲自然一切也就无所谓了,大部分人必然很难做到,也就是难为之处。

一切都是最好的安排,珍惜现在就是珍惜一切,过去了就结束了,人生无后悔药,只会一直向前。

庄子思想难就难在无思、无想、无欲,但这确实又是最高境界,令人们无所适从。

原文

颜成子游谓东郭子綦曰:"自吾闻子之言,一年而野,二年而从,三年而通,四年而物,五年而来①,六年而鬼入,七年而天成②,八年而不知死、不知生,九年而大妙。"

"生有为,死也,劝公以其死也,有自也;而生阳也,无自也。而果然乎?恶③乎其所适?恶乎其所不适?天有历数,地有人据④,吾恶乎求之?莫知其所终,若之何其无命也?莫知其所始,若之何其有命也?有以相应也,若之何其无鬼邪?无以相应也,若之何其有鬼邪?"

注释

①来:大道。
②天成:与天合一。
③恶:何,哪里。
④人据:版图。

老马释途

颜成子游与东郭子綦的对话,似乎颜成子游看透一切了,生死问题看通了，自然也就一通百通了。

"生有为，死也，劝公以其死也，有自也。"事事应公正，生前妄为死得快，生命本有规律，事事自然而然。讲了一堆还是一个主题，"天有历数，地有人据"，天有天的规律，地有地的标准，一切也没有改变的可能。讲到底还是一句话，顺其自然。

突然间觉得，似乎一切都是多余，即使是有想法也是妄想，无欲无求了。但是发现人都很难无欲，但大智若愚似乎接近一些，是一种幸福。

只是少数人的修炼很难成为众人的标准，暂且作为最高标准即可。向往的目标是没有问题的，如果非要去达到，也只能是小概率事件。不知道庄子当年是否思考过这个问题，高标准要求大众颇难，最低标准才是可能普及的前提。

原文

众罔两问于景曰："若①向也俯而今也仰，向也括撮而今也被发，向也坐而今也起，向也行而今也止，何也？"景曰："搜搜②也，奚稍问也！予有而不知其所以。予，蜩甲也，蛇蜕也，似之而非也。火与日，吾屯③也；阴与夜，吾代也。彼吾所以有待邪？而况乎以无有待者乎！彼来则我与之来，彼往则我与之往，彼强阳则我与之强阳④。强阳者又何以有问乎！"

注释

①若：你。
②搜搜：运动的样子。
③屯：聚集。
④强阳：闲游

老马释途

暗影与影子对话，实在找不出什么人了，连影子都用上了，庄子的想象力堪称完美。大开大合,天外地下,交相呼应,这也是只有大格局的浪漫主义者才会有的风格。

我和伙伴沟通了一件事情,讲是否水平高的人会觉得水平一般的人段位较低。实际上高低本身也没有标准,关键还是追求问题。愚和智本身也没有太大区别,真正的价值在于组织能力,这也可能是政府、企业等组织存在的原因。

个人的自由实际上是以组织强大为基础的,而组织的要求与束缚又是个人必须面对和接受的。有价值的组织是根本,有智慧的庄子也重要,只是太少了,选择组织的建设可能是最终的答案。

原文

阳子居①南之沛,老聃西游于秦,邀于郊,至于梁而遇老子。老子中道仰天而叹曰:"始以汝为可教,今不可也。"阳子居不答。至舍,进盥漱巾栉,脱屦户外,膝行而前曰:"向者弟子欲请夫子,夫子行不闲,是以不敢。今闲矣,请问其过。"老子曰:"而睢睢盱盱②,而谁与居?大白若辱③,盛德若不足。"阳子居蹴然变容曰:"敬闻命矣!"其往也,舍者迎将其家,公执席,妻执巾栉,舍者避席,炀④者避灶。其反也,舍者与之争席矣⑤。

注释

①阳子居:即杨朱,名子居,战国人。
②睢(huī)睢盱(xū)盱:形容傲慢的神态。睢睢,仰视的样子。盱盱,张大眼睛的样子。
③辱:黑。
④炀(yáng):烤火。

老马释途

杨朱态度挺好,老子来了一段教训,似乎效果挺好。"始以汝为可教,今不可也。"以为孺子可教也，原来不行，好像就是因为没有如约见面。好的是杨朱不仅默认错误，似乎态度不错。如此，好像简单了些，真正的原因，后面老子讲清楚了。

通过训教来改变、提升一个人似乎成为一个通用做法，如此就万事大吉了。事实上，道理的理解与所谓道理的知道差距甚大，多少似乎明白的道理，实际上经验告诉我们未必明白。或者似是而非，更谈不上言行一致了，更多的只是讲一样的词语，在不同的层面，也就天壤之别了。

"大白若辱，盛德若不足。"过于洁白的东西更容易脏，总是觉得不干净，德行特别高尚的似乎总是有什么不足，颇有水至清则无鱼的意味。

说剑

原文

昔赵文王①喜剑，剑士夹门而客三千余下，日夜相击于前，死伤者岁百余人，好之不厌。如是三年，国衰，诸侯谋之。太子悝患之，募左右曰："孰能说②王之意止剑士者，赐之千金。"左右曰："庄子当能。"

太子乃使人以千金奉③庄子。庄子弗受，与使者俱往见太子，曰："太子何以教周，赐周千金？"太子曰："闻夫子明圣，谨奉千金以币从者④。夫子弗受，悝尚何敢言！"庄子曰："闻太子所欲用周者，欲绝王之喜好也。使臣上说大王而逆王意，下不当太子，则身刑而死，周尚安所事金乎？使臣上说大王，下当太子，赵国何求而不得也！"太子曰："然。吾王所见，唯剑士也。"庄子曰："诺。周善为⑤剑。"太子曰："然吾王所见剑士，皆蓬头突鬓垂冠⑥，曼胡之缨，短后之衣，瞋目而语难，王乃说之。今夫子必儒服而见王，事必大逆⑦。"庄子曰："请治剑服。"治剑服三日，乃见太子。太子乃与见王，王脱白刃待之。

注释

①赵文王：即赵惠文王，名何，赵武灵王之子。

②说：说服。

③奉：送给。

④币从者：犒劳随从。

⑤为：用。

⑥垂冠：帽子低斜。

⑦大逆：违背。

老马释途

《庄子》最后一篇《说剑》，可能和庄子没有太大关系，人出名了，大家喜欢凑个热闹，这也是较为常见的惯例。

如此，看来《庄子》延续上千年，也可以讲不易了。赵王沉溺于剑术，太子请庄子出山来帮忙做说客，整篇文章应该只有几句话是庄子的风格，使臣上说大王，下当太子，赵国何求而不得也！钱不钱的不是根本，劝说好了，要什么有什么，劝说不好了，小命没有了，太子和庄子谈钱实在没有意义。

最近，我看了电影《1921》，发现信仰才是一切的根源，不自由，毋宁死，而人为财死似乎言过其实，在生命面前，财富往往没有分量，为了利益的企业似乎很难和为了愿景的企业竞争，立意不同，结果自然不同。

原文

庄子入殿门不趋，见王不拜。王曰："子欲何以教寡人，使太子先。"曰："臣闻大王喜剑，故以剑见王。"王曰："子之剑何能禁制？"曰："臣之剑，十步一人，千里不留行。"王大悦之，曰："天下无敌矣！"

庄子曰："夫为①剑者，示之以虚，开之以利，后之以发，先之以至。愿得试之。"王曰："夫子休，就舍待命，令设戏，请夫子。"王乃校剑士七日，死伤者六十余人，得五六人，使奉剑于殿下，乃召庄子。王曰："今日试使士敦剑。"庄子曰："望之久矣。"王曰："夫子所御杖，长短何如？"曰："臣之所奉皆可。然臣有三剑，唯王所用，请先言而后试。"

王曰："愿闻三剑。"曰："有天子剑，有诸侯剑，有庶人剑。"王曰："天子之剑何如？"曰："天子之剑，以燕谿石城为锋，齐岱为锷，晋卫为脊，周宋为镡[2]，韩魏为夹[3]；包以四夷，裹以四时，绕以渤海，带以常山；制以五行，论[4]以刑德；开以阴阳，持以春夏，行以秋冬。此剑，直之无前，举之无上，案[5]之无下，运之无旁，上决浮云，下绝地纪。此剑一用，匡诸侯，天下服矣。此天子之剑也。"文王芒然自失，曰："诸侯之剑何如？"曰：诸侯之剑，以知勇士为锋，以清廉士为锷，以贤良士为脊，以忠圣士为镡，以豪桀士为夹。此剑，直之亦无前，举之亦无上，案之亦无下，运之亦无旁；上法圆天以顺三光[6]，下法方地以顺四时，中和民意以安四乡[7]。此剑一用，如雷霆之震也，四封[8]之内，无不宾服而听从君命者矣。此诸侯之剑也。"王曰："庶人之剑何如？"曰："庶人之剑，蓬头突鬓垂冠，曼胡之缨，短后之衣，瞋目而语难。相击于前，上斩颈领，下决肝肺，此庶人之剑，无异于斗鸡，一旦命已绝矣，无所用于国事。今大王有天子之位而好庶人之剑，臣窃为大王薄之。"

王乃牵而上殿。宰人上食，王三环之。庄子曰："大王安坐定气，剑事已毕奏矣。"于是文王不出宫三月，剑士皆服毙其处也。

注释

①为：使用。

②镡（xín）：剑口。

③夹：通"铗"，剑把。

④论：论断。

⑤案：通"按"。

⑥三光：日、月、星的光。

⑦四乡：四方。

⑧四封：四境。

老马释途

《庄子》最后一篇，虽说可能非本人所作，但也要善始善终，但是"三剑"之说再一次显示了庄子思想的宽阔无比。

"有天子剑，有诸侯剑，有庶人剑。"天子之剑，诸侯之剑，平常剑士的剑。实际讲的是天下之道，诸侯之道，百姓之道。不同的格局，不同的心胸，自然体会到不同的意境，不同的做法，不同的结果。如此，人是万物的尺度也不为过。

可惜的是，庄子的思想似乎只有少部分人知道，其中韩非子是真正了解道家思想的人，并且法家的落地性也要强许多，当然也就带来了很多问题。在心中是思想，到手中就是策略了，这往往是很多高人讨厌的，也就不会放到更高位置，但可能也是最具实践价值的。

突然决定，先学韩非子，再学孔子，虽有点错乱，但也不妨体验一番，一起去探讨法家的浩瀚思想与落地策略。高要高，低也要高，高本就是低，低可能也是高。